ZUO YOUXIAODE JIAOSHI PEIXUN

# 做有效的教师培训

赵宏亮　著

中国海洋大学出版社

· 青岛 ·

**图书在版编目(CIP)数据**

做有效的教师培训 / 赵宏亮著. —青岛：中国海
洋大学出版社，2021.3
  ISBN 978-7-5670-2746-6

  Ⅰ.①做⋯  Ⅱ.①赵⋯  Ⅲ.①中小学—师资培训—研
究  Ⅳ.①G635.12

  中国版本图书馆 CIP 数据核字(2021)第 012412 号

| | | | | |
|---|---|---|---|---|
| 出版发行 | 中国海洋大学出版社 | | | |
| 社　　址 | 青岛市香港东路 23 号 | | 邮政编码 | 266071 |
| 出 版 人 | 杨立敏 | | | |
| 网　　址 | http://pub.ouc.edu.cn | | | |
| 电子信箱 | cbsebs@ouc.edu.cn | | | |
| 订购电话 | 0532—82032573(传真) | | | |
| 责任编辑 | 孙宇菲　赵孟欣 | | 电　　话 | 0532—85902469 |
| 印　　制 | 青岛国彩印刷股份有限公司 | | | |
| 版　　次 | 2021 年 3 月第 1 版 | | | |
| 印　　次 | 2021 年 3 月第 1 次印刷 | | | |
| 成品尺寸 | 170 mm×230 mm | | | |
| 印　　张 | 14.25 | | | |
| 字　　数 | 250 千 | | | |
| 印　　数 | 1—1600 | | | |
| 定　　价 | 58.00 元 | | | |

发现印装质量问题,请致电 0532—58700168,由印刷厂负责调换。

# 目 录

# 第一章　教师队伍建设的时代要求

## 第一节　教育对于人类生存发展的终极意义

教育是怎样产生的？人类社会为什么要组织进行教育活动？个体为什么必须要接受系统而完备的学校教育？教育对于人类生存发展的终极意义究竟是什么？

党的十八大以来，习近平总书记带着对中国特色社会主义教育事业的深刻思考，走访各级各类学校、深入校园，仔细听取广大教师和学生的意见和期盼，深刻阐释了对教育改革发展的伟大见解。[①]

2013 年 4 月，习近平总书记在致清华大学苏世民学者项目启动仪式的贺信中指出："教育决定着人类的今天，也决定着人类的未来。人类社会需要通过教育不断培养社会需要的人才，需要通过教育来传授已知、更新旧知、开掘新知、探索未知，从而使人们能够更好认识世界和改造世界、更好创造人类的美好未来。"[②]毋庸置疑，这是对教育意义的明确阐释。对这些人类发展过程中的基本问题，要做出既合乎历史逻辑又能指导现实实践的正确解答，绝非一般的简要论述就能说明。追根溯源，最早的教育起源于人类生存的需要，而现代教育发展的意义则主要是为了促进人类个体发展与社会发展的完美统一，这一道理已被大多数教育学者所认可。教育最初是人类为了抵御外部的各种侵袭，获取必备生存和生活技能而进行的有意识、有目的的经验传递与教授实践。在我国古代就有着"燧人氏之世，天下多水，故教民以渔；宓羲氏之世，天

---

① 李丹丹《义务教育阶段农村美术特岗教师离职成因分析及对策——以罗山小学为例》，《才智》2019 年第 18 期，第 24 页。

② 习近平《习近平在全国高校思想政治会议上讲话摘要》，中央文献出版社 2017 年版，第 19 页。

下多兽,故教民以猎"的文字记载,这表明渔猎这一人类古老的谋生方式就需要有经验的劳动者向无经验者进行传递与教授。如果没有这一传递与教授活动,新生的人类个体就难以生存下去。

现代教育之所以存在并发展,则是由于在现代经济社会条件下个体只有接受系统而完备的教育,并掌握教育传授的知识和技能,才能实现完善自身与服务社会的有机统一。具体说,现代教育较之古代传统教育之所以不断向专业化、系统化、制度化、终身化方向发展,主要是由于在社会分工出现并细化、人类社会知识与经验积累越来越多、知识学科门类不断分化等客观现实下,必须借助一定的社会保障体系和制度并由大批术有专攻、学有所长者向新生一代系统传递、科学施教、严格训练,以增进新生一代的知识技能并积极塑造他们的认识及品德,以实现人类个体的社会化与社会发展进步的完美统一。

纵观古今中外教育的产生与发展,不难得出这样的结论,无论是人类早期的生存需要,还是现代个体发展与社会进步相统一的客观要求,都昭示着必须发展教育、提高教育的道理。而教育的存在与发展的一个首要前提就是必须拥有一支数量充足、结构合理、素质优良的教育者队伍。因为只有拥有了这些"先行先知者",教育活动才能组织进行,也才能提高发展。需要说明的是,现代社会经济的发展和产业升级主要依靠科技创新,科技创新又主要依靠人才尤其是尖端人才的存在,而人才培养又主要依靠教育。所以,现代经济社会条件下,教育在国家发展、民族振兴、民生改善、技术创新中的基础性、先导性、全局性地位越来越重要,作用也日渐突出。这也就是习近平总书记强调的"教育强则国家强"的根本缘由之所在。

2013年9月25日,在联合国为"教育第一"全球倡议行动一周年举行的纪念活动上,习近平总书记在发表的视频贺词中明确强调:"中国将坚定实施科教兴国战略,始终把教育摆在优先发展的战略位置。"①因此,通过积极有效的公共政策不断促进教育事业的兴旺发展早已成为各国领导层的共同重要战略选择,这一选择凸现和表证了教师队伍在教育发展前行中的决定性作用。

教育是培养人、发展人、成就人的伟大事业,更是为党和国家各项事业培

---

① 习近平《教育是对中华民族伟大复兴具有决定性意义的事业》,《国际援助》2018年第9期,第19页。

养建设者与接班人的伟大工程。正是在这一意义上,担负为"党之大计,国之大计"培养人才职责的人民教师,自然就不仅要以知识造就学生,更要以自己的言行积极而深远地塑造学生。2014 年 5 月 4 日,在北京大学师生座谈会上的讲话中,习近平总书记指出:"教师要时刻铭记教书育人的使命,甘当人梯,甘当铺路石,以人格魅力引导学生心灵,以学术造诣开启学生的智慧之门。"①可以说,教师是学生素质提高、能力形成和品德历练过程中最具影响力的重要因素。正基于此,无论是从历史看还是从现实看,发展与提高教育,都必须发展与提高教师素质。也就是说要办一流的教育,就必须造就一流的教师队伍。也正是在充分认识到教师对学生、对学校、对教育以至对整个国家所具有的决定性意义,习近平总书记在 2014 年教师节期间与北师大师生座谈时再次指出:"一个人遇到好老师是人生的幸运,一个学校拥有好老师是学校的光荣,一个民族源源不断涌现出一批又一批好老师则是民族的希望。"②并在 2016 年12 月 7 日的全国高校思想政治工作会议中指出:"教师不能只做传授书本知识的教书匠,而要成为塑造学生品格、品行、品味的'大先生'。"因此,在新时代,要推动教育事业优先发展,就必须以更加高度的政治自觉与更加有力的政策措施,确保教师队伍建设优先发展。

教育的根本问题是培养什么人,怎样培养人,为谁培养人。习近平总书记强调指出:"今天的学生就是未来实现中华民族伟大复兴'中国梦'的主力军,广大教师就是打造这支中华民族'梦之队'的筑梦人。"这就表明,广大教师必须积极主动地使自己成为打造中华民族伟大复兴的"梦之队"的筑梦人,才能真正使自己成为"立教之本、兴教之源"!

## 第二节　高素质、高水平教师是时代的迫切要求

进入 21 世纪,世界正处于总体大发展大变革大调整之中,新一轮的科学

---

① 习近平《青年要自觉践行社会主义核心价值观——在北京大学师生座谈会上的讲话》,《人民教育》2014 年第 10 期,第 10 页。

② 习近平《做党和人民满意的好老师——同北京师范大学师生代表座谈时的讲话》,《人民日报》2014年 9 月 10 日。

技术和工业革命正在孕育,新的增长动能也处于不断积聚的态势中。中国特色社会主义进入了一个新的时代,开启了全面建设社会主义现代化国家的新征程。新时代我国社会的主要矛盾已经转化为人民日益增长的美好生活需要和不平衡不充分的发展之间的矛盾。人民对公平优质教育的向往更加迫切。

基于此,中国教育在从"有学上"向"上好学"的历史发展转型过程中,固然需要教育主管部门对考试招生制度、质量评价制度以及教育教学内容、教育内部结构等众多领域、众多层次的内容加以改革,但充分调动教师教书育人、立德树人的积极性、主动性与创造性,并切实提高整个教师队伍的政治觉悟、师德修养、专业化程度及业务能力,应是这一系列工作中最重要、最基础的改革建设任务。进一步说,在当前教育改革与发展千头万绪的矛盾中,教师队伍建设制度与管理机制的改革与完善,才是最具关键性、决定性的核心要素。正是基于这方面的考量,中共中央、国务院在《关于全面深化新时代教师队伍建设改革的意见》中明确要求:"各级党委和政府要从战略和全局高度充分认识教师工作的极端重要性,把全面加强教师队伍建设作为一项重大政治任务和根本性民生工程切实抓紧抓好。"2017年10月18日,在中国共产党第十九次全国代表大会上习近平总书记明确提出:"必须把教育事业放在优先位置,深化教育改革,加快教育现代化,办好人民满意的教育。"中国教育按照这种发展思路,才能培养造就出总书记要求的"有理想信念、有道德情操、有扎实学识、有仁爱之心"的"四有"优秀教师;新时代的人民教师也才能成为学生"锤炼品格、学习知识、创新思维、奉献祖国的指导者和引路人"。

放眼人类教育史,要担当起服务社会发展、文明传承、技术进步、素质提升、道德完善这一系列现代使命,必须明确:现代教育事业中,教师是一切教育活动的主体与主导者,是一切教育行为的实践者与变革者。在层次繁杂、门类多样、学科众多的现代教育体系中,那些我们耳熟能详的教育新概念和新命题,不管是推进因材施教还是要求做到有教无类,不管是追求人格陶冶还是要求重视知识完备,不管是促进学生全面发展还是要求面向全体学生,都首先需要教师具有完整的知识结构、高超的教学能力、高尚的师德人格、终生的专业追求和无私的奉献精神,这样才能真正实现教书育人的终极价值目标。

其实,总观教育的历史和现状,如果教师只把自己的工作当作一种谋生的职业来看待,就很容易使自己沦为"匠人"与"经师",而难以成为时代所急需的卓越"专家"与优秀"人生导师"。反过来，一旦教师把自己的职业当作事业和人生价值追求来看待，并在长期的教育教学实践中，把工作当成自己生活中最快乐、最有价值的事业来承担，自然就会达到一种新的境界，就会自觉地穷尽毕生精力去钻研，就会努力做到在教研教改、专业领域、培育英才等方面让社会和自己都满意，这样的教师才有可能从普通教师成长为优秀教师，并进而成为专家型、学者型教师。这就是人们常说的"经师易得，人师难求"。

为了更好地吸引大批有志从教的优秀人才加入教师队伍，新中国成立后，尤其是改革开放以来，党和国家先后出台了一系列优惠和奖励政策。1985 年后，为彰显广大教师特别是中小学教师的基础性、战略性价值功能，党中央批准设立了"教师节"，并通过"特级教师""模范教育""优秀教师"等荣誉评选，通过不断增加教师工资待遇等一系列政策措施，在全社会营造出了尊师重教的美好社会风气和氛围，调动了优秀人才立志从教的积极性，最终促进了教师队伍的发展壮大。2013 年 9 月 9 日，在乌兹别克斯坦进行国事访问的习近平总书记在教师节前，向全国广大教师致以亲切的节日慰问，并强调提出："教师是立教之本，兴教之源，承担着让每个孩子健康成长、办好人民满意教育的重任。"①

世纪之交，为进一步吸引优秀人才长期从教、终身从教，我国又创造性地实施了"免费师范生"培养计划与"农村学校中小学教师特设岗位计划"，使大批学有所长、素质优良的有志青年源源不断地加入教师队伍中，成为我国教育事业大发展的有生力量，极大地推动了我国现代教育事业的发展与提高。

2018 年 9 月 10 日，在改革开放以来第五次全国教育大会上，习近平总书记首先强调了"兴国必先强师"，又指出要把"政治素质过硬、业务能力精湛、育人水平高超"作为新时代加强教师队伍改革建设的根本要求与基本标准，充分体现了习近平总书记对教师队伍的亲切关怀和高度重视。

综上所述，建设高素质、高水平教师队伍是新时代发展的迫切要求。

---

① 习近平《习近平向全国广大教师致慰问信》，《中国民族教育》2013 年第 9 期，第 1 页。

# 第二章　教师培训的理论基础及必要性

## 第一节　职后培训的理论基础

### 一、终身教育理论

20世纪中叶，法国著名教育家保罗·朗格朗第一次提出了"终身教育"的概念，他坚定地认为："教育必须被看作是贯穿人的一生和人的发展每个阶段的持续过程。"[①]2014年6月23日，就如何加快发展职业教育，习近平总书记作出重要指示："要牢牢把握服务发展、促进就业的办学方向，深化体制机制改革，创新各层次各类型职业教育模式。""要把加快发展现代职业教育摆在更加突出的位置，更好支持和帮助职业教育发展，为实现'两个一百年'奋斗目标和中华民族伟大复兴的中国梦提供坚实人才保障。"[②]

2015年11月3日，联合国教科文组织举行了第38届教科文大会，在会上发布了"教育2030行动框架"，大会呼吁整个世界通过终身学习，给各国公民提供全纳、公平、优质的教育机会。所谓"终身学习"，是指贯穿人一生各个阶段的教育和学习活动。任何教育活动和学习活动都离不开教师因素的支撑，承载着教书育人重任的教师，尤其需要养成终身学习的行为习惯，通过职后培训、网络学习、自学考试等继续教育方式提升自己的业务和专业水平。同时，教师的终身学习能够为全社会的学习者树立一个标杆，从而推动全民学习、终

---

① 〔法〕保罗·朗格朗《终身教育引论》，周南照、陈树清译，中国对外翻译出版公司1985年版，第116页。

② 习近平《习近平：防止极端势力和思想在不同文明之间制造断层线等12则》，《当代社科视野》2014年第6期，第1页。

身学习活动不断走向深入。

## 二、学习型组织理论

学习型组织理论是比较前沿的管理理论之一。美国麻省理工学院教授彼得·圣吉于 1990 年出版了《第五项修炼——学习型组织的艺术与实务》一书，对学习型组织理论进行了系统论述，他认为企业应该建立学习型组织，以应对剧烈变化的外在环境，组织内部成员要通过创造共同愿景、终身学习、自我超越等形式，维持竞争力。[①] 如今，学习型组织理论已经在西方各大公司遍地开花，深刻地影响着现代企业的管理理念。学习型组织理论的本质是通过向组织成员个体的不断学习，创设发挥成员创造力的氛围，在组织内部建立完善的自主学习机制，让组织成员在工作中学习，在学习中工作。这对我国各级各类学校及相关教育机构如何进行教师的职后培训工作很有启发和借鉴价值。我国的教师培训也要努力尝试创建各种学习型组织，建立并形成学校共同发展的愿景，通过教师团队的学习带动教师个人学习进步，让职后培训的理念深入人心，最终达到教师自我能力的全面提升。

## 三、职业生涯发展理论

每个人的职业生涯都要经历多个阶段，只有了解不同阶段的特点和规律，才能更好地促进个人在不同阶段的职业发展。20 世纪初，在美国兴起的职业辅导运动催生了职业生涯发展理论。经过近百年的发展和完善，世界各地已经建立起一整套关于职业生涯发展的理论模型，为企业人力资源开发、员工生涯规划等提供了有力支持。职业生涯贯穿人的一生，在不同发展阶段有着不同的职业需要。教师这一职业与普通公司的员工相比，有其自身的特殊性，教师在教学过程中，除了传授知识外，还通过自己的一言一行影响着学生。古人云："学高为师，身正为范。"2015 年 9 月 9 日，在给"国培计划（2014）"北京师范大学贵州研修班教师的回信中，习近平总书记告诫："发展教育事业，广大教师责任重大、使命光荣。"在现代社会发展的大背景中，广大教师迫切需要通过终

---

① 〔美〕彼得·圣吉《第五项修炼——学习型组织的艺术实践》，张成林译，中信出版社 2009 年版，第267 页。

身学习继续提高自身的综合素养和教育教学能力,各级各类学校也要为教师提供职后培训、轮岗学习和岗位晋升的机会,以满足教师职业发展的愿望,实现学校与教师的共同成长。

其他还有如教师专业发展理论、建构主义学习理论、认知主义学习理论等,都对社会的职后培训行为提供了理论支持和实践建议。

# 第二节　教师职后培训的必要性

## 一、教师职后培训是提高教师队伍建设与发展的需要

面对 21 世纪汹涌的知识经济浪潮,我国社会发展呈现出经济多元化、文化多样化和社会价值观不断嬗变的新特点,面对这些新特点我国教师队伍的现状不容乐观。面对新时代、新征程、新使命,目前教师队伍建设与发展水平参差不齐,难以很好地适应人才培养需要,还不能完全适应时代发展的要求,还有许多问题亟待解决。基于我国社会原有的不平衡情况,相当多的地方对教育和教师工作重视程度还不够,相当多的教育主管部门和学校在发展过程中重硬件轻软件、重外延轻内涵的现象依然比较突出,很多决策和管理者对教师队伍建设的支持力度亟须加大,固有的教师城乡结构、学科结构分布不尽合理,准入、招聘、交流、退出等机制还不够完善,很多环节上,管理体制机制也亟须理顺。教师素质能力专业化水平难以适应新时代人才培养的需要,如教育观念陈旧,依然把传授知识作为教学的主要任务和目的,是课程的忠实执行者,不能很好地从知识传授者向学生学习的引导者和发展的促进者方向转变,教学方式落后;再比如总有一部分教师在各种各样利益诱导特别是经济利益不断侵蚀传统清白的师生关系的现实背景下,或明或暗,或大或小地搞"有偿家教、有偿补课",极少数教师甚至违背基本的道德操守,明目张胆进行学术造假,严重败坏了教育风气,严重影响了教育形象。所以,现阶段教师业务素质、敬业精神特别是师德修养都亟待加强与改善。诸如此类问题,严重阻碍了我国教育教学质量的提高,阻碍了教育事业的快速发展。

时代越是向前发展,知识和人才的重要性就越发彰显,教育和教师的地位

作用也就越发突出。2017 年 11 月 20 日,在十九届中央全面深化改革领导小组第一次会议上,习近平总书记要求各方要形成合力,"形成优秀人才争相从教,形成教师人尽其才、好教师不断显现的良好局面"。这启示我们在优先发展教育战略布局中,要优先发展教师教育,要着力加强教师的职后培训,要对不良教育现象加以根治,要切实加强从严治教,要认真贯彻落实习近平总书记对教师队伍的系列重要讲话精神与中共中央、国务院在《关于全面深化新时代教师队伍建设改革的意见》中做出的决策部署,通过一系列行之有效的职后培训,给教师提供一个继续学习的机会,教育引导广大教师树立正确的世界观、人生观、价值观与师生观,并努力提升业务能力水平,使培养教师与时俱进的教育理念与教育意识以及掌握现代教学方式方法成为可能。

### 二、教师职后培训是当代科技发展的需要

进入 21 世纪,不断发展的科学技术深刻改变了人类生活,人类文明取得了前所未有的成就。推陈出新的电子产品及无处不在的网络,让"坐地日行八万里,巡天遥看一千河"成为现实,人类通过一部小小的手机,便可做到处处能学、时时可学。教师作为传播人类文明的专职人员,若固守入职前学到的知识和技能,停滞不前、不思进取,迟早会被学生所超越,被时代所淘汰。因此,无论学校还是教师自身,要认识到职后培训的重要性,教师参加培训是教师专业成长的"加油站"和"充电宝",教师只有参加培训,极力为自己"加油""充电",才能为教育教学储备源源不断的能源,才能有更多、更新的知识来面对学生提出的各种问题,才能在不断的社会进步中充实和提高自身能力,跟上社会需要和时代的步伐。

### 三、教师职后培训是人才竞争的需要

人类进入 21 世纪后,国际竞争日趋激烈并表现出许多新特点,但其根本性质未变,国际竞争的核心在于科技竞争,科技竞争的关键在于人才,人才竞争的关键在于教育。教师在教育过程中起主导作用,教师的质量在很大程度上决定了未来人才的质量。知识经济时代,一切竞争归根结底是人才的竞

争。① 当今社会,教师群体的整体素质决定了人才培养的质量,进而影响到一个国家的未来竞争力。2018 年 5 月 2 日,在与北京大学师生座谈时,总书记强调指出,"教育兴则国家兴,教育强则国家强";"我们的教育要培养德智体美全面发展的社会主义建设者和接班人";"要坚持教育者先受教育,让教师更好担当起学生健康成长指导者和引路人的责任"。

通过形式多样的职后培训,可以有效提升教师群体的整体素质,从而为国家培养更多的高质量人才,为增强我国的综合国力和核心竞争力奠定最宝贵的人力资源基础。

### 四、教师职后培训是促进教师专业成长的需要

一般来说,教师的成长与发展要经历从新手教师到合格教师再到优秀教师最后到名师的阶段。当教师是新手教师时,适时的职业培训可以给他们提供教学参考,帮助新老师快速成长;当教师逐渐成长为合格教师后,各种职后培训可以促进教师们反思、总结、提高,通过职后培训还能促进老师之间的交流,便于大家取长补短,进而提高专业水平;当一名教师成长为优秀教师后,职后培训可以帮助其戒骄戒躁,时刻保持学习状态,跟上时代的脚步;当一名教师最终成长为名师后,他将拥有更加广阔的舞台,一方面可以参加更高层次的职后培训,与教育专家教育名家进行思想与智慧的交流碰撞,实现自身的价值提升,另一方面可以作为专家,受邀为其他教师实施培训。综上所述,无论处于哪个发展阶段,教师接受继续教育都是教师成长规律的内在要求。

习近平总书记殷切希望和告诫全国广大教师要"牢固树立中国特色社会主义理想信念,带头践行社会主义核心价值观,自觉增强立德树人、教书育人的荣誉感和责任感,学为人师,行为世范,做学生健康成长的指导者和引路人";希望和告诫广大教师要"牢固树立终身学习理念,加强学习,拓宽视野,更新知识,不断提高业务能力和教育教学质量,努力成为业务精湛、学生喜爱的高素质教师"。总书记对广大教师的殷切希望与谆谆告诫,从师德修养与业务能力两方面提出了成为一名合格教师的基本标准,也为广大教师指明了今后努力的方向与前进路径。

---

① 　张霄《论有效的教师培训原则》,《四川师范大学学报(社会科学版)》2008 年第 2 期,第 53 页。

# 第三章　教师培训的组织原则

## 第一节　教师职后培训的职能

教师职后培训的职能,即教师职后培训的作用意义是伴随着人类教育史的进程而日渐凸显的。教师职业在经过了古代社会非专业和近代社会准专业的漫长历程后,到现代社会已经成为一门专业技术性行业。正如 1996 年联合国教科文组织对教师这一职业的定位中所指出的,教师这一职业要求教师具有高度的责任感,精心钻研,以便获得专门知识与特别技能,唯此才能担负起教育学生、为学生前途负责的重任。教师职业的特点决定了教师职业的专业性。

教师素质和专业素养无疑是提高教育质量的关键因素。造就符合新时代新课程理念的高素质教师队伍,是推动和确保当前课程改革深入开展和教育良性发展的必要条件。这不仅需要扎实有力的职前培养,形成良好的职业认知、职业道德、职业责任和职业技能,还需要卓有成效的职后培训,有针对性地接受再教育。通过职后培训,教师可以补充新的知识,学习先进教育理念,掌握新的教学方法,解决工作中的困惑与问题,发展多种能力,不断提升自己的教育教学和科研水平,以此来巩固教师职业的专业地位,提高职业素养,促进教师专业化发展。

什么是教师专业发展？教师专业发展亦称教师专业化,是指教师在整个专业生涯中,依托专业组织,通过终身专业训练,获得教育专业必备的专业知识技能,成为一名优秀的教育专业工作者的专业成长过程。教师专业发展是教师职业专业化的前提和基础,是教师专业化的根本。从过程来看,教师专业发展是教师的专业成长或教师内在专业结构的不断更新、演进和丰富的过程,是教师通过接受专业技能训练和自身主动的持久学习，逐步成为一名专家型、学者型的教师，不断提升并达到相当高度的专业水平的持续发展过程。教师专业发展一方面强调教学工作是一种特定的职业，教师是履行教育教学工作的专业人员，并且教师需经长期的专门培训，有本行业特定的行为规则和高度自主性；另一方面，它是指增进教师专业化，不断接受再教育，拓宽和深化专业知识技能，全面提高教师职业核心素养。

教师接受职后再教育，将有助于教师个体在更广阔的视野上来思考和实践国家倡导的新课程理念，用更为广博厚实的文化底蕴来支撑自己的教育教学实践，用更完善的人格魅力去熏陶和感染学生。教师只有成为真正意义上的"知识人"，才能领略到"教育者的尊严"。专业化到底发展什么？首先是指信念、精神、专业伦理；其次，是会做，会做的焦点是如何促进有效学习；再次，是专业反思与终身学习。肩负引导帮助学生进行学习使命的教师，如果自己不学习，那他所谓的"引导"和"帮助"就只能变成一种说教和强制。教师劳动的鲜明特点是"以身示范"，唯有自己热爱学习的教师才能培养出热爱学习的学生。反之，没有经过持续学习和广泛地接受新知识的长期过程，教师就不可能获得深厚的学识和素养，那样他的教学就只会沦落为以书教书，顶多也就是个人们常说的教书匠。而教师专业发展框架中的教师则可以通过不断学习、持续学习，把自己打造成一部让学生百读不厌的"书之经典"，才能对学生产生持久和深刻的影响感召力。

随着中国教育改革的进程，教师专业化和教师教育改革已经越来越成为人们关注的焦点、研究的热点和事业的生长点。随着时代前进，人们不自觉地进入到学习型社会，每个人必须充实自己，承担学习的职责和义务。教师既然作为人类灵魂的工程师，就应该毫不含糊地以身作则，进行知识更新与储备，进行理念的转变、视野的拓宽、信息的增加，进行教育教研能力的提升。教师在自己的职业生涯中不断接受体现时代特点和要求的再教育，这既是教师自身发展的需要，也是新时代社会发展对教师的必然要求。

从学校发展方面看，过硬的教师素质不但是学校教育质量的基本保证，也是学校教育内涵不断提升的动力之源和学校可持续发展的最关键因素。教师职后培训是提高教师素质的重要途径。随着教育改革的不断深入，对教师的要求不仅是一种职业，更是一种专业，教师既关注学生的发展，同时又要在实践中不断学习新知识、新理念，优化提升自己的知识结构，尤其要掌握获取信息的先进手段，从传统的"经验型"向"学者型"和"研究型"教师进行角色转化。教师如何规划自己的职业生涯，如何提高教师职业的专业化？学校如何规划长期目标，如何激励教师不断地规划发展自己，实现学校与教师的共同发展呢？实践证明，教师的培训与教师的专业发展是分不开的，教师的培训是教师专业发展的基础，只有正确利用好教师的培训，对教师实施广泛而卓有成效的职后培训，才能有效地解决这些摆在教育者面前的现实问题。

## 第二节　教师职后培训的组织原则

人类进入 21 世纪后，伴随着终身教育思想的提出以及社会对教师职业认识的持续深入，教师专业化已成为教师教育的必由之路。联合国教科文组织在《关于教师地位的建议》中提出，应当把教师视为一种专门的职业，强调教师是具备经过社会组织的严格训练和持续不断的研究实践才能获得并维持专业知识技能的专业人员。这一论断的含义有两方面：一是指教师必须经过严格训练，才能成为履行专业职能的专业人员；二是指教师只有持续不断地学习、再学习，并通过实践过程的研究与提升，才能维护其专业地位。虽说职前培养为人们从事教师职业奠定了必要的专业成长基础，但还不能说已经培养出一个成熟的教学人员。而只有经过教学实践的长期磨炼才能使其逐步成长成熟，教师的整个职业生涯中都必须拥有继续培训的机会，才可能使之跟上思想和方法的时代进展。

面对日新月异的新形势、新要求、新标准，培训者的唯一正确选择是对教师职后培训的有关理论和经验进行科学梳理，准确把握教师培训模式的发展趋势及热点，正视我国现行师资培训中存在的主要问题，创造性地提出适合当前课程改革、调整教师培训活动的对策与建议，并进一步实现培训理念的更新换代，从培训内容、培训形式以及培训管理上，都实现脱胎换骨式的飞跃，使教师培训能鲜明地体现出针对性、实效性，这样才能适应新时代发展要求和教育改革的需要。

从实践方面讲，我们还必须正视培训中存在的一些问题，如忽略教师实际需求和已有的知识经验的无针对性,轻视教师的自我反思与实践改进的观念滞后性,受训教师的主体性体现不够,培训组织凸显强制性,培训不讲究成效等等。上述问题的存在必然从不同角度、不同程度削弱甚至是扼杀教师对培训的兴致与积极性。即使依靠政策手段的行政命令,教师被动参与其中,也难免会造成应付糊弄的消极抵触情绪,从而造成浪费了时间耗费了财力而得不到应有收获的局面。

如此说来,培训要想实现预期的目标达到预期的目的,就必须遵循职后培训工作的原则。

### 一、教师培训的需求性原则

需求性原则,换个角度理解就是实效性原则,就是要坚持"问题驱动",紧密结合当前教育改革与发展中的热点、难点、堵点、痛点,紧密结合广大教师的实际需求,切实转变现代教育思想理念,鼓励教师形成个人的教育教学主张。

从一个较长的过程看,教师个体的专业发展是螺旋式上升的动态持续过程,促使教师个体专业的这种持续发展,是教师培训的根本目的,也是教师培训的出发点和最终目标价值归属。从另一种意义上讲,教师专业发展的实质是教师个体的专业社会化,亦即作为独立个体的教师内化教育专业所必需的知识技能、价值观的统一整合过程。我国教育名家叶澜曾指出:一种职业能否被称为一种专业,并不仅仅以学历或业务提出的单一性要求为标准,而是由与职业性质相关的综合性要求决定。我们以往进行教师培训的目标侧重点在提升教师的职业技能,强调教师是实现对学生教育的一般工具,忽视了教师自身也是作为一个不断成长、不断发展的个体而存在的事实,导致了培训功能的明显片面化。在教育管理实践中,教育决策管理者往往更多关注教师的岗位需求,更多注重解决眼前的实际问题,忽略我们所讲的教师专业发展。面对现代社会的挑战,教师唯一的选择就是主动适应素质教育的要求,主动更新思想观念,主动重新优化知识能力,实现教师整体素质的转型升级。有效的教师培训应当着眼于教师专业的可持续发展,突破以往只注重局部的做法,基于教师专业发展的内在本质特点,根据教师现有的知识经验和未来发展要求重新考虑切实可行的目标和策略,才能真正实现教师职后培训的本来目的。主要包括以下三方面。

### (一)重视教师的整体素质

具体到学校层面,其教育教学质量的高低直接由教师队伍的整体素质决定。而教师的教育教学实践则是在生动多变的情境中进行的。对于教师个体,其知识、能力、态度三者之间是紧密联系互相促进的,而不是简单的机械相加。教师专业能力具有高度的包容性、整合性和发展性,教师的专业发展也是个实践的长期动态过程,在这一过程中,教师的态度、价值、信念、知识技能都需要不断地调整,所以教师的专业发展是伴随教师整体素质的提升而实现的。尤其对于职后培训,培训者应当紧紧抓住教师整体素质这一重要因素,在培训中通盘考虑,将各方面素质要求有机贯通于各种培训过程。按照现行公认的观点,我国学者一般把教师的专业素质分为:专业知识素养、专业技能、专业情意三个基本构成。基于此当下我们所进行的培训,其内容选择应建立在教师能力结构的基础上,与当前社会发展和教育改革发展相适应,以满足不同教师群体和个体的不同层次的需求。

### (二)关注教师成长个体化的需求及阶段特点

教师专业成长与其他专业相比,具有很强的个性色彩。每个教师面对的情境和问题都是具体的,与同行相比肯定是各具特色的,而每位教师的教育内容、教育理念、教育方式和教育方法等都鲜明地体现出教师自身的特点与个性,每个教师的专业能力都能较准确地显现出其特有的个性特征,即其独特的文化背景、学习和工作经历。教师专业化发展阶段理论同时表明,教师职业生涯发展呈现阶段性发展特点和规律。这方面较成熟的理论支持如:美国学者伯顿提出教师专业发展三阶段论,伯林纳和斯蒂菲提出教师专业发展五阶段论,我国学者申继亮提出的教师专业发展的四种水平论,即专业认同者、专业适应者、专业成熟者、专家。现实教育场景中的教师个体都处于不同的发展层次和水平,而每个发展阶段的内涵也是多领域、多层面的,其培训需求本来就各不相同。所以,我们的培训者应当充分注重教师职业生涯各个阶段所具有的特性和兴趣,准确把握每一个阶段的内涵、内容、要求与特点,这样才能实现逐步提升教师专业能力的培训目标。

### (三)考虑教师职业中组织的需求

教师职后培训相较于职前教育,其共同目标都是教师专业化,但两者之间各有侧重,其差别还是多方面的。职前教育是建构个人发展的知识基础过程,教育的特点在于传授一个领域和学科的基本知识技能,并进一步在此基础上拓展所需从业技能的过程;而教师培训是一种职后教育,体现出一般职后教育的特点,培训者要更多地关注具体领域中尤其是工作领域中的态度、知识、技能的素质建构,关注个人有效的工作、完成任务和克服困难的能力培养。总起来看,职前教育涉及范围广泛,职后教育大多重具体实际。

教师专业发展最终目标对于教师个体而言,是不断适应变化中的教学环境,适应不断增长的专业能力要求,从初步胜任其职业角色,进而达到自我职业境界的圆满。在社会挑战和职业压力下所产生的需求是教师专业发展的基本动力,也是职后培训的着眼点。职后培训应该明确关注教师在现实职业发展领域中作为组织成员如何适应外在环境变化和组织自身变革这一现实问题,关注教师教育的终极目标与组织目标的相互联系和统一,这样才能更好地体现出职后培训实践的针对性和有效性。在基础教育课程不断改革背景下,培训者必须着眼强调教师现有的素质与课改之间的差距,指向课程的意识、课程的开发等,引导广大教师积极主动地适应课改新要求,同时也应该结合教师的专业发展的要求。

## 二、教师培训的主体性原则

教师个体专业化自提出以来,经历了一个由强调教师个体被动适应专业化到强调教师个体主动自觉专业化的嬗变过程,教师个体被动专业化表现为教师只是单纯把教学工作作为一种谋生的手段,把符合社会的客体评价作为工作的主要驱动力[1],这一阶段的教师专业化程度取决于其专业领域知识技能的掌握程度,而这些知识技能基本上是被动获得的;促使教师被动专业化的措施是教育管理层面对教师的指导与评价,但这些指导与评价并不关注教师个体内在的心理过程,对教师素质的持续提高和教师专业化发展的效果缺乏积极的支持因素。基于此,促使人们提出并探索"教师自我引导发展""合作或联合发展"等能积极主动促进教师个体专业发展的新方式,并在理念层面厘清教师自主发展是教师专业发展的基础,是教师真正获得个体自主自觉专业发展

---

[1]　黄颖《高校青年教师专业发展问题探析》,《前沿》2012 年第 12 期,第 124 页。

的保障,没有教师的主动参与和自主发展就没有真正意义上的教师专业发展。①

这意味着在教育过程中个体主动参与、积极建构对于知识形成的重要意义,意味着学习中强调主体性、强调个体性、强调创造性的重要意义。教师在职培训开展的各项培训活动,必须把参与培训的教师作为主体,以教师为中心组织培训活动。教师培训应遵循这一特点,并采取相应的对策。

现时代教师学习肯定是终身的过程,教师职后培训伴随教师个体的专业化过程,培训的有效性更加取决于学习主体是否积极自觉地投入,取决于培训者是否尊重并发挥了广大教师的主体性,是否真正为教师个体的自主学习创造有利的资源和条件。教育实践中体现教师培训的主体性原则需要从如下几个方面入手。

### (一)以教师主体性为导向,形成合理的培训方案

我们所倡导的教师培训是在教师主体参与活动基础上同其他参与因素之间的相互作用中完成的,决不是培训者或培训部门单方面的主观决定。教师的主动参与应贯穿在整个动态培训过程中,并强烈地体现贯通到目标的确定与课程的规划、实施、评价等各个阶段。培训前的筹划准备阶段,培训者应就培训主体的需求进行有针对性的调研评估,并引导被培训者也主动参与培训的设计架构,进行与被培训教师所在的任职学校合作,以进一步修正确定最终培训目标及方案。在这种模式中,教师及其任职学校的参与其中,可以使培训目的、目标更加清晰,更能为被培训者理解接受。这一步工作做好了,进而形成有针对性的课程内容、多样化的培训方式以及科学合理的培训方案。故此,发挥教师的主体性才能提高培训的有效性。

### (二)倡导参与式的学习方式

参与式学习方式是美国人贝尔·胡克斯主张采用的一种教学法。在语言学意义上,参与是指个体卷入群体活动的状态,即指个体作为一种有形实体在群体活动时是否在场,是否与其他成员进行交流互动等外显行为。概括讲,参与包括个体在认知和情感方面的卷入和影响群体活动的状态及程度。贝尔在

---

① 白光泽《职业教育教师专业化发展内涵嬗变研究》,《江苏教育:职业教育》2013 年第 4 期,第 33 页。

其《教学边界：教育作为自由的实践》一书中详细阐述了参与式学习方式的原理。我们提倡的参与式培训其特点也是以学习者为中心，以生动活泼的活动为基础，这一培训模式强调依赖学习者已有的知识经验，也强调依赖培训者与学习者之间的对话和交流。参与式培训更有利于调动学习者的学习兴趣，在活动中可以更通畅地表达体验反思学习者原有的经验，更有利于学习者在交流和分享中学习他人的长处。这一模式倡导学习者参与培训活动，在互动中获得知识技能、产生感悟，既发挥了被培训者的主动性、自觉性，又丰富扩展了培训资源。这一模式突出要求教师培训与教师的经验相结合，与教师的教学任务相结合，与教师存在的问题相结合，创设教师学习情境，引发教师积极、主动、探究性思考，引导全方位的深层互动交流。

### （三）培养教师的反思能力

让教师理性而透彻地反思自己的教育教学实践，其作用在于唤醒教师被程式化重复性教学生活所麻木的意识，使之在一种更新更高的实践平台上重新审视自己的认识理念、知识框架及行为模式，进而通过反思自我，为更新自己的专业知识和职业实践提供鲜活灵动的内容，并升级自己的教育心智模式，促进自己专业化持续发展。教师的个人反思不是一般意义的向后看，它具有研究、探索、更新的意义，是教育者在思考、反省、探索解决教育教学过程中存在的问题，从而较高质量改进自己的工作并形成理性认识。在这个过程中，反思主体从一般的教师逐渐提高成为具有自觉改进意识与自我提高能力的专业人员。由于教师的教学实践具有个体劳动的特点，如果教师自己不去主动地探究教学实践深层次的精神动机，不去主动地监控和调节自己的教学行为，那么什么样的外在培训与引导都难以达到理想结果，况且在教师的专业成长过程中，实践性的知识尤为重要，而实践性知识必须靠教师在不断反思中才可以获取。所以，现代职后培训应积极引导教师反思自己的教学实践，引导和发展教师的反思能力，促使教师去积极主动地学习提高。

### 三、教师培训的实践性原则

随着人们对教师专业化关注和研究的深入，在对教师的专业知识特性和思维方式进行了深入分析后，专家指出，教师的知识总体可二分为理论性知识和实践性知识。所谓理论性知识一般是指陈述性知识,它一方面包括教师在课堂上要传授的学科知识和相关的外界知识;另一方面还包括为了教学所需的课堂管理知识、学科教学法、教师文化知识等。实践性知识则来源于教师专业的日常经验积累,是在具体的工作情景中获取的。教师专业成长固然需要掌握各种学科的专业知识和公共知识,但更重要的是要在实践基础获得丰厚的个人实践知识。拥有了这样的实践知识,教师才能更好地解决教育教学的现实问题,人们所津津乐道的专家型教师就是以过硬的实践性知识为素质基础和人格特质的。所以,职后培训应该突出以实践性知识作为教师教育的中心概念。对于成长中的教师而言,要更多地尝试去主动面对复杂的教育教学情景,去积极地促使自己形成实践性教育智慧与见解,鼓励自己在纷繁错综的实践情景中组合自己的认知图式,进行高质量的专业决策和灵活自如的教育实践操作。

作为一种成人教育,教师培训应当充分满足被培训者扮演社会角色的需要和应用知识技能的愿望,遵循培训课程与实践情境相结合的要求。不过从长期的培训现状看,我们进行的绝大部分培训都采用的是把理论应用于实践的模式,这种模式的教师职后培训只能成为由教学或学科教学设计专家、教育理论家进行理论阐释和运用教育实践验证理论的活动。而实际情况是,教育情景所面临的问题往往是复杂多变的,也往往是依靠单纯、概况、简化的理论所解决不了的。实践是教师专业发展的基础和依托,教师培训必须无条件地面向实践,把理论指导实践与实践丰富理论辩证统一起来,使教师理性认识和实践经验双向发展,并最终体现在学校的教育教学工作的改进和提高上。我们强调的面向实践并不意味着放弃理论学习和理论指导,只有同时拥有实践的反思和系统的理论学习,才可能真正实现教师的专业发展。

### (一)强调以问题为中心的学习

教师的职后学习是成人学习,与职前的学生学习相比,有很多不一样的特点,学习的目标更多是自己预定的,这种预定中的目标设定以解决问题为导向,追求的不是一般的系统知识,往往是把学习内容与专业发展以及个人的内在价值追求相联结,力求实现自己的职业要求。传统经验化学习理论认为,学习应从经验最好是从问题入手,使学习者能够明显感到学习的必要性,从而更多地关注并参与到学习中去,这样的学习才会实现学习目标,并进一步形成学习行为的持久化。现代关于教师研究的理论也表明,专家型教师相较于新教师的显著差别之一是,专家型教师更善于发现问题,并能以基本的教学原理为基础找到解决问题的正确方案。站在实践的角度,学校和课堂都不可避免地要遇到各种各样的新问题,这些问题只有特定的高素质教师能最终诊断出来,因为他们丰富的解决问题素养使其能通透地了解学生和整个情况,能够最终合理地解决这些问题。因此,我们的职后培训应该与研究和解决这些问题密切联系起来,和教师共同诊断并找到解决问题的办法。

### (二)提供情境式的学习氛围

情境式教学理论认为有效的学习总是要嵌入到情境中去的。对于职后教师而言,情境的开放复杂性决定了他的学习不是解决结构良好问题的学习,而是解决结构不良问题的高层次学习。这种高层次的学习所需要的正是教学过程中情境的创设,学习内容完全可以是真实性的任务,它来自教师课堂教学中的问题。教师的职后培训肯定要与学校的日常生活相联系,与身边的课堂实际相联系,与学校的价值目标和发展变化相联系,以期使教师个体在教学质量提高、学生健康成长中自己也实现专业成长的目的。情境性认知理论是与建构主义大约同时出现的又一个重要的教育研究取向。这一理论认为,学习应该通过积极的社会真实性的过程来实现,学习应在学生相关的情境中发生,这样的学习才事半功倍。教师实践智慧的特征以及与专业发展的关系研究也证明,实践智慧隐含于教学实践过程之中,更多地与个体的思想和行动过程保持着共存共生的关系。实践智慧本身是情境性和个体化的,不可能单纯通过他人的直接讲授而获得,只能在具体的教育实践情境中得到发展和完善。

### 四、依托基层学校推动校本培训的原则

学校不仅仅是学生学习的场所,同时也是教师个体实现专业成长的场所,教师的专业发展是与学生成长、学校教育教学实践进步同时发生的。教师优秀的专业能力主要是在学校教育教学实践中通过岗位磨炼而逐步成形的,教师任职的学校是其专业成长的基础平台,教师素质的提高必须在学校这个特殊具体环境中才能实现。教师的发展与提高一方面是出于完成本职工作的需

要,同时也是教师个人和组织发展的需要。因此,对于教师的职后培训活动要充分考虑教师的需要和教育教学实践的要求,充分考虑到教师具体的工作环境因素,诸如学生构成、学校文化、学校差异等。

"基于学校教学,在学校教学中,为了学校教学。""以校为本"培训形式的兴起体现出这一理念,它是一种为了满足学校和教师发展需求的在职培训。其优势在于:①把教师个体的专业化成长与学校发展目标结合起来,体现出工作目标的一致性,这样有助于教师工作积极性的激发;②在教师自己熟悉的教育教学层面展开,体现了理论与实践相结合的原则,可能把教育创新迅速迁移到工作中,指导工作的有效推进;③培训的时间地点不受限制,方式灵活多样,满足不同需求的教师;④教师成为培训活动的自主参与者,有助于教师的创造性的发挥,也有助于教师同行之间的相互交流和促进。为此,我们多年来在培训实践中主动与基层学校建立起平等的伙伴关系,把培训机构集中统一的培训和基层学校的校本培训结合起来,为校本培训的深化开展找到了另一种有力支持。

**(一)"反思、互助、引领"三要素贯穿校本培训的始终**

校本培训最核心的三个要素是教师的个体反思、教师的集体互助以及专家学者的高层引领。教师个体的实践反思是基础核心要素,是开展校本培训和研修的必备前提。教师集体互助可以使教师的教育行为得到相对客观的评价反馈,学校同事、专家学者甚至家长都可以是合作研究的伙伴,我们多年来的培训实践也表明教师之间的广泛交流是提高教学能力的最有效的方式。然而,如果仅仅片面地局限于同一领域、相同水平的交流,由于共同的工作性质和职业领域使他们拥有许多共性,就难以产生突破性进展,所以对绝大部分教学问题的深刻认识必须借助于专家学者的外在引领,避免陷入同一水平的无效重复。专业引领中的人员主要指大学或研究机构的专业研究人员、各级教研室的研究人员以及中小学教师中的骨干教师。

**(二)实施形式多样、内容丰富的校本培训**

根据前面的分析,合理高效的校本培训应体现出教师的主动参与性、实践操作性,体现出专业引领、同伴合作、行为创新,应强调教师在情境性教学和真实任务中的探索性,应使教师养成理论学习和实践反思的习惯,在反思中提升专业水平,并最终养成在研究状态下工作的行为方式。①

我们曾实践过的培训内容主要有:与高校教师培训机构建立伙伴关系而合作进行的研究、以课例为基本载体的行动教育、以信息传递为主的专题讲座、基于课程改革和教育教学中存在的热点难度问题的培训教育、基于大多数教师已有认知水平和实践需要的专业课题研究、体现一定主题的课堂观察、以教研室或年级组为单位开展的教学设计工作坊、由教师个人自愿组成的自由主题式的教育问题讨论的教师学术沙龙、叙事研究、师徒结对等。相关学校应根据校本培训的具体目标和实际,灵活选择实施针对自己工作实际而又形式多样的培训课程,规范培训过程,增强培训的针对性、时效性,避免一切方面的形式主义。

### (三)建立规范灵活有效的培训制度

制度是培训的保障,但是制度化并不是简单的规范性文件的行政要求,而是要更多地考虑如何让教师在行使自己的权利时,自觉履行在培训过程中的义务和责任。制度化的过程应包括三个方面:①确立共同的价值观念,通过培训者有意的引导,促使教师对培训活动的意义和过程有比较一致的认识,形成共同的价值追求;②制定规范,根据共同的价值需要,形成自下而上与自上而下的互动,然后形成集体认可的培训规范,并要尽可能地通过操作提高教师对规范的认同度,进而把教师的全部培训活动纳入规范的程序中;③建立机构,任何规范的实施都离不开组织机构的保证保障,教师培训制度化的过程也是相关组织机构建立健全的过程,这样才能使制度切实可行而不是流于形式。一般做法中,校长理所当然是制度的第一责任人,相关学校要建立以校长为首的校本培训管理机构,整合学校机构如教务处、教科室、学科教研组和年级备课组的力量,形成教学、研究、进修密切结合的培训管理系统,由教务处牵头制定计划并检查监督,课题组、年级组、学科教研组等具体实施各自的任务分工。

就校本培训而言,如何根据不同地区、不同学校和不同教师群体的实际情况,选择受培训者欢迎、有工作针对性的内容和方式,是校本培训推动学校发展和教师成长的关键环节。

---

① 乔祯、湛启标《校本教师研修有效性的理念与策略》,《教育科学论坛》2009年第6期,第36页。

### 五、教师职后培训的发展性、时代性和激励性原则

#### (一)发展性

教师的专业发展,不能停留在当下,更不能停留在过去,最应该做的是追逐未来。对教师进行职后培训,就应该为受训者勾勒出后面适合自己的职业规划和专业发展的方向前景,使其遵循这一职业轨迹,严肃施教,追求真善,体现自身价值,其核心是教师的自我反思和行动研究能力的培养。坚持发展性原则,还要求培训实施要符合不同发展阶段教师的不同需求,依据新教师—骨干教师—名优教师的不同发展特点实施相应的培训,促进不同发展阶段教师的专业发展。其实,之前所述的需求性原则、主体性原则、实践性原则都是坚持和体现了发展性原则。任何一个培训组织原则的坚持,无一不是以其发展为终极目的,只有教师专业素质、能力水平得到了提高,才能实现高质量的教育,才能获得社会和公众对于教师职业的尊重,提升教师的社会声望。

#### (二)时代性

2016 年 9 月 9 日,习近平总书记前往北京市八一学校看望慰问师生,在交谈中强调要尊师重教并"让教师成为令人羡慕的职业"。"基础教育是立德树人的事业,要旗帜鲜明加强思想政治教育、品德教育,加强社会主义核心价值观教育,引导学生自尊自信自立自强。"①由此可见,从教素养的提升是时代对教师的新要求。为培养 21 世纪现代化建设人才,把学生培养成为社会主义事业的建设者接班人,更要大力培养教师的自身素质和科研能力。进入 21 世纪后,我国教育面临着日新月异的世界环境和科技发展态势的严峻挑战,势必要求我们在研究如何培养提高教师教学素质和教学能力的同时,开阔视野、与时俱进地重视对教师教学素质的时代特点研究。唯有教师自己成长为适合时代发展的高素质人才,真正成为建设新世纪的参与者和开拓者,才有可能把下一代培养成为新世纪的合格人才。这一对教师的标准和要求,决定了教师的职后培训要体现时代特点,根据时代发展的需要确定培训项目,选择符合时代特点的培训内容和培训方式,引领教师紧跟时代脚步与时俱进。

---

① 习近平《思政课是落实立德树人根本任务的关键课程》,《求是》2020 年第 17 期,第 5 页。

### (三)激励性

教师培训的动机是教师学习的动力,希望通过培训提高个人业务,自己得到成长和发展,是教师学习的普遍动机。一些教师希望通过培训在物质和荣誉上有收获(如提高工资、当选先进、晋升职称)也是正常的表现,因为这些物质上荣誉上的收获,是教师得到成长和发展的结果。由此教师参加培训的激励机制的建设、健全和完善也是一个重要的实践课题。

确立教师在职培训的组织原则,加强培训的现状和对策研究,能有效避免出现"为培训而培训"或培训"走过场"等现象,帮助教师从繁杂的"无效"或"无太大价值"的培训中解脱出来,引导广大教师积极主动地参与到培训活动中。对于各级各类学校及教育主管部门而言,努力创设一个以职前教育为奠基、职后教育为提升的教师教育系统,对形成教师终身教育专业成长,对教育事业的跨越式发展有着重大的理论和现实意义。

# 第四章　教师培训模式研究

## 第一节　教师培训模式概说

教师职后培训是教师终身学习的重要手段，是提高教师专业能力水平和开发教师人力资源的主要途径。面对信息瞬间更替、知识唾手可得的网络时代，教师队伍建设主体的多元性和内容的广泛性决定了教师职后培训模式的多样性。

第一，根据培训时间长短，职后培训可以分为长期培训与短期培训。长期培训一般培训科目较多，内容较新，理论性较强，层次较高，往往涉及教育教学改革的热点、难点、生长点等前沿问题，如教师职后培训与教师教育一体化问题，课程设置的有效性问题，理论教学与实践教学密切结合问题等等；短期培训更多的是"短平快"式的适应性专题培训和实践性培训，是各级教师培训机构常用的培训模式。

第二，按照培训主体的层次差异，职后培训分为国家培训、地方培训和校本培训。国家培训是国家财政支持，由国家级政府部门组织的全国范围内的培训，主要倾向于重大教育改革项目、偏远贫穷地区、农村教师的培训；地方培训是指由省、市、区(县)级政府部门或培训机构组织的本行政区域内的教师培训；校本培训是由中小学校基于本校特点而开展的促进教师专业成长的各项教育教学活动的总称，包括日常教研活动，课题研究活动，各种教学业务竞赛，公开课、示范课、研讨课，以及根据自身需要组织的各种论坛、报告和专题讲座等。

第三，按照培训的空间形式不同，职后培训分为网络远程培训与面对面培训。随着教育信息化水平的不断进步，教师利用教育网络平台进行网络远程培训,已成为一种习惯,不出校门、不出家门就能接受需求培训,就能实现资源共享,这是一种非常便捷的培训形式,也是教师学习的一种重要方式。近年来,省市级教育行政部门对这种培训模式不断进行调研改进和发展完善,网络远程培训已成为职后培训重要的组织形式。面对面培训也就是传统的教师和学生、专家和学员在同一空间内通过言传身教的讲授,面对面实施的教育教学方式和培训模式。

第四,按照是否取得学历学位,职后培训分为学历学位教育与非学历学位培训。学历学位教育是指在职教师为了提高自己的学历学位层次而参加的学历学位教育,包括通过成人高考的成人教育、高等教育自学考试、教育硕士教育博士专业学位教育等;除上述学历学位教育之外,不颁发学历证书或学位证书的各种培训,称为非学历学位培训。《国务院关于加强教师队伍建设的意见》强调指出,要"扩大教育硕士、教育博士招生规模,培养高层次的中小学和职业学校教师"。

第五,按照是否脱离工作岗位,职后培训分为脱产培训与在职培训。脱产培训是教师离开工作岗位,到高校或专门的教师培训机构进行的全日制培训学习,时间较长;在职培训是教师不脱离工作岗位或短期脱离工作岗位,到培训机构接受短期学习和培训。另外,也可以是脱产培训和在职培训相结合的培训形式,比如教育硕士类培训,其培训模式是三年的学习过程,第一年是全脱产学习,后两年可以在职学习。

第六,按照培训人员范围,职后培训分为全员培训与骨干教师培训。全员培训是在培训主体管理范围内的所有教师均要求参加的培训。全员培训的任务,更多的是学校或区市组织的有针对性的普及性培训,网络远程研修是高层次全员培训。骨干教师培训是针对部分类型的骨干教师进行的培训。如《国务院关于加强教师队伍建设的意见》提出要"加强校长培训,重视辅导员和班主任培训"。辅导员、班主任培训也属于骨干教师培训。

第七,按照培训内容,职后培训分为通识培训与专题培训。通识培训是指培训的内容适合所有不同学科、甚至不同学段的教师的培训,比如师德师风教育,法律法规培训,高中新课程实施培训等;专题培训是指对部分具有共同需求趋向的教师进行的内容比较专一的培训,比如分学科进行的学科内容教学设计培训、足球裁判员培训等。

做以上梳理概说,其因它们是传统的教师职后培训模式,为人们所习惯。诸如此类的传统培训模式还有很多,关键看如何把握运用。由于不同地区的经济和教育发展存在着不平衡,即使同一地区的教师状况也存在着因性别、年龄、教龄、学历、职称以及学校的较大差异性,致使教师培训存在着明显的不同需求、不同标准,甚至是不同动机的现象。这就要求培训的组织者、施训者要根据受训者实际情况和实际需求,有的放矢地建构与选择培训组织模式,既不能因为模式的"老套"而弃用,也不能一成不变地生搬硬套,最好的做法就是能在这些已有的经验模式基础上实现整合与创新,比如可以试用集中、校本、远程相结合的混合模式,既发挥各自优势,又能够紧密配合,相互协调,相互促进。实践证明,培训实践中多种组织模式的整合重组,其针对性和有效性强于单一的模式。

# 第二节　教师职后培训模式的研究分析

人本理念下探索创新教师职后培训模式,对提高培训质量与成效意义重大。要做到实事求是,与时俱进,立足实效性、突出针对性、着眼操作性。

## 一、网络研修模式

网络研修模式是依托现代计算机网络、多媒体技术和现代通信技术而开展的研修方式,因其不受时间、空间限制等特点,迅速成为传统学校教育的有力补充,发挥着非常重要的作用,且有其独特优势。

一是在网络研修环境中,教师可以便捷地获取大量、丰富、翔实的信息资源。通过网络,各种资源跨越空间距离的限制,面向全球提供开放式的教育,通过网络在线研修,教师可以根据自身的需求,随时随地学习,实现资源利用最大化。

二是教师可以利用工余时间移动、无障碍地学习,解决工学矛盾。网络在线培训真正做到了让被培训者在任何时间、任何地点,从任何章节开始,学习自己需要的课程,这样便捷、灵活的学习方式,鲜明地体现了学习行为的选择性和自主化。①

三是使一线教师能在有限财政条件下，也能够聆听高水平专家的指导。与此同时，相比传统面对面培训，网络培训也存在着教学互动性不足的劣势。但总的来说，网络远程培训模式越来越受到基层教师的欢迎，因为当下存在的一个教育现实是教师，特别是中小学教师，教学任务重时间紧，这是普遍现象和不争的事实，而网络远程培训能够很好地解决中小学教师专业发展中存在的工学矛盾，同时以教育信息化和信息化教育特征弥补传统培训模式的不足。具体来说，为参训教师创设一个网络资源平台，这个资源平台对区域内教师来说是一个开放、共享、生成性的系统，研修的各种资源通过该平台送达每一位参训者，在这个特定网络空间上，培训者与教师，教师与教师的交流与互动更加快捷。这种远程网络研修模式对参训者的学习提供了空前的自由。

当然，远程教育的优质资源建设、有效参与的教学模式建设、有效管理平台的建设和运行，是提高远程教育效果的保证。但总的来说，网络在线培训课程的兴起，给教师职后培训提供了广阔的天地，可以做到"人人皆学、处处能学、时时可学"。

## 二、集中培训模式

集中培训模式是指由各级各类师范院校教育学院、区域教师干部培训中心、教师进修学校等培训机构统一组织实施的培训模式。这些机构实施的集中培训模式能够根据参训教师的不同类别、不同学段、不同层次特点和共性需求确定相应的培训目标内容，采用适合成人特点的培训方式进行培训，经过长期的实践摸索，这种传统的培训模式有一定的理论高度，知识性也较为系统。但随着问题的提出，要进一步增强培训的针对性和实效性，培训机构要注意在更深的层次上调整课程设置，增加课程弹性，完善培训者的新的知识构成。从优势方面讲，传统的集中培训更能实现使参训教师更新教育观念、优化教学方式、提高教学效益，改变以往教师头脑中的陈旧观念，问题在于如何使传统培训由单向的知识传授向双向的知识互动转变。使整个培训过程更富有研究性，即提出问题、研究问题，培训教师及时为参训教师提供相关信息、资料和方

---

① 金荣、郭天炜《浅谈网络时代教师的角色转变》，《内蒙古民族大学学报》2009 年第 1 期，第 77 页。

法,调动参训教师的学习热情,解决教育教学中的实际问题。所以说,集中培训如何做到从问题中来,又回到指导教师解决教育教学实际问题中去,是集中培训有效性的灵魂。

集中培训不仅仅是对被培训者把终结的知识成果由外向内的转移,更是教师主动构建知识结构的过程,只要被培训者能意识到自身的主体性地位,能有选择地参加集中培训,就能够有效地促进自身的专业发展。[①]

### 三、行动研究模式

教师能够亲临教育教学现场,从事对教育教学行为的研究,这种得天独厚的条件使教师的科学研究更具针对性和实效性,也更容易将自己的研究成果应用于自己的实践中去。教育行动研究是教师通过自身的实践进行教育教学研究的一种专业成长模式。这种模式在职后培训中是指被培训者与培训者一同进入教学现场,在充分调查研究的基础上,筛选出具代表性的实际问题,而后培训者通过讲座交流等多种方式有针对性地提供理论指导,帮助教师反思拷问自己的教育教学实践,从而不断改进自己的教育教学行为。在这种模式情境中,教师要做有心人,要学会捕捉教育教学工作中的典型事件,注重日积月累、学会跟踪、善于分析,为自己的研究积累素材。

### 四、人本取向模式

我国教师教育的改革和创新在相当长一个时期内明确倡导以人为本的理念,这也是世界教育改革发展的共同趋势。教育的人本主义性质、人类价值、人的生命和健康以及个性的自由发展已经成为人类的共识,这一理念也是当今时代国家制定教育政策必须遵循的首要原则。我国《国家中长期教育改革和发展规划纲要(2010—2020)》中明确提出,坚持以人为本、全面实施素质教育是教育改革发展的战略主题,是贯彻党的教育方针的时代要求。以人为本既是教育改革和发展的价值取向,也是具有决定意义的主导原则。

对于教师教育而言,以人为本不仅要体现在教师职前培养阶段,也要成为职后培训阶段第一位的指导思想。在教育民主化走向的当下和未来,确立人

---

[①] 　王晓萍《教师职后培训模式探讨》,《大连教育学院学报》2010年第26期,第23页。

本主义教育价值观的意义是教育成功的关键。作为文化的传播者和创新者，教师本来就具有独立意识、平等意识和主体意识。以人本理念为导向，创新教师职后培训模式是当今时代的迫切需要和理性选择。这种人本模式强调的是在培训中充分考虑教师个体的价值需求，重视教师的专业能力和专业意愿的发展，并为其提供个体化、特色化、多样化、人性化的培训方式，促进教师的专业发展与成长。基于此，人本理念下教师职后培训模式应该从以下三方面进行理念设计。

首先，以人为本的教师职后培训是以鼓励教师的自主发展为主旨，以育人能力为核心，以爱为基石，正确认识人、尊重人，并在时代背景上开发人的心智。

其次，教师职后培训要确立以人为中心的思想，在培训活动、培训内容等各方面更多地体现出对教师的关注，把从单纯知识的传授和思想的培养转变为深切的关怀和情感熏陶，从而改变那种"以知识为本"和"以技术为本"的传统教育观念来进行深层次的培训，这种"以人为本"的教师培训模式，才会使教师得到全方位的进一步提高。

最后，从理论来源上讲，"以人为本"的教师职后培训倡导的是马克思"全面发展人"的思想，这一顶层思想建构能够更好地适应当代的社会环境，更有利于教师教育发展的未来。

## 五、"超市式"培训

"超市式"教师职后培训是指教师可以依据自身情况，自由选择培训时间、地点、内容，甚至培训方式的一种模式。就像现代超市，人们可以凭自己的喜好任意地选择自己喜欢、所需的商品，拆除大部分限制，完全凭借自己的意愿而定。这种模式充分体现了以人为本理念，遵循了"按需受训"的原则，从教师的自身需求出发完成培训，更鲜明地体现出职后培训的"需求性原则"。[①] 这有助于在培训过程中调动教师的积极性和主动性，真正发挥教师的主体作用。

运用这种培训模式，要求培训机构或部门在施训之前做大量的功课，首先施训组织管理者应该对受训教师进行全面的需求调研，可以通过手机终端来

---

① 李艳娇、李艳辉《人本理念下创新教师职后培训模式的思考》，《科教文汇（上旬刊）》2014年第11期，第23页。

实现受训教师的群体调研,在充分调研的基础上,要对需求情况进行梳理归类,然后针对需求导向有目的有针对性地进行培训课程的设置,针对设置好的课程,再有针对性地聘请专家并授意专家授课或组织实践活动。另一种方式是菜单式,之前有对区域内教师近期全面的教育教学需求调研,根据调研的情况,提前做好各类需求的课程内容菜单及专家情况介绍菜单,让受训对象进行网上选择,然后进行归类统计,确定课程及课程内容后组织实施或集中或分散的教师培训。在实践中,"超市式"还应该做到:①培训内容的设计,要以教师的需要为重点;②培训时间,要顾及教师的意见,必要时,能对同一内容设置几个不同时间段的培训课程,教师可根据自己的实际情况进行选择;③在施训者的选择方面,是教育专家,也可以是一线的成熟的优秀教师,一线教师能够针对教师在教学中所遇到的实际困难进行培训,往往更能达到受训者的培训需求。

### 六、"反思式"培训

反思式教师培训指的是教师在培训过程中将自己的问题以发问形式向专家提出,再根据专家有针对性的指点,最终自己解决问题的模式。它是一个教师根据个人的成长和学校教育教学的实际需要,由教育专家进行协作指导的过程。教师主动参与,以问题为中介,反思为目的,把培训课程与教育教学实际结合起来。在解决问题过程中促使教师进行反思,在教师反思的过程中,由受训者仔细思考自己在教学中所存在的一些问题,并根据专家对其所提问题,以及对问题的解答来找出自己的不足,从而更好地思考自己的发展方向,并将自己的发展与学校的未来很好地结合起来。这种教师职后培训模式可以归结为"问题—理论指导—反思—实践"。它最主要的特点是受训教师的主动性参与。

教育教学现实中,教师对教学效率和效果的不断追求必然会涉及对课堂、对时间分配、对学生活动的控制,但这不一定意味着教师对教育价值的歪曲,这一问题只有放在对一个教师课堂内外各种教学活动全面地加以了解的方式下才能得到正解。普通教师与专家教师的一个明显差别就在所谓"学生意识""学生观"上,学生观体现在很多层面,如课堂设计、提问、教态、处理错误的方式等。教师成长最显著标志就是在学生意识上的变化。专家教师的学生观变化大致为"教书—教人—教部分人—教更多人—教所有人"以及"培养人—尊重人—欣赏人"，这是一位师训专家无论如何应该具有的施训理念。① 也就是说施训者要非常清楚地知道教师究竟应进行什么样的反思，课堂内外究竟发生了什么，面对相似的情境，不同的教师处理方式为何会如此不同，教师的反思行动过程如何，教师的行动反思的能力取决于哪些因素，等等。并以此对学员进行"问诊"互动，让广大学员积极参与进来，获得教育教学实践中解决受困问题的点拨与启迪，并认识到教学反思的重要性。如果得到了受训教师的认可，那么接下来他将会主动地去养成自我反思意识，对自己切身的教育实践和周围发生的教育现象进行反思，从中发现问题作为研究的课题，改进自己的工作并形成理性认识，在这个过程中，逐渐成为具有自觉改进意识与自我发展能力的专业人员。这样的反思式培训，更有针对性、实践性，更能取得培训的成效。

至于如何实现对教育教学效率和效果的追求，培训时，往往需要专家教师对情境和问题进行重构，通过案例式教学指导重新框定问题，指导教师能在复杂多变的教学瞬间进行选择与决策，形成一种充满生命感召力的融合，或者说发展出教师所追求的教育教学机智。

### 七、"头脑风暴式"培训

"头脑风暴"式的教师培训，实际上就是参与互动交流式的教师培训。教师在教育教学实践过程中必然会遇到各种各样的问题和困难，他们最迫切需要的不再是在人数众多的大会场或课堂上聆听专家教授的报告，而需要更加广泛的、深入的沟通交流与现场指导。

以往的教师职后培训，一般是请专家开讲座，或组织听课、评课，这种模式与方式固然有其可取的一面，也有一定的效果，但最大的问题是教师始终处于被动地位，参与不进来，培训者总是带着预设的问题来面对被培训者，如"我要给教师讲点什么？""我该让教师学会点什么？"更多的情形下是培训者自以为是、滔滔不绝的满堂灌。最好的结果可能会造成教师听讲座时很激动、很兴奋，但心动之后的实践行动仍然举步维艰，天长日久，教师只会机械地拿来，而不去创造性地运用，根本不能形成反思与分析的行为习惯。一旦拿来过程遇到困难和阻力，研究行动往往就会自动终止。实际上，教师在独立思考的基础

---

① 李莉春《教师在行动中反思的层次与能力》，《北京大学教育评论》2008年第1期，第38页。

上,需要与同伴、特别是有经验的同行进行交流与对话、互助与合作,与教研人员对话,与集体讨论迸发教学灵感,分享经验与成功,建立起促进教师合作、交流、思考、共同发展的学校文化,形成开放的氛围和宽松的成长环境。对这样的参与式培训应当给以鼓励和加强引导,尤其注重培训者与培训对象的平等交流与对话。

要真正使教师领悟并运用新课程理念,必须改变过去"报告"式、"讲座"式的主打培训方式,培训固然少不了理论学习,但还应当针对问题进行个案分析,对参与实施新课程的教师进行现场指导和帮助。要特别关注课堂研讨、即席指导,可将培训地点设在课堂,一边教学,一边研讨。可以尝试让培训者先亲自上示范课,然后结合本课堂进行理论讲解,将自己的思想理念通过课堂直观地表现出来。也可以尝试请被培训的教师先讲,然后针对课堂教学中出现的问题,培训者走上讲台,进行即席指导,或组织评课,引导教师讨论。这样整个课堂变成一个学习与交流的场所,每个人都将自己对课程的理解和困惑拿出来,在相互追问中找到解决问题的有效途径及答案。

我们的做法消解了传统意义上培训者和受训教师的分界,大家都是平等的参与者,受训教师已经不再把自己当作被动的受训者,而是成为积极主动的构建者。这种全新的培训,在教师中掀起"头脑风暴",在教育管理者、培训者及教师之间搭建了平等对话交流的平台,使教师们得到空前的锻炼和提高。

多年来的培训反馈显示,更多的教师认为,结合自己的工作实践和体验,利用培训资源,借助专业力量,让自己积极地参与到有关备课、上课、评课的全过程讨论研究和反思交流,是最有效的培训,远胜于听几场报告和几节公开课。

### 八、"项目式"培训

教师不仅是教育教学的专业人员,更要成为教育教学的专业研究者,教师的职业角色需要重新定位。在此背景下,项目式教师职后培训模式的重要意义更加凸显。项目式教师培训模式是指根据一些突出的教育热点、难点及由此衍生的研究课题,设置有针对性的课程内容,在解释项目的同时,对教师在项目中遇到的现实问题进行求证和解答,这种教师培训模式的主要特点表现为在实践中学习。教师可以根据自身的需要以及自己的能力选择自己所要参加的研究项目,而这一培训模式就是根据教师在选择项目中的一些不明事宜进行培训,让教师清楚地知道自己所需要的项目,帮助教师解答在项目研究中遇到的问题,向教师提供更多的研究机会,形成浓厚的学术研究氛围。这种培训强调要以教师所要选择的项目为中心,着眼点在于要帮助教师更好地选择与完成自己的项目。培训中项目内容的选择体现了从教师职业特点出发,而不是把教师作为被动接受的一方,反对教师片面接受理论知识和知识体系,倡导教师根据个体的特长和已有的知识选择项目,发挥自己的专业特长,体现自身的价值,为自己所选项目做出实践努力,从而得到提高。

项目式培训的初衷是从根本上解决问题,是想让学校具备研究的职能和能力,形成自我发展、自我提升、自我创新的内在机制,使学校成为真正意义上的学习化组织。

### 九、"案例式"培训

其实不论学生还是受训教师,面对空洞的说教一样会心存反感,再先进的理念如果不辅助案例加以诠释,也会因参训者的被动排斥而收效甚微。所以,施训专家教师在备课时,要精心搜集典型生动、有表征意义的案例,借助案例诠释理论,让参训教师在回味故事的同时对新理念进行感悟。有这样一位培训教师,在讲"新课程学生评价行动原则"时,其中有一条是"爱"的原则,他跟老师们说我们每位老师对学生都不缺乏爱,我们每天辛苦工作,为学生的进步而欣慰,为学生的退步而焦虑。但爱是一种能力,我们是否真正具有爱学生的能力呢? 如果当你走进教室,却被从门框上掉下的一袋饮料浇一身,这时你会怎么办? 是火冒三丈,大加训斥,还是不吭声,简单处理,照常上课? 如果你选择前者,其教育的效果、教师的形象将会大打折扣,相反,如果以后一种方式处之,必会引起学生特别是那个搞恶作剧学生的意外,在保住了教师的大度和形象的同时,也给学生增添了几分威慑。就像一位被饮料浇了一身的女老师选择了继续上课,第二天她打着一把伞走进教室,第三天她还是打一把伞进教室。这时搞恶作剧的学生坐不住了,主动找老师承认了错误。这是学生发自心底的认错。教师的教育应当充满智慧,在智慧中渗透人性的大爱。

在培训中,我们不厌其烦地提醒教师,在教学中不妨从身边的小事做起,当孩子取得成绩时要及时赏识表扬他的努力;引导教师从为学生订立切合实际的学习目标,到拿放大镜找学生的优点;从与学生订立守纪契约,到引导学生自主建立成长记录袋。让教师懂得这些都是发生在我们课堂教学中的事件，也是我们可能曾经忽略过的教育契机，如果我们都能敏锐机智地处理好的话，这些事件中都蕴含着深刻的教育哲理。

千篇一律的理论说教只会使听者感到枯躁乏味，简单肤浅的案例堆砌也只能离本质越来越远，只有用案例诠释理论，会使理论更具体，也会使案例更深刻。以案例和教育故事来诠释理论，则既能引起参训教师的兴趣，又能让大家在会心一笑的同时有所感悟，受到启发，在细细品味之中豁然开朗。

如果说理论是灵魂，则案例是载体，理论因为案例的佐证而深刻，案例因为理论的支持而丰厚。案例要为理论服务，而不能游离于理论之外，要做到理论与案例的相互平衡。以案例为载体的诠释方式，是增强教师培训实效性的有效做法。

### 十、"混合式"培训

随着现代科学技术发展对教育领域所带来的深刻影响，教与学的形式早已不仅仅局限于传统的"面授"，教师与学生非面对面的即时互动成为可能，人们越来越多地使用现代信息技术开展"教"与"学"活动。同样，在教师培训中，以面授为主的培训模式也在悄然发生着变化，在线培训与传统面授培训的结合成为教师培训模式的一大创新性亮点。传统单一的面授培训，不是没有优点，但鉴于教师职业的特殊性，面授培训模式受时间和场所固定性的限制，过分强调培训内容的整齐划一和不可选择性，以及参训教师的动手、动口、动脑机会较少，容易忽视参训教师的自主性和独特性，对发挥参训者的积极性、主动性和兴趣特长有较大局限，很难真正满足教师学习的个性化和多样化需求，在很大程度上减弱了教师接受系统培训的效果。这种单一行为培训模式已经难以适应信息时代教师专业发展的需要。近些年来，在线培训的出现恰恰弥补了传统面授培训中存在的诸多弊端，它打破了时间和空间的限制，教师可以根据自己实际情况安排学习时间，可以利用碎片化时间随时随地进行学习；也可以根据自己的需求与不足，选择适合自己的学习内容。将传统的面授培训与在线培训相结合的混合式教师培训，是对传统教师培训模式反思而构建的一种创新模式，它采用了网上培训和线下研修相结合的形式，实现了集中面授培训与远程在线培训二者的优势互补，拓展了教师学习的空间，突破了教师参训时间、方式和内容上的局限性，为教师创造了更多互动和交流的机会，能够有效解决教师专业发展过程中的现实困惑。

以上所说，主要是指将"集中面授培训＋网络远程培训＋校本培训"方式结合起来，在组织形式上分级，在培训内容和活动上分层的新型混合式培训模式，将专家面授、网络平台远程培训、校本培训相结合，更有助于实现理论与实践的结合和培训资源的实时共享，更方便于专家与教师的交流和专题学习与交流研讨的结合。

除此以外，混合式教师培训模式也不拘一格，可以根据实情需要进行合理安排。如"教—研—训"一体化教师混合式培训模式；自主学习为主、集中培训为辅的基于 MOOCs 的混合式培训模式；集中面授与跟岗观摩或返岗实践＋在线研修的实践型混合式培训模式等等。但不管怎样混合，培训的组织不能忽略教师主体的实际情况和实际需求这一基本原则，一定要有利于受训教师业务能力和综合素质的提高。因此，随着教师专业发展的不断推进和教师培训重心的不断下移，如何创新融合教师培训模式，建立富有成效的教师培训机制，做有效的教师培训，是当前和今后一个时期教育行政部门及培训机构要着重思考研究的问题。

## 十一、"合作式"培训

合作式教师培训，首先是校地合作模式，是高等院校与地方教育行政部门、培训机构或中小学幼儿园的培训合作。这样做，一是发挥高校理论与科研优势，提出主体思想理念和改革意向；二是教育行政部门、培训机构牵头组织培训，发挥地方政府和培训机构的行政与管理优势[①]；三是中小学幼儿园积极参与合作，发挥中小学校的实践基地优势。突出"三位一体"培训发展模式，实现各部分优势资源的整合，并通过资源流动，互惠互利，实现共赢，从而实现教师专业发展。或者采取以政府为主导，以高校与地方培训机构、中小学校联合为主线，分工合作、协同创新，共同完成教师培训的工作。该方式强调政府的统筹与管理功能，针对区域内教师培训效能不高、教师专业发展平台缺失等问

---

① 莫晓东、徐旭央《"多元联动、合作开放"的教师专业发展培训机制的探索和实践》，《宁波教育学院学报》2014 年第 2 期，第 28 页。

题,政府通过地方高校的教育资源组建教师教育基地,建立教师学习与资源中心,通过开展相关活动优化区域内教师资源配置,提升教师教育教学能力,努力实现区域教育均衡发展。

近些年,笔者所在的青岛市中小学教师培训中心不断拓宽教师培训渠道,在校地合作培训方式上积极主动地取得与知名高校的合作,配套不同学段、不同学科、不同类别、不同层次的教师培训模式,针对性地组织培训项目,充分发挥高校的科研理论优势,实现校地合作培训的最优化。我们对"校地合作"培训模式的探索、研究和实践,取得了很多积极的成果。

其实,基于实践层面的理解,还可以实施更多的合作式培训,比如与专业机构合作实施有针对性的培训。近些年来我们一直从事专业的干部教师培训工作,不断尝试与专业机构的合作,创新培训模式,提高培训绩效,力求培训效能最大化。以下是我们的几个实践案例。

**例 1**　与青岛美联外语培训学校的合作。

青岛美联外语培训学校是一家经青岛市教育局及外国专家局核准的正规培训学校。学校全部启用具备 ESL 教师资格、经验丰富的外国专家任教,并与牛津大学、美国加州教育局、美国宾州大学教师培训中心、德国汉堡教育厅等多家世界知名教育培训机构长期合作,致力于帮助中国教师学习掌握国际先进的教学理念与方法,开阔国际视野,整合优势课程,提高教师的职业素质。

成果一:青岛市中学生生涯指导骨干教师培训。

当前,教育正在向国际化迈进,这就需要全面提高学生素质,帮助学生更好地进行人生规划,迎接日益复杂的社会挑战。而由于我国开展职业生涯规划起步较晚,职业生涯规划教育还未完全走进课堂,所以很多学生对未来人生普遍缺少规划。这一现象直接导致了很多学生缺乏学习兴趣,没有明确的人生目标。为了让"关注每一个学生生命成长"真正落到实处,2014 年,在市教育局大力支持下,在充分调研论证的基础上,我们中心开始与青岛美联外语培训学校合作,尝试以德国为主的"外教"团队进行中学生生涯指导骨干教师培训(配置专业翻译),内容主要包括德国职业教育体制及德国双元制职业教育、目前职业和学生生涯规划的状况及分析、如何在学校有规律地实施职业和学业生涯规划等,通过主题培训、分组研讨等方式,学员与德国专家一起从不同的角度探讨中学生的生涯设计指导,包含学生职业生涯设计、学生职业取向分析、学生职业生涯指导训练、学生生涯指导如何与家长进行沟通、如何进行企业对接等等。培训课程由德国团队精心打造，内容丰富，针对性强，培训取得了很好效果，备受参训教师欢迎。接下来，这几年结合学员的评价意见和建议，我们中心与"青美外校"就培训课程设置、培训课程实施、培训方式改进等方面不断进行调整和完善，力求使这一合作培训更趋成熟，更具成效，更有合作价值。正因如此，双方的合作方能至今日，并愈加持续。学员黄老师说："通过这样的培训，我不仅开阔了眼界、提升了职业教育理念，更进一步了解了德国中学教育现状和国际教育的发展趋势，同时使自己作为教师对指导学生的生涯规划有了全新的认识，希望回到工作岗位后，能把学到的先进的理念、知识、技能引入工作实践，指导学生的职业意识和职业规划，更好地促进学生的多元发展。"

成果二：乡村英语教师专题培训。

乡村学校英语教学往往是学校学科教学的软肋，为进一步提高乡村英语教师的学科素养和施教水平，在市教育局的全方位支持下，2017年，我们中心与"青美外校"又进行深度合作，开始引进美国资深外教导师团队，开展青岛市域的平度市、莱西市乡村英语教师专题培训，实现了乡村教师与"外教"的面对面，使乡村教师零距离地与"外教"进行交流互动。外教团队的授课，内容丰富多彩，方式不拘一格，课堂气氛活跃，众多的美国中学教育案例，在由"what to learn"到"how to learn"的思维转变中，向学员充分展示了国际前沿的教学理念和富有成效的教学策略，使学员们聆听到了先进的教育思想和学校教育文化，深受学员们喜欢，学员教师也表现出极高的积极性，课堂课下主动与"外教"进行对话交流。看得出，他们是想抓住一切机会来提升自己的英语水平和教育教学认知能力，包括了解国外的教育教学理念，学以致用。如此的培训现场状况，对培训成效无须任何怀疑，每年每期的学员培训评价已充分说明了这一点。

例2　与青岛市素质教育促进会的合作。

青岛市素质教育促进会成立于2015年，是由青岛市教育局主管、青岛市民政局批准的社团组织，系青岛教育学会会员单位，并接受青岛市教育学会的业务指导。素质教育促进会在教师培训方面，积累多年实践经验，设计了涉及专业教师、骨干教师、学校领导、学校管理及专业能力相关的八大模块，同时结合请进来走出去、研讨会及个性化定制等多种多样的培训方式，适应不同学校教师的不同需求。自 2015 年起,青岛市素质教育促进会成功举办 3 届海峡两岸及港澳地区小学课堂教学重构研讨会,惠及学校教师 3000 余人;成功举办 10 余次教师心理咨询培训及教学素养培训,惠及青岛市各学校教师 800 余人,主题涉及教师心理咨询、学科素养、教学能力提升、教育管理创新等;成功举办 3 次港澳台名师工作坊,惠及各学校教师 1500 余人。

2018 年 6 月,青岛市教育学会下文(青教育学会函〔2018〕15 号)举办"海峡两岸名师工作坊讲堂——小学教师素养提升"培训,由青岛市教育学会和青岛市素质教育促进会具体组织实施。正值此时,青岛市中小学教师培训中心准备组织"平度市莱西市乡村小学教师素养提升"培训,基于看好"素质教育促进会"成熟的培训组织经验和看重"海峡两岸名师工作坊"讲堂的主题对口,综合考虑后,与其进行协议性洽谈,利用教育学会和素质教育促进会的资源优势,组织进行了平度莱西乡村教师素养提升工程的部分学科(小学语文、数学、英语)学员进行"嫁接"培训。

此次培训以"聚焦实际问题,提高教师的专业化能力,构建更有质量的课堂教学"为主题,关注在基础教育改革中,如何从农村学习环境的优化角度进行课堂教学方式的改革与创新,并站在全人教育、泛在学习和大课程观角度重新审视和重构农村小学的课堂教学,促进教与学方式的转变,努力提高教育教学质量和学生的综合素质。

此次培训主题贴合了当前时期乡村小学教育的现状和乡村小学教师培训的需求,在培训的组织方式、课程设置与实施、现场的交流与互动等各方面都有比较完美的呈现,参训学员对培训成效给予了充分肯定,达到了预期目标,实现了有效合作。

**例 3** 与卡内基训练合作。

卡内基训练(Dale Carnegie Training)创立于 1912 年,创始人是美国戴尔·卡内基先生。卡内基训练是世界性企业管理训练的领导品牌,旨在发挥人力资源潜能,在全球各地帮助企事业、组织进行高品质培训,增强企事业竞争力。[①] 在操作层面主要透过两方面来达成此目的:一是发展员工正确

---

① 刘积山编《卡内基——风靡全球近百年的成功励志教程》,北京燕山出版社 2007 年版,第 147～173 页。

的态度及行为习惯来执行决策;二是透过在实际工作及生活中练习来强化受训学到的新技能。全世界有超过 90 个国家设有分支机构,以 30 种语言在全世界同步提供专案服务,并拥有一致的教学内容与品质。目前有超过 4000 位合格讲师和教练(coaches),毕业学员超过 1000 万人,《财富》(Fortune Magazine)报道,全世界 500 强企业中,超过 400 家企业长期使用卡内基训练。

2018 年底青岛市中小学教师培训中心组织一项特殊培训——培训管理者培训,培训对象是青岛各区市教体局培训机构负责人、学校教师培训相关负责人和部分中小学校长。基于以上了解,引入了卡内基训练青岛元智管理人才培训学校(卡内基训练山东唯一合法授权机构),并就培训管理者培训的有关要求进行了详细说明。卡内基训练青岛元智管理人才培训学校就此制定出针对这一特殊培训的培训方案。

主讲讲师是美国卡内基训练山东公司董事长、山东大学管理学院研究生导师夏明杰,夏明杰服务于美国卡内基训练 16 年,是卡内基训练全球认证最高级别讲师(carnegie master),拥有 20 多年企业管理经验,从事过教育、贸易、制造业、房地产、培训等行业。

以下是卡内基训练实施步骤。

步骤 1:根据教育系统高管层对培训项目的期望,依据需求设计课程的初步解决方案。

步骤 2:集中受训前,将安排学员接受卡内基咨询顾问 10～20 分钟的单独访谈沟通,卡内基教学团队据此分析课题及个案,讨论教学针对性,制定详细教学解决方案。

步骤 3:学员参加集中课堂培训,在这段时间内将接受课程输入、案例研讨、现场实战演练、心得分享、《个人行动计划》制定等环节的训练。

步骤 4:正式课程结束后,每位学员根据自己在课程中的收获进行评估,教学团队根据大家的评估信息对整个课程方案的总体效果进行评估。学员根据调查问卷对本次课程方案进行满意度评估。

步骤 5:集中受训后一到两个月,参训人员在日常工作中落实《个人行动计划》,运用培训得到的方法论和管理原则,切实解决工作中的问题。教学团队会予以课后跟踪,获得学员的成果反馈,并共同探讨和调整,帮助大家获得下一步行动计划,持续成长。

培训项目进行方式：

讲师讲授核心观念，并引导学员积极参与、现场演练，以互动为主。

学员讨论，分享，练习，总结，订立工作中具体需改进的目标和执行计划。讲师提供现场辅导（coaching），及时给予反馈、改善建议。

培训资料：

学员个人成长突破报告·金科玉律·手册。

卡内基经典著作《卡内基沟通与人际关系》。①

培训课程开展：

正式课程第一天：

培训目的：在时代快速变化的当下，领导人需要先了解和肯定自己，在此基础上培养积极开放的态度，建立和谐的人际关系；在了解和尊重他人的基础上，找出沟通的障碍并思考解决的手段，通过有效问问题等技能获得顺畅的沟通。

课程大纲见表 4-1。

表 4-1

| 单元 | 主题 | 目标 |
|---|---|---|
| 1 | 优质的态度 | 如何在快速变化的时代发掘更多潜力<br>了解自己、肯定自己、确认自己的价值观<br>培养更积极开放的态度<br>学习做自己态度的主人<br>奠定和谐人际关系的基础<br>练习关心、了解、尊重并帮助他人 |
| 2 | 卓越的沟通 | 找出沟通的障碍并建立正确的沟通习惯<br>练习积极的聆听并体会其益处<br>练习有效问问题的技能<br>了解沟通的基础与动力<br>清晰、有重点地表达意见及想法<br>更有效地深入了解周围的人 |

---

① 〔美〕戴尔·卡内基《卡内基沟通与人际关系》，詹丽茹译，中信出版社 2013 年版。

正式课程第二天：

培训目的：学习使用有效的手段激励团队成员，通过肯定优点来培养他人的自信，凝聚团队；提升领导人的影响力，赢得他人合作且能让他人接受我们的建议，最终使团队的目标一致。

课程大纲见表4-2。

表4-2

| 单元 | 主题 | 目标 |
|------|------|------|
| 1 | 回顾与总结 | 回顾前一天的学习重点<br>分享运用所学的收获与心得<br>订立下一步工作与生活的突破目标 |
| 2 | 展现能带动成长与改变的影响力 | 更深入了解不同影响力风格的人不同的需求与期许<br>如何与不同影响力风格的人做更有效的沟通<br>提升激励他人完成工作的能力 |
| 3 | 借沟通来影响 | 创造回应的机会来连接沟通循环<br>展现有效的询问与聆听技能，以增强彼此的关系<br>考虑各种形式的沟通与领导力 |
| 4 | 有效表达不同意见 | 练习在"即席状况"下组织思维的方法<br>了解如何用"七类证据"支持我们的不同意见<br>学习运用"DEFEATS"及正确流程表达不同意见 |

正式课程第三天：

培训目的：学习使用有效的手段激励团队成员，通过肯定优点来培养他人的自信，凝聚团队；提升领导人的影响力，赢得他人合作且能让他人接受我们的建议，最终使团队的目标一致。

课程大纲见表4-3。

表 4-3

| 单元 | 主题 | 目标 |
|---|---|---|
| 1 | 优质的激励 | 了解激励的重要性<br>练习激励式的领导和影响他人<br>学习发掘他人优点并加以期许<br>培养正确赞赏与感谢的方法<br>建立共识,凝聚团队向心力<br>学习肯定团队中每个人的价值 |
| 2 | 卓越的影响力 | 提升对人对事的影响力<br>有效赢得他人由衷的合作<br>培养更大的包容力<br>改变他人态度不致引起反感<br>增强同仁的责任感与归属感<br>订立具体的工作目标与行动计划 |

课后效果评估和跟踪服务：卡内基咨询顾问将结合讲师的反馈信息,与每位学员进行课后电话沟通,主要帮助学员回顾课堂学习的要点,并了解其工作中应用卡内基所学技能的初步情况,以及理论转化为实践的效果,结合学员在课堂学习期间制定的愿景目标,给出建议并且帮助学员适当调整目标,使课堂所学持续产生效果。

附录：

卡内基训练如何让学员改变

从 1912 年以来,卡内基训练不断进行各种人才的培训工作。经过 106 年的实践,我们发现,一个成功的领导人大多会具备以下三个关键的条件：

足够的专业知识(Knowledge)；

正确的态度(Attitude),如自信、积极、热忱等足以激励他人的态度；

良好的技能(Skill),如沟通能力、人际关系处理能力及领导力。

如何使每一个成员都能用正确的态度与熟练的技能将专业知识展现得更极致就是卡内基训练进行的目的。

专业知识＋正确的态度＋良好的技能＝竞争力

如何协助这些参与者提高在工作和生活中成功运用的比率呢？

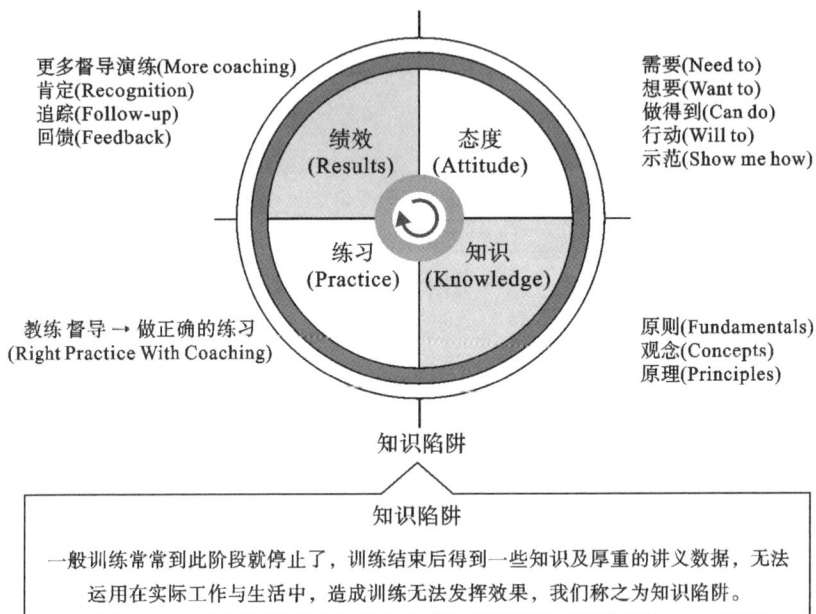

更多督导演练(More coaching)
肯定(Recognition)
追踪(Follow-up)
回馈(Feedback)

需要(Need to)
想要(Want to)
做得到(Can do)
行动(Will to)
示范(Show me how)

绩效
(Results)

态度
(Attitude)

练习
(Practice)

知识
(Knowledge)

教练 督导 → 做正确的练习
(Right Practice With Coaching)

原则(Fundamentals)
观念(Concepts)
原理(Principles)

知识陷阱

知识陷阱

一般训练常常到此阶段就停止了，训练结束后得到一些知识及厚重的讲义数据，无法运用在实际工作与生活中，造成训练无法发挥效果，我们称之为知识陷阱。

图 4-1①

如何加强人际关系、如何赢得合作、如何掌握与人沟通的技巧、如何学会赞美别人肯定别人等方面的方法；同时大家通过培训，更深入地感悟并亲历团队合作的精神力量，不少的学员从一开始的胆怯参与、羞涩发言到后来的享受参与、积极参与、主动发言，既锻炼了自己、坚定了自信，又为团队争得了成绩、赢得了荣誉，人际关系更加和谐、更加融洽。

针对培训管理者培训要求而量身定制的培训方案和规划的培训课程，将有效实现由了解培训需求、到针对性的课堂授课、再到课后追踪的全套服务，将会使受训学员在以后的工作、学习和生活中成为一个更自信更快乐的人。

针对性地合作，除了以上几个例子，我们中心还进行了与青岛校园足球协

---

① 夏明杰编《卡内基训练·卓越领导力》，美国卡内基训练山东分公司内部资料，第11页。

会合作的"校园足球裁判员"的培训,与青岛教科院合作的"教师教育教学到底如何进行教育科研"的培训,等等。

合作式教师培训是培训的一种组织方式,无论是与知名高校合作,还是与专业机构的合作,都是以充分发挥他们的科研理论优势和专业专长为原则,实现教师培训的最大效能。这无疑要求受训方的组织者要与施训方的专家加强交流沟通,制定行之有效、详实具体的培训计划和实施方案,同时还要配套过程监管和训后评估,绝不可以以取得联系确定了培训项目为目标而全盘委托或"撒手不管",只有这样才能实现合作培训的真正目的和其价值体现。

# 第三节　综合运用多种有效的培训模式

以人本理念为指导,对教师职后培训模式进行创新完善并综合运用多种有效的培训模式,将会更好地完成教师职后培训工作,提升教师培训质量,也是教师乐于接受参与培训的有效保障。

有人说教无定法,但教育是讲章法的,因为教育是一种艺术。教师培训模式与方法也是如此,在面对不同参训者和参训者的不同听课情况时,培训教学模式的选择和构建应充分考虑成人学习特点,要让施训专家根据不同情境和实际情况,在众多培训模式方法中科学合理、灵活多样、行之有效地选择与运用,这也包括授课内容的取舍。以现场诊断、教学观摩为形式的案例教学模式,以参与分享、合作交流为形式的研讨交流教学模式,以任务驱动、问题探究为形式的问题解决教学模式,专题讲座模式、导师带教模式,这些教学模式如何有针对性地进行组合和应用到教师培训工作中去,是培训计划和实施时应该密切关注的问题。既不能生搬硬套地一成不变,也不能因为太过随意而显得杂乱无章,只有对全部授课内容的条理和结构有清楚的掌握和对学员情况有全面的了解,做到胸中有丘壑,才能面对不同情境游刃有余,干净利落地做出选择和灵活调整。

当前我国中小学教师培训模式在呈现多样化特征的同时,基本上形成了四个比较稳定又相互补充的模式,即教师中心模式、高校本位模式、学校本位模式和教师职业发展学校模式。正确的做法是根据教师专业发展的实际需求,综合运用各种有效的培训模式,发挥不同培训模式的优势,扬长避短。我们还应该重视发挥"行动研究、教学反思和区域合作"的校本培训模式优势,为广大教师提供相互交流、观摩、切磋的机会,使教师获取更多的实践性知识,吸纳先进经验,提高自己的教育教学水平。

但是,对经济相对不发达、交通不便的农村、乡镇而言,"以学校为基地"这一培训模式,则会很受学校自身条件的局限,即由于自身规模小、师资和设备条件差等原因,实施起来将存在较大困难。此种情况下,可选择与市区优质学校建立友好学校关系,定期开展学习、交流、挂职任教等活动,也可在当地教育行政部门帮助下,采用送教上门模式。很多地方尝试的送教上门是推动农村及偏远地区教师培训的有效途径,可以有效解决乡村教师的工学矛盾。

培训模式的选择还应以培训指导的有效性为依托,培训管理层要下放培训的指导权,增强教师职业培训的自主性和选择性。培训指导的有效性涉及教师、教研员、教育专家以及教育行政工作者在培训中的角色定位问题。新课程改革的理念要求培训者在培训中应当充当的角色是组织者、讲授者、规划者,而实际上培训者作为传统意义上的"讲授者"角色依然处于主要地位,讲台依然是培训者一个人的专利,缺少了培训者与教师之间的真诚交流和互动,教师的经验在培训的过程中没有被尊重,没有被当作培训的资源加以利用。因此,在培训过程中,培训组织者应精心准备和设计,应当让教师参与到培训活动中的教与学的设计和实践中来,促使更多的教师成为培训的"组织者和规划者",促使培训双方积极提出问题、探讨问题,共同研究问题、解决问题,共同提高,只有这样才能把教师的培训活动引向深入,收到应有的效果。为此,培训管理者和培训实施者都要尽量将教研工作重点下移,在培训中要切实发挥骨干教师和专家的引领辐射作用,积极关注、扶持薄弱学校,进一步促进全部教师教学技能的提高。培训管理者同时要下放教师培训的指导权,以适应不同类型学校综合运用培训模式的实际需求和特点,更好地适应新课程多样化、个性化的要求,转变教研员和教师的新课程培训理念,强化教师培训的主体意识、学习意识,淡化功利意识,自主选择多元化的培训模式,不断提高培训的效果,努力提高教师的理论、业务水平和专业发展能力,使广大教师在与培训者和同伴的交流互动中,促进自己和所在教师群体的发展与进步。

# 第五章　教师培训的课程设计

教师短期集中培训作为当前使用最普遍、见效最快的一种培训方式,需要从课程的角度进行认识和组织。因为,课程作为教师培训的核心,呈现着课程设计者对培训目标的理解和规定培训方式的选择,必将对培训实施的效果产生影响和制约。因此,我们就要对教师培训的内涵、目标进行研究,确立培训的问题导向和目标导向,设计切合实际的培训课程,制定合理的培训计划,从而组织实施有效的教师培训。

课程理论认为,课程是对知识的选择、加工与组织,因此不同类型的课程就是对不同类型与性质的知识选择、加工和组织的结果。培训课程是指为实现培训目标而选择的培训内容的总和。与学科教学课程相比,教师培训课程目标"功利性"特点突出,力争让学员能够在短期内将所学转化为教育教学实践行为,提升工作绩效。培训课程质量已成为制约教师教育成效较突出的问题,如何有效设计教师培训课程、提升教师培训效益是当前教师教育培训领域广泛讨论和关注的问题,也成为当前教师教育改革的一个突破口和着力点。

## 第一节　《中小学幼儿园教师培训课程指导标准（义务教育语文、数学、化学学科教学）》为导引

党的十九大提出"加强师德师风建设,培养高素质教师队伍",对加强师德师风建设、提升培训教师的质量提出了更高要求。为深入落实贯彻党的十九大以及《中共中央国务院关于全面深化新时代教师队伍建设改革的意见》精神,教育部办公厅在 2017 年 11 月印发《中小学幼儿园教师培训课程指导标准（义务教育语文、数学、化学学科教学）》(以下简称《指导标准》),对怎样培养高素质教师队伍,如何规范和指导五年一周期的教师全员培训以及分层、分类、

分科组织实施教师培训,科学设计培训课程,提高教师培训的实效性和针对性等,提出了新的具体要求。《指导标准》体现了国家对教师培训的导向和要求,强化了培训工作的专业性。它是国家、省、地(市)、县(区)组织开展教师培训工作的重要参考;是各级教师培训机构、教研机构以及中小学设置教师培训课程、开发和选择教师培训课程资源的基本依据;也是教师规划个人专业发展和自主选择培训课程的根本指南。

## 一、《指导标准》的内容

《指导标准》的四个主要模块是培训目标、能力诊断、课程内容和实施要求。培训目标是针对教师专业发展所提的具体要求,是教师工作能力须达到的理想状态,以此给教师发展"建模子";能力诊断则用来判定当前教师工作能力实际状态,以能力表现级差表,来判断实际与理想状态的差距,以便对教师培训需求进行科学诊断,带着教师个体"照镜子";课程内容用于帮助教师解决实际问题,缩短实际与理想状态的差距,提升能力素质,给教师业务提升"开方子";实施要求是为缩短发展差距提供有效的方式方法,借此推动创新培训模式,增强培训的实效性,为教师培训"找路子"。① 培训目标、能力诊断、课程内容等模块建构采用的是分级指标体系,各模块间指标体系能够保持一致,相互对应。

教育部教师工作司负责人称,《指导标准》的出台,能够进一步规范和指导各地分类、分科、分层实施五年一周期的教师全员培训;引导各地科学诊断教师教育教学能力,设置有针对性的培训课程,确保按需施训;可以按照教师专业成长规律,促进各地系统设计培训课程内容,持续提升教师专业能力与整体素质;推动各地遵循教师培训工作特点,创新培训模式,提升培训实效;积极探索建立教师培训学分结构体系,为推行教师培训学分管理奠定基础。

## 二、《指导标准》的意义

通过对《指导标准》解读我们不难发现,作为教师培训指南,《指导标准》强

---

① 《中小学幼儿园教师培训课程指导标准(义务教育语文、数学、化学学科教学)》,教育部印发文件2017年版。

调以学定培,为设立培训目标提供了参照标准;通过能力诊断级差,科学分层,突出对标诊断,帮助培训者对学习对象做出专业判断,为培训需求提供了反思工具;实施问题导向,因需设课,为设置培训课程提供了专业指南。

教育部教师工作司教师发展处处长王薇指出,第一,《指导标准》的研制和出台是一件好事。以需求为本,科学落地,实现分层分类培训,并与学分管理一体两翼实施,是提升培训针对性和实效性的非常重要的突破口和着力点。第二,《指导标准》的研制和出台是一件难事。一方面是"两标合一",即教学能力标准和培训课程指导标准合一;另一方面是对培训的课程资源、组织形式、培训者队伍的能力素质提出了很大的挑战。第三,《指导标准》的研制和出台是一件新事。在国际上,这是首次研制出台培训课程标准,是重大的创新。

### 三、《指导标准》的理念

综观《指导标准》,其制订理念遵循了以下原则。

一是坚持师德为先。《指导标准》注重引领教师正确的价值观、职业理想、职业道德和教育观念的形成,使教师成为学生成长的指导者和引路人。

二是坚持能力为重。《指导标准》注重进行教师能力诊断,设置系统、分层、针对性强的培训,促进教师加深专业理解、解决实际问题、提升自身经验,全方位提升教育教学能力和核心素养。

三是坚持学生为本。教师发展究其根本是为了学生发展,《指导标准》以学生的全面发展、核心素养提升来要求教师必备的核心素养,将教师培训最终落点在学生的发展上。

四是坚持实践导向。《指导标准》中是以教师所从事的工作为依据划分教师的素养和能力的,教师培训需服务于教师工作实践,以实践为导向,帮助教师解决教育教学中遇到的实际问题。

五是坚持分层培训。《指导标准》针对教师能力诊断结果,分出教师各项能力层级,以此来指导各地各校针对不同层级目标设计不同培训课程,促进教师持续发展。

总之,《指导标准》对一线教师的专业发展特别是进阶发展具有重要价值,标准的落实和使用,毋庸置疑对于培训课程的设计具有重要的指导意义。

# 第二节　培训的课程类型

　　培训是对有经验或无经验的受训者传授其完成某种行为必需的思维认知、基本知识和技能的过程。它可以通过短期内培养加训练使受训者掌握某些政策法规和教育教学本领，得到理念与素养、知识与技能进一步提升。实现这一目标的重要载体就是培训课程。

　　在对课程设置原则有了清楚认识的前提下，还要特别关注教师培训的课程类型。因此对课程类型进行梳理认知，了解不同类型培训课程得以建立的知识基础和课程本质，这有利于下一步课程目标的有效实施。

## 一、按照层级标准可分为国家课程、地方课程和校本课程

　　国家课程是国家教育部门规定的统一课程。是国家教育标准的反映，体现了国家对各个地区中小学教育的共同要求，是专门为未来公民接受基础教育后所要达到的共同素质而设计的课程，它对政治方向的把握、教育方针的贯彻、培养目标的落实，起着决定性作用。毫无疑问，中小学幼儿园教师培训的课程设计必须依据国家课程的标准要求，体现国家意志。

　　地方课程是地方教育主管部门以国家课程标准为基础，在一定的教育思想和课程观念指导下，根据地方经济特点和文化发展等实际情况而设计的课程。地方课程可以克服国家课程单一，难以全面顾及不同地区教育需求的弊端，它是不同地区对国家课程的有效补充，反映着地方社会发展状况对教师素质发展的基本要求。理所当然，中小学幼儿园教师培训的课程设计要结合不同地域的发展水平、发展状况、发展需求，有目的、有针对性地予以设置。

　　校本课程一般以学校为基地，以国家及地方制定的课程纲要为指导精神，以满足学生需要和体现学校办学理念、特色为目的。在国家课程和地方课程具体实施的前提下，校本课程是由校长、教师、课程专家、学生以及家长和社区人士共同参与学校课程计划的制定、利用校内外现有条件和可挖掘资源而研制的其多样性可供学生选择的课程。校本课程充分尊重和满足学校师生的独特性和差异性，同时更好地满足了学生在国家课程和地方课程学习中难以满

足的发展需要,对促进学生最大限度发展的作用不可替代。同时,它可以更好地满足教师的职业理想、专业发展、教学风格的多种需要,为提高教师素质提供了机会。还可以更好地满足学校整体发展、凸显特色、弘扬个性的需要,让学校充分利用本校、本社区的教育资源,充分发掘学生潜能,全面实现课程的社会职能。毋庸置疑,中小学幼儿园教师培训的课程设计中一定要有指导教师如何开发校本课程的培训内容。

从上述对三种课程的解释中我们可以知道,区分三种课程主要是看设计开发的主体是谁,主题是什么,做出判断后,再进行针对性的培训课程设计。

应该特别指出的是,国家课程、地方课程、校本课程与前面提到的国家培训、地方培训和校本培训之间不存在绝对意义上的对应关系,它们是教师培训这一问题的两个方面,两方面之间既可对应又可交叉。如地方培训不是就只用地方课程,也可以设置国家课程和校本课程,无非是国家培训是国家财政支持,是由国家级政府部门组织的全国范围内的培训,主要倾向于重大教育改革项目、偏远贫穷地区、农村教师的培训;地方培训是由省、市、区(县)级政府部门或培训机构组织的本行政区域内的教师培训;校本培训是由中小学校基于本校特点而开展的促进教师专业成长的各项教育教学活动的总称,包括日常教研活动,课题研究活动,各种教学业务竞赛,公开课、示范课、研讨课,以及根据需要组织的各种论坛、报告和专题讲座等。

## 二、按照空间形式可分为专家讲授型课程和远程网络型课程

专家讲授型课程,就是培训专家通过语言表达,系统地向受训者传授知识技能,以便受训者记住其中重要观念与特定知识的一种课程类型,是传统的教师和学生、专家和学员在同一空间内通过言传身教实施教授的一种模式。因为它是集中讲座形式下的面对面培训,无疑对专家的授课提出更高的要求。讲授内容的科学性、时代性、针对性、实用性等价值体现,表达方式的条理清晰,重点突出,生动准确以及表现形式的案例呈现包括必要的现场交流和互动,是取得良好讲授效果的重要保证。专家讲授型课程的优点在于有利于受训者接受新知识更加系统,掌握和控制学习进度变得容易,有利于对高难度内容的加深理解,还可同时培训多人;其缺点在于讲授内容一般具有强制性,不够灵活,授课专家讲授水平容易影响学习效果,同时只讲授不反馈,受训者之

间不容易形成讨论,不利于促进理解。

由此可见,要做好集中讲授型课程设计,关键是要提前把设计好的课程精要与授课专家进行有效沟通,使其备课和授课目的目标明确,方式方法适当。

远程网络型课程是近年来随着网络信息化的快速发展,应运而生的。尤其是受 2020 年突如其来的新冠疫情的冲击后,教师利用教育网络平台进行网络远程培训,已成为一种习惯,不出校门、不出家门就能按需求进行培训,就能实现资源共享,这是一种非常便捷的培训形式,也是一种教师学习的重要方式。随着教育"终身化"的发展变化,网络作为信息的载体,可以通过其在教育领域所特有的功能来对当前的信息化潮流进行回应。

网络培训是通过应用信息科技和互联网技术进行知识、技能等内容的传播和快速学习的方法,网络课程就是通过网络呈现的学科教学内容及实施教学活动的总和,是信息时代崭新的课程表现形式,是由一定的教学目标、教学策略组织起来的教学内容和网络教学支撑环境所构成的。网络培训课程的优点主要体现在打破时空限制,实现教学资源的共享,实现了"五个任何",即任何人在任何时间任何地点从任何专题开始学习任何课程,很好地解决了工学矛盾,其学习的时间和地点比较灵活,网上交流更加容易,更加充分。谁都可以提问,都可回答,从而形成学员与教师、学员与学员之间平等的交流。当然,它的缺点是培训会更多地受到硬件条件的限制,网络载体的性能制约着培训的效果,培训双方缺少面对面的互动交流性,培训效果实时性会受影响等。

近些年来,省市级教育行政部门对这种培训模式不断进行着调研改进,以期达到更完善的发展。

### 三、按照培训内容可分为通识型课程、专题型课程、实践型课程

1. 通识型课程

理解通识课程、通识培训,首先要认识通识教育。何为通识教育,人们早有诸多研究和讨论,但至今仍然没有一个明确统一的表述。笔者在阅读了南京林业大学梁苗教授的《论通识教育的理念与通识课程的设置》和铁道警官高等专科学校张学岚教授的《通识教育理念下学校的课程设置》后,感悟到通识教育,就一般意义上是指学生(学员)在专业必修课之外,必须选修一定门数的人文、历史、科学、文化、艺术类等课程,以培养和提高学生的综合素养;其深层

意义可理解为全人教育、教养教育,是有关人的基本知识、基本技能与情感态度价值观的教育,其价值目标根本在于促进人的全面自由发展。两文借用的都是清华大学教育研究院李曼丽博士的论述:"通识教育就性质而言……是所有大学生都应该接受的非专业性教育;就其目的而言,通识教育旨在培养积极参与社会生活的、有社会责任感的、全面发展的社会人和国家公民;就其内容而言,通识教育是一种广泛的、非专业的、非功利性的基本知识、技能和态度的教育。"①诚如我国教育家蔡元培先生所说的:"教育是帮助被教育的人,给他能发展自己的能力,完成他的人格,于人类文化上能尽一分子的责任。"基于以上对通识教育的认识与理解,作为培养学生的教师,无论是大学教师,还是中小学教师,都应该为实现对学生的通识教育而不断地充实自己,都应该清楚地认识到:我们的教育不是培养精明能干的老板、长袖善舞的政客,而是培养健全的、全面发展的人;对于通识教育的理解,无论是就其性质而言,还是就其目的和内容而言,都应该上升到更高程度的教育理念层次上,即把受教育者塑造成一个怎样的人。

有关通识教育的课程设置、课程实施、教学方式、考核方式及管理模式必须围绕通识教育的理念和价值目标这一根本的前提展开,都必须首先考虑对"人"的培育,致力于促进人自由全面健康的发展,其次才是专业知识与能力的培养。否则,不只是通识教育的目的可能无法实现,整个教育的目的也将无法实现,究其原因,是通识教育的目的就包含于整个教育的目的之中。②

通识教育的理念要通过通识课程来实现,而通识课程内容的掌握,除了教师自身的不断学习和努力之外,对教师的通识培训不可或缺。培训机构和施训专家要广泛深入地对教师的通识培训课程进行研究,从人文精神、科学素养、创新能力等主要模块加以研讨,设置适合所有不同学科、甚至不同学段的教师通识类的培训,如党性教育、师德师风教育、法律法规教育、伦理道德、教育心理学、现代教育理念、现代教育信息技术、职业礼仪规范及人文、历史、艺术和新课程实施、新教师岗前培训等。同时也要兼及课程理解、课程开发、课程设置、课程实施、课程评估等诸多环节,并且不管哪一环节,都必须将促进学

① 李曼丽《通识教育:一种大学教育观》,清华大学出版社 1999 年版,第 231~232 页。
② 庞海芍《通识教育:困境与希望》,北京理工大学出版社 2009 年版,第 56 页。

生的自由全面发展作为通识课程设置的第一需要。

通识培训课程的设计还要关注以下四点：一是教师培训理念和目标定位要明确；二是要处理好和学科专业培训的关系；三是以个人成长为核心；四是以跨学科课程为主体。唯其如此，才能通过针对性的有效培训，帮助教师真正理解通识教育的理念和价值，理解教育的真义，提升对通识教育的施教能力和认知水平。

2. 专题型课程

专题型课程顾名思义就是以专题培训、专题讲座、专题活动为主要内容设置的课程，它直接指向为相同属性的群体而单独设置的课程，是指对具有共同需求趋向的教师进行的内容比较专一的课程培训。比如分学科进行的学科内容教学设计培训、学科骨干教师提升培训、课题研究专项培训、新教师新角色适应岗前培训、信息技术与学科融合培训、足球裁判员培训、优秀传统文化鉴赏培训、海洋知识培训、人工智能培训、公共管理创新培训等等。这是以项目为主体的专题培训，其课程设置就要以项目属性为根本进行通盘设计，不能偏离主体需求下的主题。教师作为专题型培训的主体，一般是以研究者的角度看待问题，同时，也以客观的态度来面对问题、解决问题，实现教师能力水平的提升。当然，专题型课程不仅是项目专题下的专属，也意指综合类培训中围绕着项目主体而设置的一个个专题课程，是由分散的专题课程组合而成的项目课程，它不像专项培训要求的采用同一主题课程。

3. 实践型课程

实践型课程是相对于理论性课程而言的，是以获取实践性知识、发展教师实践智慧、形成教师实践能力为目标的课程。保障教师的专业发展是要靠实践性知识的，教师成长发展的关键取决于实践性知识的不断丰富，实践性智慧的持续提升。实践性知识支撑着教师在实践情境中的具体选择与判断，是理论素养在与实践情境相结合中得到理解后形成的能真正指导实践的知识；实践智慧蕴含在教育教学的具体实践中，与个体的思想和行动过程保持着一种"共生"关系，是情境化和个体化的，它需要在具体的教育实践中建立、发展和完善，而难以以形式化或通过他人的直接讲授获得。

实践课程需要把学习者置于真实或模拟的教学情境中，通过具体操作过程理清自我对教育教学的认识，以便形成教育教学经验，并不断深化思考，积累有关教育教学的技术规则、判断力知识，并最大限度地激发处理复杂情况和应对紧急事件的机智。显然，实践课程的核心包括所有在实践中起作用的教育理念、技术规则、经验、判断力知识以及情境知识等内容。落实教师培训的实践性，首先是教师培训必须基于对教师先前和当前的经验认可，基于经验的体验性培训，鼓励并尊重教师的经验积累与理解；其次是实现意义行动的践行性，教师培训要结合被培训者的典型的、共性的问题及个性化的"个人"问题，以培训过程中双方共同产生的问题作为培训的基点；第三是培训内容情境化，加强情境教学，从实际出发解决实际问题；第四要重视培训过程中的"交流——互动"。要确立实践性课程在教师培训课程中的主体地位，突出学员的经验体验、问题生成、情境教学和交往互动，真正做以学员为主体、以实践为本位的培训。即通过实践性课程，实现"学"（训中学、做中学）、"观"（观摩、观察）、"思"（经验提升、实践反思）、"做"（模拟实践、校本实践）、"研"（"小课题"研究、课例研究）有机结合，最终达到知行合一。[①]

作为培训课程主体的实践性课程，分为情景课程和实践研修。这里主要从实践性课程形态进行表述。

（1）前置作业。参训人员在参加培训之前，根据培训院校和机构具体要求，远程在线提交"问题征集单"和"案例征集表"等。培训机构通过对培训对象提交的"作业"，分析、诊断他们教学出现的问题成因和教学行为可能存在的主要问题，并反馈给培训者并有针对性地计划培训课程内容和培训方式。

（2）情景课程。集中研修（培训）期间，组织培训对象进行现场观摩、教学实践、反思体验、研讨交流等活动，倾听资深教师的分析，思考教学行为背后的原理，归纳出自己的见解，并能够按照自己的方式加以运用，最终实现基于教育教学情景的课程学习。形式呈现为：

案例研讨——以例担当"载体"，提供"话题"，研讨反思，例证说明，内化课例研究理论；

模拟实践——以培训者为引导，通过培训对象"做"表现"学"的效果，最终达到唤醒经验、引发反思、激发对话的效果；

实境观议——培训对象进入课堂，观课上课议课，对真实的课堂教学行为

① 顾泠沅、王洁《教师在教育行动中成长》，《全球教育展望》2003 年第 1 期，第 45 页。

进行"解剖";

教学论坛——培训者组织培训对象结合教学实录进行研讨、模拟实践和实地观议,并能够以理论为支撑,聚焦微话题,展开充分的对话交流。

(3)实践研修。完成集中研修(培训)后,组织培训对象在实际的教学情景中,通过"影子教师"和校本研修,不断改进问题解决策略,改善自己的教学实践行为。

综上所述,教师培训实践课程就是由培训者与受训者共同创造生成的一系列实践事件,将受训教师要获得的实践知识、实践能力和实践智慧置于课程中心,通过短期集中培训和远程在线研修"嵌入"实践体验,最终实现受训者教育教学能力与水平的真正提高。实践性课程以专业课程为支撑,以拓展性课程为补充,不断实现专业引领、智慧启迪,构建以开放的、动态的、生成的教师职业生涯体验,实现培训对象训、学、思、教、研结合,不断丰富提升实践性知识和智慧,来促进教师的专业成长和自我发展。

依据不同标准划分,教师培训的课程类型还有很多,如全员与骨干类、长期与短期类、专业道德类、专业知识类、专业技能类等等。由于不同地区的经济发展和教育发展不同,即使同一地区的教师状况也存在着性别、年龄、教龄、学历、职称以及学校呈现的较大差异,致使教师培训存在着明显的不同需求、不同标准,甚至是不同动机。这就要求培训者要切实把握好对不同课程类型的理解,根据参训主体的实际情况和实际需求,立足实效性,突出针对性,有的放矢地选定适合的培训课程。

# 第三节　课程设计原则

培训课程的设计直接制约着培训课程的实施和培训效能的高低。教育部出台的《中小学幼儿园教师培训指导标准》是培训课程设计的重要依据和行动指南。因此,培训课程设计的基本原则就是要遵循《指导标准》原则,具体说来,就是要遵循需求性、针对性、系统性、实用性等主要原则。

## 一、需求性原则

《指导标准》的一大特点,是设置"按需施训"的培训课程。《指导标准》充分借鉴"国培计划"的经验,把主题式研修在教师培训课程中推行,向培训提供解决实际问题为导向的研修主题,构建出理论与实践相结合的课程构架。这足以表明,设置培训课程前应充分进行需求调研,要从追问"为什么"出发来设计教师培训项目,明确培训需求,把握培训目的和意图,并将这些都作为培训必备的"前置作业"。教师培训如果忽视对"为什么培训"问题的思考,也就缺失了对培训需求分析的关注。

调查培训现状时发现,目前一些培训单位并不十分重视培训课程的前期需求调研,更不重视调研后的数据分析,当然也不能及时将调研分析得出的学员需求与专业现状落实到培训课程中,究其原因,是它们并没有认识到前期调研在有效培训课程的设置与实施中举足轻重的地位和作用,仅仅将前期调研与分析看成是培训过程中的一个环节,不进行认真研究和思考,敷衍了事,走走过场,或即使做了调研,也进行了简单的调研分析,因不重视而将分析后的结果束之高阁。这些问题必将导致培训课程设置与培训需求之间出现偏差,从而直接影响培训成效。

做好培训的前期调研和分析,可以帮助培训者更准确地把握培训对象自身的专业现状和培训需求,为培训目标的定位、培训课程的设置、培训模式的选择、培训方法的使用提供真实可靠的信息资料,以便为培训对象量身定制培训课程,让培训更具针对性、有效性,以便满足培训的需求性。因此,深入全面高质量的前期调研和分析将为教师有效培训奠定坚实基础,在整个培训项目的组织与实施中占据重要地位。

就以青岛市中小学教师培训中心为例进行介绍。

2016 年和 2017 年青岛市中小学教师培训中心利用网络和微信平台,在全市选择有代表性的 1519 名中小学校长和 56432 名教师进行了培训需求调研,调研对象涵盖了不同学段、不同年龄段、不同性别、不同学历,调研内容中校长方面涵盖了校长专业标准、教育改革与发展、现代学校法治建设、学校发展与学校管理、教师发展与教师管理、学生发展与学生管理、课程改革与教学管理、学校财务与后勤管理、教育科研管理、公共危机、领导科学、教育评价等 12 项内容;教师方面涵盖了制约教师专业发展的主观、客观及制度的最主要因素、目前教育教学遇到的主要困惑、教育教学专业能力的主要欠缺、教师培训的重要性、参加教师培训的主要目的、期望的培训课程、希望哪些人员担任培训教师、最合适的培训时间段等 11 项内容。每项又都分若干个次级小项,紧紧围绕着校长和教师们的培训需求展开。调研数据分析和图表截取如下。

就"'校长专业标准'提出的六项专业职责里,您认为最需要提高的是(选择 1~2 项)"这一问题,得到调查结果见表 5-1。

表 5-1

| 选项 | 小计 | 比例 |
|------|------|------|
| 引领教师成长 | 879 | 57.87% |
| 规划学校发展 | 716 | 47.14% |
| 领导课程教学 | 712 | 46.87% |
| 优化内部管理 | 601 | 39.57% |
| 营造育人文化 | 517 | 34.04% |
| 调适外部环境 | 112 | 7.37% |
| 本题有效填写人次 | 1519 | |

从表 5-1 中我们不难发现,对于校长的六项专业职责,校长们最关心的是引领教师成长(占 57.87%),后面依次是规划学校发展(47.14%)、领导课程教学(46.87%)、优化内部管理(39.57%)、营造育人文化(34.04%)、调适外部环境(7.37%)。

关于学校发展与学校管理问题,调查结果如表 5-2 所示。

表 5-2

| 选项 | 小计 | 比例 |
|------|------|------|
| 特色学校的建设 | 706 | 46.48% |
| 学校内涵发展与校长领导力 | 685 | 45.1% |
| 学校发展战略与教育质量管理 | 558 | 36.73% |
| 学校内部管理体制改革 | 453 | 29.82% |
| 学校文化建设与管理 | 405 | 26.66% |
| 校长与德育 | 215 | 14.15% |

（续表）

| 选项 | 小计 | 比例 |
|------|------|------|
| 学校管理案例分析 | 189 | 12.44% |
| 《义务教育学校管理标准》 | 78 | 5.13% |
| 本题有效填写人次 | 1519 | |

　　特色办学是校长们较普遍关心的问题，"一校一品"正成为青岛市中小学的价值目标，特色学校建设必然基于学校内涵发展与校长领导力，两者密切相关，比例基本一致，分别是46.48%、45.1%。

　　关于课程改革与教学管理，调查结果见表5-3。

表5-3

| 选项 | 小计 | 比例 |
|------|------|------|
| 新课程有效教学的课堂重建和评价创新 | 687 | 45.23% |
| 教学管理与评价 | 672 | 44.24% |
| 课堂教学模式改革 | 558 | 36.73% |
| 如何开发校本课程 | 480 | 31.6% |
| 教学管理新思路探析 | 460 | 30.28% |
| 如何听课与评课 | 217 | 14.29% |
| 课程改革的历史与现状 | 184 | 12.11% |
| 本题有效填写人次 | 1519 | |

　　统计数据反映出校长们对课堂有效教学和评价创新、教学管理与评价的相对高的关注度（45.23%、44.24%），对课堂教学模式改革（36.73%）和如何开发校本课程（31.6%）的关注度也足以呈现校长们尤其是分管教学的校长对课堂教学改革的期盼、对校本课程开发路径的思考。

　　有了这些培训需求数据的调研，对于合理实施中小学校长培训，设置适合需求的培训课程，无疑提供了极其重要的参照。

　　对教师的培训需求调研也是如此。

就"您认为制约教师专业发展的最主要因素是什么"这一问题,调查结果如图5-1、表5-4。

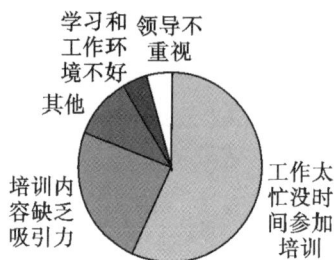

图 5-1

| 工作太忙没时间参加培训 | 26493 | 57.06% |
| 培训内容缺乏吸引力 | 11205 | 24.13% |
| 其他 | 4703 | 10.13% |
| 学习和工作环境不好 | 2039 | 4.39% |
| 领导不重视 | 1992 | 4.29% |

表 5-4

就教学中遇到的困惑进行的调查结果如图5-2、表5-5。

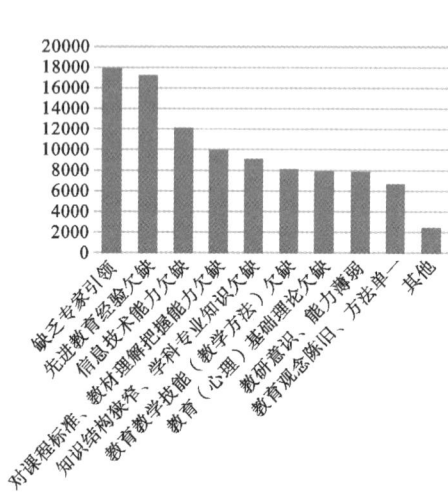

图 5-2

| 缺乏专家引领 | 17896 | 38.54% |
| 先进教育经验欠缺 | 17186 | 37.01% |
| 信息技术能力欠缺 | 12116 | 26.09% |
| 对课程标准、教材理解把握能力欠缺 | 10039 | 21.62% |
| 知识结构狭窄、学科专业知识欠缺 | 9072 | 19.54% |
| 教育教学技能(教学方法)欠缺 | 8073 | 17.39% |
| 教育(心里)基础理论欠缺 | 8010 | 17.25% |
| 教研意识、能力薄弱 | 7820 | 16.84% |
| 教育观念陈旧、方法单一 | 6658 | 14.34% |
| 其他 | 2426 | 5.22% |

表 5-5

从数据分析,教师培训工学矛盾突出,57.06%的教师反映工作太忙,没时间参加培训;其次是培训内容缺乏吸引力。这需要教育行政部门的制度调整,需要学校加大教师培训的内驱力,当然也需要培训机构提高培训内涵品质,优化合理设置培训课程,注重培训方式方法的研究。教师专业发展中遇到的主要问题占比例最大的是缺乏专家引领(38.54%)和先进教育经验(37.01%),然后是信息技术能力的欠缺(图 5-2、表 5-5)。足见培训内容的指向性。

以上节选,只为强调培训需求分析的必要性,它将为培训课程的有效设计、培训专家的授课、培训方式的选择提供最真实的信息资料,对实现有效培训起到重要参考。

所以培训需求分析针对培训对象群体,为了获得关于培训对象的工作现状、专业现状及培训需求等详细信息,在培训项目下达后,通过手机终端以表格填写的形式进行问卷调查,远程在线提交"问题征集单"和"案例征集表",或辅以电话访谈、表格邮寄、作品分析等手段来实现对培训对象的前期调研。通过对培训对象详实准确的需求调研分析,诊断他们教学问题的成因和教学行为存在的主要问题,反馈给培训实施者,将会使培训课程的设置更具目的性、针对性和有效性,使培训者在备课和培训中更能针对学员的实际情况因材施教,从而提升培训品质。

## 二、针对性原则

怎样来理解针对性原则呢? 针对性原则与需求性原则很相近,但也有其不同之处。最大的不同在于,需求性主指培训内容上的需求,它往往不太关注受训对象的群体;而针对性,一开始不太计较培训内容,更多的是注重培训对象这个群体,是校长还是教师,是小学段教师还是中学段教师,是新教师还是"老"教师,是普通教师还是骨干教师,抑或是名师名校长,是学科培训还是通识培训等等,一旦确定了培训主体的属性和层次,就要据此针对性制定培训方案,其间自然包含培训需求调研下的课程设计。同时,我们都清楚地知道,教师成长的过程有新教师、合格教师、骨干教师、专家教师四个不同的阶段,不同阶段的主体有不同的职业发展目标和发展方向,同样就有不同的培训动机和培训需求,这自然要求培训的课程设置应与其培训目标、发展方向相一致,并具体体现在培训的内容上,所以这便成了实现培训目标的重要原则。

针对性及实用性不仅仅是教师培训课程设置的重要原则,而且是培训课程设置的焦点,从某种意义上讲,它是实现教师培训目标的瓶颈问题。

以骨干教师为例,骨干教师的培训课程要以骨干教师的发展为本,通过培训帮助他不断追求自我完善,达到自我实现的目标。人本主义心理学认为,一个人学习的起因即学习的情感、信念和意图等,是一个人不同于另一个人的一种内部行为。① 假如课程的内容对一个人没有意义和价值,那么学习行为就难以发生。我们所需培训的骨干教师具有某些教育教学理论基础和比较丰富的教学经验,他们迫切需要进一步提升自我,朝专家型教师方向发展。课程设置应紧密贴近这种发展需要。

课程的针对性不强,以往会被认为是课程实施过程的操作性困难,但笔者认为,所谓困难的根本,还在于培训者与课程设计者的观念问题,这着重表现在传统的"课程目标"观念上,培训目标主要通过课程中介来实现,人们顺理成章想到确定课程目标来指导课程编制。的确,课程目标把宽泛的培训目标分解成为具体的行为目标,并以此为基础精选课程内容,规定课程行为。教师培训在人为框架下,按既定的目标,设定的过程,有序地进行。实际上传统的"课程目标"观念,容易导致课程内容与实施的标准化、公式化,忽视学习对象的不同差异;导致把知识技能的速成当作目标,忽视把它们当作人的发展的手段来认识。英国课程理论家劳伦斯·斯滕豪斯(L·Stenhouse)先生认为,教育是为了使人获得理性自由能力,使人从作为权威的固定知识的束缚中解放出来,把已有的知识作为思考的材料。知识是一个结构,支撑着创造性的思维并提供判断的框架。知识的价值在于作为思考的焦点能够激发各种水平的理解,而不单单是作为固定的信息来让人们接受。它关注的是课程展开过程的基本规范,集中于教学的实践。斯滕豪斯的观点对传统的"课程目标"所潜藏的教育观、知识观的批判,为我们针对性设计不同层次的教师培训课程引入了许多新的观念。

1. 过程化课程

课程过程化,重点还在设计培训过程的规范,使课程内容构成对社会与自身教育实际问题的探究与解决的系列进展,知识变成思维的材料,不断发展参训者研究与创造的能力、探求未知的能力。这种课程使参训者在个人已有的知识基础上,认识问题,交流体验。课程的成效随参训者的个人素质与已有教育教学成果不断发展,将个体的差异转变为群体内的相互补充、相互启发与相互提高。

2. 个性化课程

所谓的课程个性化,是以参训者个体需要为基础,不断自我丰富和发展,

---

① 王霞《人本主义课程流派研究》,《学周刊 A》2013 年第 16 期,第 12 页。

从而形成具有个性特点的某一专长的课程设计。它可以呈现为教育教学的风格、总结归纳的能力、课程研发的能力、引领指导他人的能力、在某一领域深入探究的能力等等。个性化课程如今已成为教师成才发展为专家型教师的必经之途。这类课程一般由参训者自选、自拟内容或专题，辅之以指导老师编制。它强调培训个体的参与、体验与实践，强调参训者的主导作用，可以锻炼参训者获取信息、加工信息的能力，有利于培育科学严谨治学治校作风。当前这类课程已有许多课程研究机构、科研院所的研究成果呈现，如"课题研究""实践研究""课题考察""微格教学""课程诊断""说课、做课"等类型及其他综合类课程。

综上所述，无论是过程化课程，还是个性化课程，无一不说明课程指向的核心：教师们是否获取了个人自由发展的经验与本领，培训者是否针对不同发展阶段教师的不同群体、能力水平的不同层次的不同需要及专业发展特点，针对性地设置课程，提供课程专题和内容要点，这对实现有效的教师培训意义重大。所以，教师的课程设置，不容置疑，必须具有针对性。

### 三、系统性原则

以往的教师培训课程往往存在设置不尽合理、不分层次、随意拼盘、偏于理论等针对性不强需求性不高的突出问题，要根治这些问题，对培训课程进行系统化设置便显得举足轻重。所以系统性原则也是培训课程必须遵循的原则之一。

《指导标准》明确提出学科培训课程体系建构需坚持目标引领、问题导向原则，强化实践取向，这不仅为教师自主研修、中小学幼儿园校本培训提供了可选可用的"课程菜单"，为培训机构和教研部门设置分层培训课程提供了精深专业的"课程指南"，更为重要的是以实施新课程为本，针对能力诊断，系统精准地设置"知行合一"的培训课程，对提升培训的专业能力和专业化水平将起到有效的助推作用，同时对帮助教师丰富教育教学知识、改善教学行为起到明显助推作用。

教师培训课程的系统性原则，从另一角度理解就是课程的整体性原则。无论说它是系统性还是整体性，笔者主指一个培训项目的课程设计要关注课程目标与课程内容之间、课程内容各模块之间的内在逻辑关系，包括依据培训主题、培训目标和培训内容有目地邀请施训专家，不可因其没到位而随意更换。也就是说，设置课程时应遵循一定的逻辑关系。一旦确立培训主题，以培训主题为核心制订的培训目标、培训内容以及组成培训内容的模块、专题之间应以一个统一的整体来呈现，这一整体应包括：一方面，依据培训目标设置培训内容，各主题支撑培训模块，模块支撑培训内容，内容最终实现培训目标达成，彼此之间相互依存，相互关联；另一方面，培训内容中的各维度模块和相应的专题也应该是一个整体。诚如我国《"国培计划"课程标准》规定，培训课程内容应包括三个维度：专业理念与师德、专业知识和专业能力。三者之间需有内在的逻辑关系。专业理念与师德旨在更新教育理念，增强职业认同感，专业知识旨在拓宽专业领域，二者对专业能力分别提供理论导引和专业支持。因此，我们在设置课程时，应充分考虑彼此之间的内在联系，使维度与模块、专题之间互不偏废，紧密相连。

同时，设置课程的先后顺序，除了关注课程目标与课程内容之间、课程内容模块与专题之间本身的逻辑关系外，还需关注学员自身学业水平以及获取知识的先后逻辑。比如，设置课程时，我们往往会按照从理论（讲座等形式）到实践（到实习场看或动手做）顺序排列各模块、专题之间的顺序，这是一种思维定式。就现实而言，却不尽然如此。因此课程设置需依具体情况而定。如果学员对所学内容已具备一定的理论基础，并且经验丰富，只存在一些误区，那么，课程安排就可以先从实践（动手做）入手，让他们在实践中体会、发现、暴露问题，加上专家的具体指导，最后再安排专题讲座，进行理论提升，效果会更明显。如果学员对所学问题理论匮乏，缺乏正确经验认知，就不能在一开始就安排学员到实习场看或动手操作，因为那样学员只会是盲目行动，收效甚微，还会白白浪费时间。这时的课程设置首先要安排专家结合大量的案例分析，通过理论讲解等专题讲座，让学员形成正确观念，丰富理性认识，然后运用到具体实践中，从而在理论的指导下动手操作，这样，就会减少行动的盲目性，并且在实操中将理论不断深化，落到实处。

另外，课程设计的系统性整体性还有另一层含义，就是针对不同的教师培训群体，其培训的阶段性课程设计，要有一个系统整体性考虑，不同阶段应有不同的侧重点、不同的培训主题。如对新教师的培训，可以实施三年培训"工程"：第一年岗前集中培训，以教师职业的政策解读、理想信念、责任使命、职业规划、幸福认同及基本教育教学常规等为侧重，以职业的尽快"适应"为主题，开展集中培训;第二年赴高校培训,以能力"提升"为主题,开阔眼界,拓展思路,着重加强教育教学基本功培训;第三年再度集中培训,以成果"展示"为主题,在专家的指导引领下,伴随着与专家的交流互动、与学员之间的相互学习,充分展示自己两年多来的教育教学成果。如果培训课程经过这样的三年连续培训,将一个项目的三个阶段,看作一个整体,一个系统工程,在开始安排课程时就进行课程的统筹设计。既可以将理论学习不断深化,又能与实践相结合,这样的新教师培训才能真正卓有成效,必然也能助推新教师的快速成长。如此设计课程的培训实效性不言而喻,其效果一定与一次岗前培训就完事不可同日而语。

**四、实用性原则**

课程的实用性不仅指要符合教师个体的发展需求,更指要符合《指导标准》对培训内容的要求,因为《指导标准》是国家对教师培训工作的指导性意见,因而课程的实用性更指向教师群体的发展需求。

教育社会学认为,课程设置首先必须与社会的价值取向相一致。教育的目的是要让受教育者对社会的主要价值观念取得一致的态度意见,形成全社会的集体意识,这也是一个社会体系必备的基本条件。当前,我国改革与发展进入了一个崭新的历史时期,党和国家倡导的科学世界观、人生观、价值观、道德观不仅是我们培养学生的指向性目标,更是作为教师必备的思想政治素质。同时我们也不难发现,在社会主义市场经济的大潮中,各种腐败现象与陈腐观念成为严重影响社会发展与稳定的腐蚀剂。因此,教师继续教育的一个鲜明的主题是思想政治方向,教师作为人类灵魂的工程师,不能不具有高尚的师德情操和为人师表的榜样作用。

其次,知识经济的崛起、"数字地球"的提出,对教师专业发展更广阔的课程视野和更高层次的目标追求提出了新的要求;而基础教育改革许多理论与实践上的问题,诸如研究性课程、实践性课程等课程改革问题都向教师提出了更高的要求。因此,课程的实用性,应着重体现社会对教师的需要,社会对基础教育的需要。如师德的要求、教育信息技术的要求、及时掌控国内外教育信息的要求、把握国家教育政策法规的要求等等。这些要求需要到达一定的标准,再通过考核来评价,且作为一种资格予以认定。这是国家对师资质量保证的必备措施，就如教师资格的认定，就是它的具体体现。

当然这并不意味着为此而设计的课程是由僵死的条框构成，相反，要密切联系教育教学的热点，把观念上的革命、手段上的革新引入课程，使教师不仅把课程看作一个优秀教师日常之必需，而且可以带来教育改革的动力、思路和方法。因此，"课程设置要整体性与个体性兼顾"，"统一性和灵活性相结合"。

怎样才能使教师培训课程具有实用性？笔者提出如下课程设想。"教师专业化"的提出，使人们关注教师的知识结构。教师专业本体性知识、条件性知识和实践性知识通常是培训者的共识，但实际上许多的教师，缺乏现代教育理论，心理学知识贫乏，意识观念上远远滞后于经济社会发展对人才需求培养的要求。诸如此类的培训就显得极为重要。

同时由于继续教育培训知识不同于学历教育，我们的教师包括很多骨干教师对此都不是很明确，例如对"教学的思考"，就需要这类知识：有关现代教育的观念（如教育与社会的关系、教育现代化），有关现代教育制度、现代教育管理，有关现代教学、现代德育，有关教育研究方法、素质教育知识，有关学生认知过程，有关非智力因素，有关发展创新能力，甚至有关人的社会化和科学化进程等。因此，培训课程设置要架构知识体系框架，把自学自修、专题讲座、学术报告、撰写论文、调查研究等课程类型作为学员学习的载体。而专业的教师培训机构的培训者就要为教师建构这一知识体系搭建平台，通过对教师经常的有针对性的培训学习，使之认识自觉，不断助推教师的专业化发展，真正实现以实用为主的有效的教师培训。

获得以上对教师培训课程实用性认识的基础上，我们还必须看到和承认，当前中小学教师培训还有诸多问题要加以改进。比如课程设置上培训目标重知识、轻技能，培训内容重理念、轻务实，培训方式重讲授、轻互动，培训评价重结果、轻过程等。在今天，特别是强调教育内涵发展的今天，教师培训已经被赋予新的历史使命，那就是变培养数量充足、学历合格的教师为培养素质过硬、业务专长、能力胜任、适应新时代发展要求的合格＋优秀的教师，就是要以教师培训的《指导标准》为遵循，对培训目标的设定、培训内容的更新、培训模式的选择、培训过程的管理、培训结果的评价等各个环节逐一研究确定，并付诸实施。因此创建具个人特色的课程表，不断优化课程结构，构建起包括知识课程、情意课程、活动课程和自我发展课程在内的完整课程体系，才能切实提高培训课程设置的针对性、专业性和指向新课程实施的应用性,从培训课程建设这一核心层面上使每一位参加培训的教师能得到充分的发展。唯其如此,更能突出教师培训的实践性、针对性和实用性,严防或彻底改变教师培训整体上流于形式而缺乏实效的情况。

以上是教师培训课程设计的一些主要原则,除此以外,培训的课程设计还应坚持互动性、开发性、多元性、灵活性等原则。但无论哪样的原则都要求对学员的前期调研和了解,只有掌握了学员的真实信息资料,才能有针对性、系统性地设置课程,并依据设置好的课程实施实用性的教师培训。当然,我们还应清楚地认识到,并不是适合所有学员的课程才是好的课程,每批学员的情况、基础各不相同,所以课程设置也需因人而异。

# 第四节　课程设计

教师培训课程是教师专业化发展重要途径之一,同时也是顺应教师终身教育理念的必然结果,已经深受人们重视。教师培训课程质量是教师教育中比较突出的问题,教师培训课程研究就是教师教育改革的一个突破口和着力点。如何科学合理地设计有针对性和实效性的培训课程,是组织实施培训的关键环节,是关系一个培训能否成功、能否取得成效的重要问题。

结合《"国培计划"课程标准》,反思教师培训课程结构和设计中可能存在的一些问题,以及培训课程设计需要考虑的某些基本要素,如课程内容的选择与编排,课程设计的模式等。笔者发现,教师培训课程内容首先应依据课程改革的不同阶段和一线教师的合理需求加以选择,同时还需注意课程内容的逻辑结构,充分认识培训带来的隐性效果,采用集体审议的方法,科学构建主题式培训课程。

因此在厘清教师培训的项目体系基础上,应着力设计和建设好相适宜的培训课程,力求做到框架凸显层次化、内容突出模块化、实施体现个性化、运用呈现多元化,使培训更加适应新时代教师专业发展要求,适应新课程改革要求。

## 一、课程设计的程序与要点

培训课程内容设计的目的是按既定的逻辑关系组织和合理安排课程内

容，以便形成独立的课程，并对课程的重点、难点加以解析，合理地分配时间。

## (一)基本程序

课程设计的基本程序是从需求的调查与分析出发，明确课程目标，根据目标要求，进行课程设计。包括安排课程内容、确定教学模式、组织课程执行者、准备培训教材、选择课程策略、做出课程评价方案、预设分组计划、分配时间。初步设计完成之后，要进行论证，确定可行因素，否定不可行部分。如果是需要多次执行的课程，这次的评价效果要及时反馈到下一次设计，并将其作为一个环境的需求因素来考虑。

基本程序确定，如何实施设计也是因人而异。一个好的课程设计，必须用系统思想来指导，这是我们培训课程设计的根本所在。

## (二)设计要点

课程设计中有以下要点：

课程基点——要求基于教师环境的现实需要和成人差异性；

课程目标——要求能够尽量在短期内转化为工作绩效；

课程内容——根据培训目标、从实现课程目标出发，进行针对性的选择与组合；

课程模式——有效呈现课程内容，采用与之配套的组织与教学方法；

课程策略——教学程序的选择，教学资源的利用；

课程执行——理解课程设计思想，遵循认知规律，多运用参与式、体验式培训；

课程评价——对课程目标与实施效果的评价，一要评价培训"过程"质量，即明确学员对培训内容的接受程度；二要评价培训"结果"质量，也就是培训内容转化为工作绩效的程度。

### 二、课程设计的资源依据

如果说培训项目建设是培训的"骨架"，那么培训课程构建则是培训的"血肉"。根据 2016 年《教育部关于大力推行中小学教师培训学分管理的指导意见》和 2017 年《中共中央国务院关于全面深化新时代教师队伍建设改革的意见》的要求，以《教师专业标准》《校长专业标准》和《中小学幼儿园教师培训课程指导标准》为依据,以需求性、针对性和地域性为原则,以调研为基础,以问题为导向,针对不同的培训项目和不同的课程类型,要做出相应的课程设计。

### (一)以有组织的学科内容作为课程设计的资源依据

把学科当作课程设计的主要资源依据,强调的是对课程内容进行合乎逻辑的组织,从而应用几个学科之间的联系去更全面地说明和研究问题,以更好地完成课程目标。

课程设计主要包含九大要素。

第一要素:目标。课程目标提供了学习的方向和学习过程中各阶段要达到的标准。它们经常是通过联系课程内容,以行为术语表达出来。当然,依据教育目标分类学理论,情感领域中出现的目标,如价值、信念和态度等,尽管也可在课程设计中设法表述,但实际中却通常被忽略。

第二要素:内容。组织课程内容,范围和顺序两点尤其重要。范围需用心限定,让内容呈现尽可能地对学习者产生意义并具有综合性,而且尽量在既定的时间内加以安排。

第三要素:教材。教材要用精心选择或组织的方式把需要学习的内容展现给培训者。因为教材是学科课程中最常用的,甚至是必备的,教科书的选择,主要的原则就是内容丰富,针对性、实用性、操作性强。

第四要素:模式。如何执行课程,可以称作模式,主要指安排学习活动和选择教学方法,旨在以此来促进培训者的认知发展和行为变化。

第五要素:策略。教学策略中被普遍运用的是"判断—指令—评价"这一策略。我们可以看到,在这一策略中,教师分析学员学习进展如何,判断他们遇到的困难,再对学习顺序的下一个步骤发出指令,当学员完成指令,教师及时做出评价,以确定他们是否掌握课程设计的主要学习内容。

第六要素:评价。学科课程的评价重点是定量的测评,衡量可以观察到的行为。例如,报告学习的学习状况,可以用 A、B、C、D 等假定能表明某种程度成就的字母等级来表示。

第七要素:组织。组织包括集体授课,当然也包括分小组教学。尤其需要注意的是分组教学为"因材施教"的个性化教学提供了可能。

第八要素:时间。课程设计者要巧妙地配置既定的课程时间,教师要让学员在整个课程中积极参与学习活动,把课堂时间看成是最有价值的。

第九要素:空间。主要包括培训教室,当然还有特殊的空间可以利用,如图书馆、实验室、艺术室、研讨室、调研场所等。

以有组织的学科内容为资源依据的课程设计的主要优点是强调内容的逻辑结构,缺点是不够实用,不易记牢。

### (二)以学习者作为课程设计的资源依据

把学习者当作课程设计的资源依据强调的是将学习者的需要、兴趣、能力以及过去的经验选择作为课程要素决策的基础。和课程内容、教材和学习活动的确定一样,当选择规划学习的方向和目标时,对学员做观察和研究,同他们协商是首要解决的问题;学科内容仅作为学习者根据自己的兴趣探究某些问题或题目的一种工具。

以学习者为设计依据的课程也许不像学科课程,特别强调逻辑性,而且要以有组织的方式做好提前的安排,同时,需要进行预备的还有必要的教材资源,并做好必要的安排,以便保证培训者可以更加持久地参与到学习过程中。当然不论何时做出何种选择,同学习者协商是必须的。在这种课程设计中,分析问题和解决问题的过程就显得至关重要了,而非提前预定。学习者和教师之间可以产生很多合作,成为一种高度灵活性和极具个性化的课程设计。这种课程往往以发生课程、活动课程或以经验为基础的课程形式呈现。

### (三)以社会为课程设计的资源依据

课程目标:有明确的目标是这种设计的前提,对所有学习者来说,学习过程往往有明确的学习重点,但没有既定的结果。课程内容:内容需要来源于社会问题,它可能强调社会的功能抑或是人类所面临的课题,侧重在解决问题的技能,人际关系的社交技能。教材:教材需要有极大的多样性。评价:集中于问题的结论和研究问题所参与的过程,或者集中于研究问题有关的行为。模式:教学活动及安排方式由学员和教师共同设计,在学习的每个阶段,都要求学员积极参与。策略:教师即使不是课程内容的权威和专家,却是直接的促进者,在引导学员完成学习内容、达成学习目标的过程中一直起到主导作用。组织:将随着学习的进展,根据学员的需要和愿望来决定。

总之,培训课程设计需秉承以需求促培训的原则,时刻抓牢课程这根

"筋",从以上三个角度寻求资源依据,积极探索和建设培训课程体系。因此,要发挥优秀教研员的指导作用,落实学科教学基础;要发挥名校的典范作用,开阔学科教学思路;要发挥名师引领作用,提升学科教学能力。笔者创新性实施发挥多方优势力量开展培训的举措和经验被收入了 2019 年《青岛教育蓝皮书》。

### 三、实践性课程的构建

#### (一)实践课程的理解

实践性知识是理论知识在与实践情境结合的过程中得到理解后形成的可以真正指导实践的知识。从培训角度来探索,实践课程,就显得分外重要。所以,教师培训需以教师专业化为背景,整体架构教师培训课程体系,并以实践性知识为基础构筑属于教师培训的实践课程全新的理论框架。简单地说,就是以获取实践性知识、发展教师实践智慧、形成教师实践能力为目标的课程。从这个层面来看,实践课程一定是将学习者放置于真实情境中,在具体实施的过程中理清自我对教育管理、教育教学的认识,形成教育教学相关经验,并不断加深经验,促进思考,积累相关的技术规则、判断力知识,激发处理复杂情况和应对紧急事件的机智。显然,实践课程的核心包括在实践中起影响作用的教育理念、技术规则、经验、判断力知识以及情境知识等内容在内的所有已经实践化了的知识。

实践课程具有以下特点。

(1)实践课程立足教师的直接经验。实践课程以教师的经验为核心对课程资源进行整合,完全超越以往以文化符号为表征的课程形态,舍弃以抽象的文化知识积累为表征的认知方式,倡导依靠教师的亲身(心)经历获取知识。

(2)实践课程回归教师的职业生活世界。假如把"立足教师的直接经验"看作实践课程的起点,那么"回归教师职业生活世界"则是对实践课程目的的表达。实践课程最终就是要努力克服理论课程与生活世界相互脱离的事实,让课程真正回归到教师的职业生活,最终使实践课程成为"在生活中,通过生活并为了生活的课程",即"生活即教育"的状态。

(3)实践课程关注教师的亲身实践。这是指实践课程实施过程中教师的状态。实践课程改变了传统的知识记忆、抽象分析和逻辑推理的学习方式,主张教师在形形色色的教育教学活动中开展学习,在亲身实践中感悟生活,并且化知识为智慧,化智慧为德行。当然实践课程组织知识的逻辑和方法也要适应教师实践的真正需求。其知识逻辑应依据任务或者问题来组织,通过任务或问题把理论知识、实践中的规则、经验等贯穿起来,真正有利于教师实践能力的提高。

### (二)实践课程的价值

基于实践性知识建立的教师培训实践课程,其价值主要体现在以下两方面。

(1)实践课程的确立体现了课程理念的转变。在后现代主义思潮的影响下,新课程理念产生了重大的范式转换,即课程不再是静态的需要实行的教学计划,而变成一种行动、一种实践;课程不再是特定去承载某种理论知识,不再是完全预定的、难以更改的,而变成产生知识、形成智慧的过程,具备灵活性和开放性。从这个角度看,教师培训实践课程体现的正是这一理念,因为教师培训实践课程的基本形态就是由培训者与受训者共同创生的一系列实践事件,在事件开展中将参训教师要获得的实践知识、实践能力和实践智慧位于培训课程的中心,以此构成开放的、动态的、生成的教师职业生涯体验,最终达到教师教育教学能力与水平的真正提高。

(2)实践课程的确立完善了教师培训课程结构。合理的教师培训课程结构是教师培训课程理论建设的必然要求。但很长时间以来,因为理论课程在教师培训课程结构体系中的霸权地位牢不可破,同时也由于实践课程基本理论研究的某些缺失,最终导致了教师培训课程结构的非均衡化倾向。实践课程基本理论框架的建立在一定意义上改变了这种状况。

### (三)实践课程的实施策略

参照科尔伯教师教育经验反思四阶段循环模式(具体经验—观察分析—重新概括—积极验证),按照实践课程的实质,课程的实施环节主要呈现为以下四个方面。

(1)观摩。研究表明,如果教师能够大量地观察学习出色的教学,将很大程度地提高其教学素养与实践能力。A·班杜拉(A. Bandura)认为:"事实上,由直接经验导致的所有学习现象,都可以在替代的基础上发生,即都可以通过观察他人及其结果而发生。"①因此,在实践课程实施时可以采用"在观察中学习"的方法。观察的目的是为了深入思考、理解教学原理,形成对教学的认识。例如:观摩课堂教学或教学实录,倾听资深骨干教师分析,思考教育教学行为背后的原理,归纳出自己独到的见解,并能够按照自己的方式加以运用。

(2)决策。波斯纳(G. J. Posner)指出,没有反思的经验是狭隘的经验,充其量只能形成肤浅的知识。同时,他还提出了一个教师成长的公式:经验+反思=成长。决策不只要求反思,而是在反思的基础上形成教师的判断力。因此,在实践课程实施时要不断给教师提供反思能力、判断力训练的机会。这有利于教师教育智慧与机智的形成。比如:给出优秀教学课例的片段,要求教师根据自己的判断完成它;或者给出优秀教学设计,以小组讨论的方式探讨其优缺点等等。

(3)行动。只有参训主体亲身参与实践,学习才会发生。所以能够贯穿实践课程始终的主线是行动。这是一个从易而难,从机械模仿到创造性表现的过程。开始实践的目的是激发求知的真正动机,中间是进一步反思教学原理,结束时就是创新的具有个人风格的出色教学。

(4)创新。实践课程的最终目标就是要培养具有创新能力和实践能力的教师。这就需要在实践课程实施中引导教师在借鉴资深教师教学优点的基础上,在研讨中经过自我反思、开发教学方法,并将其加以概括提炼,借此开拓实践情境的新局面。

### (四)实践课程的实际举措

实践课程的确立为干部、教师专业发展提供了一条可操作的途径。众多研究者认为,实践性知识是干部教师专业化发展的知识基础。那么如何形成教师的实践性知识就是教师专业发展的关键。实践性知识性质的特殊性,要求必须确立与此相适应的实践课程。当然,实践课程的涵盖面是甚为宽泛的。下面笔者将从几个常规认识的视角和操作途径予以陈述。

1. 以实践基地为依托,构建"学思研做"实践性课程

如何恰当地布局理论课、研究课、实践课,是培训管理者应该着重认识思考的问题。笔者认为,一次系统的线下培训,实践课程课时占比不应低于

① 〔美〕A·班杜拉《思想和行为的社会基础——社会认知论(上)》,林颖、王小明、胡谊、庞维国等译,华东师范大学出版社 2003 年版,第 552 页。

50％,如果要与研究课程、理论课程同场设置,最低也不可低于总课时的 30％。以青岛市中小学教师培训中心为例,为保证教师培训实践课程的顺利实现,在全市分学段分类别分特色遴选建立了 60 余所学校作为学员培训实践基地校,并建立实践基地的管理和奖励机制,确保实践基地有效服务于培训,同时充分利用培训优势资源加强对实践基地的指导,实现培训与实践基地的双向发展,扩大教师教育共赢圈。这种培训方式,一般被称为"影子培训",也被称为"体验培训""跟岗培训""贴身培训"等。比如农村小学骨干校长培训采用"集中培训＋跟岗实践"的培训模式,用近 1/2 的课时安排农村小学骨干校长带着课题深入到自己选择的岛城名优学校跟岗实践,进行课堂观察诊断、考察学校文化建设,学习管理策略,农村小学校长零距离、面对面与名优校长交流对话,搭建了更接地气的交流平台;高中校长任职和初中校长提高培训除了教育考察外,学员在岗实践时间为半年以上,并由中心组织考核小组对学员返岗实践进行实效考核;新教师培训安排了一年的跟岗实践;骨干教师培训或安排学员到岛城名师、齐鲁名师所在学校跟岗研修,或进行教育考察,或进行同课异构、送课下乡等。这些实践性课程的设置,安排"影子教师"在院校或培训机构集中研修,然后再到优质中小学跟岗或跟班研修,从学校管理、学科教学和校本教研等诸多方面,接受"带教导师"的实践性指导和培训专家的跟踪指导。重点内容为管理智慧与队伍建设、办学理念与文化内涵、集体备课与教学设计、教学研讨与课堂教学、课堂观察与教学评价、经验提升与课题研究等,实现"学"(听中学、做中学)、"思"(经验提升、实践反思)、"研"("小课题"研究、课例研究——做好的说/写出来)、"做"(模拟实践、校本实践——听懂/领悟的做出来)的有效结合,极大改善了传统培训重理论轻实践的问题。

2. 加强情景教学,突出地方特色

实践性知识是保障教师专业发展的基础,教师成长和发展的关键在于实践性知识的不断丰富、实践智慧的不断提升。实践产生的智慧是缄默的,隐藏于教学实践过程中,更多地和个体的思想行动过程维持着一种"共性"关系。假如教师培训的实践性不足,培训对象就只能在头脑中储存记忆理论知识,却很难指导其实践教学。要使教师培训真正实现实效、长效这一根本,就必须落实培训的实践性。第一,基于经验的体验性培训,教师培训需以教师先前和当前的经验认可为基础,鼓励尊重教师的知识和理解;第二,实现意义行动的践行性,教师培训要依据被培训者的典型的、共性的问题及个性化问题进行设置,以培训双方共同产生的问题作为培训的立足点;第三,培训内容情境化,从实际出发解决实际问题,培训对情境教学提出更多的要求;第四,重视培训过程中的交流与互动。因此,确立实践性课程在教师培训课程中日益显要的地位,突出经验体验、问题生成、情境教学和交往互动的课程,才真正能做学员主体、实践本位的培训。

当然,每个地区有每个地区的教育特点,因此,教师培训也应该充分体现地域特色。培训课程体系中,除了"请进来走出去"外,应注重地域性课程的开发,特别是在脱产研修期间和实践研修阶段,应恰当地为培训对象提供拓展课程和研修资源。

(1)学科领域。重点内容是与学科教学教研相关联的某些课程资源,如名师教学名校长办学风格研究、校本课程研发、学科教研组学习型组织建构、地方教育史研究、教育名著研读等。

(2)非学科领域。重点内容是与教师成长相关联的某些课程资源,如教师专业发展行为研究、教育政策与法规、班级管理与班主任工作状况、心理健康教育与心理咨询、未成年人思想道德教育和安全教育等。

以上所列,都可作为实践课程内容设计,建构实践性课程的依据。教研训专职机构可通过相关赛项、案例征集、实地考察、区市县推荐等形式,进行区域调研摸底,发掘本土教育资源优势,梳理形成案例资源课程,建设地方特色课程。

3. 完善菜单式课程,实现培训需求个性化

课程设计,针对具体培训班次的培训课程均应形成独立的培训菜单,必要时,可以进行二度调研,以达到充分尊重学员的培训需求,最大限度地满足学员培训个性化需求。比如同样是高中骨干教师培训,根据调研分析,第一期确定的主题是"促进教师自主成长",第二期的主题是"学科的核心素养教学研究";再比如高中校长任职资格培训和初中校长提高培训,尽管都是采用集中培训+网络社区研修+返岗实践,线上线下相结合的混合式研修模式,但培训课程设置不同,任职培训以"履行岗位职责必备知识和技能"为主要内容,提高培训的主题则是"掌握新动态、提高管理能力和素养、研究和交流办学特色"。在网络社区研修阶段借助信息化推送手段,为学员提供订单式、个性化课程选择,学员根据个人需求从众多专家和课程中遴选适合自己的,真正实现了一人

一课表。返岗跟岗实践阶段,学员完全结合个人和学校实际学以致用,在专家指导下完成课题论文。这样的课程与实施不仅能有效解决培训中存在的重统一轻个性的问题,更为主要的是强化培训需求导向,以问题为中心,以案例为载体,实现理论到实践的转化,帮助教师解决教育教学中的现实问题。这是按需施训的基本要求。

### 四、课程设计案例示例

#### (一)案例一:新教师培训课程方案

拟设课程:依据理论性与实践性相结合、适应性与引领性相结合的原则,课程在内容上设置为"专业理念与师德"和"专业素养"两个维度,共分为四个课程模块:信念与方向、道德与素养、专业知识、专业能力。新教师培训将分三期进行课程设置,入职适应期注重教育理念的引领和专业知识向专业能力的转化,成长提高期注重教育理念的提升和专业能力的提高,展示考核期注重对培训成效的考核和评价。

课程参考见表5-6。

#### (二)案例二:骨干教师培训课程方案

拟设课程:课程设计要针对教育教学中急需解决的困惑、教师专业发展的关键需求、课程与教学研究的新进展等问题展开;内容可设置"专业理念与师德""专业素养"和"专业能力"三个维度。"专业理念与师德"维度可设置三个课程模块:师德建设、德育研究、专业理念。"专业知识"维度可设置三个课程模块:教育知识、学科教学知识、专业知识与通识知识。"专业能力"维度可设五个课程模块:教学设计、教学实施、教学评价、教学研究、现代教育技术能力。每个模块下设若干专题。

1. 专业理念与师德维度

(1)师德建设模块包含专题:教育家的师德情怀、模范教师师德报告、师德规范与践行策略、经典师德理念研究、师德热点与两难问题辨析、核心价值观及其教育实践、教师职业道德失范及其干预、教师的职业认同与成功、教师的幸福人生、教师职业倦怠调节策略、师生关系与关爱学生案例研修、学生眼中的师德、教师的职业形象、教师的礼仪与修养等。

表 5-6

| 维度 | 模块 | 知识能力要点 | 培训方式/专题/课程 | 培养阶段 | | | 拟请专家 |
|---|---|---|---|---|---|---|---|
| | | | | 入职适应期 | 成长提高期 | 展示考核期 | |
| 专业理念与师德 | 信念与方向 | 党和国家教育方针政策法规线;教师职业规划 | 培训方式 | 专题讲座 读书交流 | 专题讲座 参观学习 集中研讨 | 专题讲座 案例分享 互动研讨 | |
| | | | 培训专题 | 教育发展研究 教师职业规划的制定和实践 教师职业理想的养成 | 相关理论与政策的学习与研讨 教育法律案例研究 教育实践 | 理论政策如何结合实践小研究 课题研究 教育实践 考核评优 | |
| | | | 培训课程 | 《教师法》《义务教育法》《未成年人保护法》;青岛教育发展史;制定个人三年发展规划践行第一年成长计划;新教师成长行动研究;新教师职业理想的确立与实施策略。 | 学科德育的思考与认识;当代青年人生坐标的定位;中小学教师队伍建设面临的挑战与对策;(具体课程设置,在培训需求调研基础上,及时与高校协商与商定);辩课实战;人职一年工作反思与交流;观摩上届教师成果展示 | 在岗实践期间完成新教师三年思想工作总结;检查新师职业发展规划的落实;小课题成果展示;优秀新教师成长事迹汇报与案例分析 | |

（续表）

| 维度 | 模块 | 知识能力要点 | 培训方式/专题/课程 | 培养阶段 | | | 拟请专家 |
|---|---|---|---|---|---|---|---|
| | | | | 入职适应期 | 成长提高期 | 展示考核期 | |
| 专业理念与师德 | 道德素养 | 教师职业道德规范、教师素养和礼仪，身心健康与角色调适 | 培训方式 | 沙龙活动 互动参与 专题讲座 团队活动 | 专题讲座 互动参与 集中研讨 案例分享 | 专题讲座 案例分享 交流研讨 | |
| | | | 培训专题 | 教师职业道德解读；教师职业道德规范适应策略；教师基本素养与礼仪职业心理调适 | 职业道德经典案例的解读及教学经验交流；人文与艺术素养；学科德育思考与认识 | 小课题研究成果展示 教育考核评优 | |
| | | | 培训课程 | 《中小学教师职业道德规范》基于案例践行策略；模范教师师德报告会；职业身心健康；教师基本素养礼仪 | 教师职业道德建设理论与实践；师德热点与两难问题辨析；教师职业幸福价值观养成策略；教师人文/艺术/科学/技术讲座；磨课两节等 | 小课题研究成果展示；在成长提高期基础上，重点是运用学员自身成长事例进行行动教育 | |

（续表）

| 维度 | 模块 | 知识能力要点 | 培训方式/专题/课程 | 培养阶段 | | | 拟请专家 |
|---|---|---|---|---|---|---|---|
| | | | | 入职适应期 | 成长提高期 | 展示考核期 | |
| | | | 培训方式 | 专题讲座<br>跟岗实践<br>在岗实践<br>名师引领 | 专题讲座<br>读书交流<br>在岗实践<br>名师引领 | 专题讲座<br>案例分享<br>交流研讨<br>考核评优<br>在岗实践 | |
| 专业素养 | 专业知识 | 基础教育课程改革;学科教学的基本理论与实践;信息化教学理论与实践;教育科研理论 | 培训专题 | 学科教学评价的经验与问题;教育科研伦理方法;教育写作;传统文化教育;教育考察;教学实践 | 信息化教学;教育前沿理论学习与实践 | 教育教学观摩;培训成果展示 | |
| | | | 培训课程 | 义务教育课程标准研习;基础教育课程改革现状、新课程改革下的教育教学策略、现代教育技术理论与实践,教材处理策略;教学方法的预设与生成处理策略;教学方法入门;教育科研理论方法等;磨课两节,听课40节以上(含录像课);课写教育反思笔记,教学反思等2万字 | 大数据时代的教育变革;互助高效课堂;课堂中的新技术;主体合作式教学法;未来课堂与微课程设计;翻转课堂;表演课在教学中的应用;中等职业学校专业建设与课程开发思路;磨课两节,其中一节一以上(含录像课);学期听课40节(含录像课);完成同伴课堂教学诊断分析报告和自我课堂教学诊断分析报告各一份 | 观摩上届教师成果展示;磨课两节,校级展示课至少一节;举办市级"教育新星"微课评比,教学反思、教学论文评比 | |

（续表）

| 维度 | 模块 | 知识能力要点 | 培训方式/专题/课程 | 培养阶段 | | | 拟请专家 |
| --- | --- | --- | --- | --- | --- | --- | --- |
| | | | | 入职适应期 | 成长提高期 | 展示考核期 | |
| 专业素养 | 专业能力 | 班级管理；沟通能力；教育心理；学生心理研究 | 培训方式 | 专题讲座 互动实践 团队活动 名师课堂 教育考察 | 专题讲座 教学实践 互动参与 | 互动参与 案例研讨 考核评优 | |
| | | | 培训专题 | 班主任工作基本策略与实践 师生关系案例研修 | 学生心理发展研究；艺术欣赏与人文修养；优秀班主任成艺术 | 在岗成果展示；集中成果展示 | |
| | | | 培训课程 | 中小学生心理发展特点 班主任工作及育人艺术 教学中的偶发事件的处理 师生关系与关爱学生 | 师生心理健康教育 优秀班主任案例分享 班主任的管理艺术 国学与教师的人文素养 | 完成新教师三年思想工作总结；撰写一篇不少于3000字的教育教学论文 | |

备注：具体课程设置和专家遴选，根据社会需求、专业发展需求和个人培训需求灵活调整。

（2）德育研究模块包含专题：师生关系与关爱学生案例研修、提高学生思想道德品质的途径、爱心与责任、素质教育的基本原理与推进、学科教学中的间接德育、优秀班主任班级管理案例研修、学生身心发展特征与认知规律、学生学习习惯的养成、家校合作与有效家长沟通案例研修等。

（3）专业理念模块包含专题：《〈中小学、幼儿园教师专业标准〉（试行）》解读、教师专业化成长问题讨论、卓越型教师的成长路径与轨迹、教师职业理想的养成、教师成长案例及启示、有效教学的理念、中外新课改比较研究、课程改革现状与发展趋势、当代教学模式特点推介、经典教育理念撷萃、教师的学生观等。

2. 专业素养维度

（1）教育知识模块包含专题：广义知识观及知识表征、知识分类学及其教学意义、教学目标、教学内容与教学方法、教师心理调适策略、学生学习心理特点与学习方法指导、学生学习障碍实例研究、学科学习策略现状及问题对策、学科学习风格调查及学法指导、学科学习兴趣培养、赏识教育等。

（2）学科教学知识模块包含专题：课程标准与教材教法、学科教学策略与方法、课程目标的类型及其具体化的策略、学科实践教学的现状与问题、课程改革现状与发展趋势、学科课程实施中的经验、问题讨论、教材处理策略、国外中小学学科课程、学科教学状况与发展、学科教学的"立体课堂""共同备课"的行动研究、学习方式的变革与实践等。

（3）专业知识与通识知识模块包含专题：现代教学理论与实践、学习力的培养与提高、高效课堂建构、教师与读书、科学技术发展史略、班主任工作、艺术欣赏与人文修养、多元智能的理论、人际沟通理论、现代信息技术的发展及展望、国学与教师的人文素养、中国传统文化鉴赏与西方文化简介、创造性思维、批判性思维、文献检索。

3. 专业能力维度

（1）教学设计模块包含专题：教学设计的基本原理与方法、学科教学目标的设计、学科教学重点和难点的把握、学生学习活动的设计、教学目标达成度的检测设计、板书设计、教案与学案教案编写的改进、网络资源在学科教学中的应用设计、教学设计的要点及案例分析、教学的预设与生成处理策略等。

（2）教学实施模块包含专题：课程标准中的教学实施建议、从静态的教案到动态的教学、在教学中关注学生的学习状态、学生问题意识的培养和提高、课堂教学中的师生互动与学习经验的交流、说课——架构备课与上课的桥梁、小组合作学习实施策略、教学中的偶发事件的处理、自主学习的实施、名师课堂教学艺术展示与研讨、同课异构、磨课辩课、课例实战、教育考察与辩课等。

（3）教学评价模块包含专题：学习目标达成度评价、课程标准中的教学评价建议、如何做好过程性评价、实现评价标准多元化的策略、学业评价的内容与方法、课堂教学评价策略、"好课"的评价标准、如何进行专业的听评课、学科教学评价的经验与问题、教学效果的形成性评价与终结性评价等。

（4）教学研究模块包含专题：教学经验总结方法、教育研究的主要方法、教学研究课题的选择、教学研究成果案例分析、教师行动研究问卷与访谈设计、教学论文结构及撰写方法、科研项目设计、沙龙活动、专业论坛、微课题牵引、问题聚焦等。

（5）互联网与现代教育技术能力模块包含专题：常用工具软件应用、数字化教学媒体的应用、现代教育技术在教学中的运用、信息技术与学科整合、课件制作与使用、基于网络的校本课程开发、网络公共资源的获取与利用、未来课堂与微课程设计、翻转课堂的创新教学模式等。

每个专题又细化为很多内容要点，如"教育家的师德情怀"分为教育家师德事迹，教育家的社会责任感、教育理想、师爱、人格境界等内容要点；"学生学习心理特点与学习方法指导"分为学生年龄特征、心理特征、认知规律、思维理解、兴趣动机、记忆迁移、学习方法的指导及策略、案例分析等内容要点，并结合具体的内容要点拟请专家授课。这里就不一一赘述。

### (三)案例三：中小学校长培训课程方案

拟设课程：遵循思想性与专业性、理论性与实践性、适应性与引领性相结合原则。课程内容设置"信念素养"和"专业职责"两个维度，在"信念素养"维度设置两个课程模块：信念与方向，道德与素养。在"专业职责"维度设置六个课程模块：规划学校发展、营造育人文化、领导课程教学、引领教师成长、优化内部管理、调适外部环境。每个模块下设若干专题。

课程参考见表5-7。

表 5-7

| 维度 | 模块 | 知识与能力要点 | 培训模式／课程内容 | 校长培训层级 | | | 拟请专家 |
|---|---|---|---|---|---|---|---|
| | | | | 任职资格培训 | 提高培训 | 骨干高级研修 | |
| | 信念与方向 | 中国共产党的光辉历程与经验；中国特色社会主义理论；党和国家教育方针路线，政策法规，遵循教育规律，坚守教育底线；立德树人为本等 | 培训模式 | 专题讲座；读书交流；案例分析；专题研讨；教育考察；现场教学 | 在任职基础上，增加对话交流模块 | 在任职基础上增加课题研究 | |
| | | | 培训内容 | 覆盖知识与能力要点不少于80%，重点在基本理论与知识的学习 | 在任职资格培训内容基础上，重点学习讨论相关政策 | 在提高培训内容基础上，重点在对相关理论与政策如何与实践结合进行课题研究 | |
| | | | 培训课程 | 社会主义核心价值观解读；中国革命史；马克思主义哲学原理；复兴之路；规划纲要解读；我国教育政策解读；地方教育方针政策法规政策解读等 | 中国特色社会主义建设；我国经济社会发展与教育改革；办人民满意教育理念解读等 | 大国形势与发展战略；教育综合改革事业办小学方向；红色教育基地现场教学；贫困薄弱地区支教（调研；中小学校长与教育行政官员对话 | |
| 信念素养 | 道德与素养 | 为人师表；清正廉洁；处事公正；尽职尽责；人文素养；艺术素养；科学技术素养；经济与社会知识；领导与管理艺术；身心健康与调适 | 培训模式 | 专题讲座；读书交流；案例分析；专题研讨；教育考察；团队建设 | 在任职基础上增加对话交流 | 在提高基础上增加课题研究 | |
| | | | 培训内容 | 覆盖知识与能力要点不少于80%，重点在基本知识和领导素养的学习 | 在任职资格培训基础上，重点解读经典案例与管理艺术的交流 | 在提高培训内容基础上，重点在理论的应用与实践，并进行课题研究 | |

（续表）

| 维度 | 模块 | 知识与能力要点 | 培训模式课程内容 | 校长培训层级 | | | 拟请专家 |
|---|---|---|---|---|---|---|---|
| | | | | 任职资格培训 | 提高培训 | 骨干高级研修 | |
| 信念与素养 | 道德与素养 | 为人师表;清正廉洁;处事公正,尽职尽责;人文与艺术素养;科学与技术素养;经济与社会知识;领导与管理艺术;身心健康与调适 | 培训课程 | 教师职业道德、校长专业标准解读;教师行为警示录;教师心理调适策略;学校管理学;教师人文/艺术/科学讲座;地方教育发展史等 | 教师职业道德建设理论实践,案例分析;师德热点与两难问题辨析;教育领导学,人文/艺术/科学/技术讲座等 | 教师职业道德建设方案设计;教育家的师德修养;师德规范与践行策略;领导干部心理调适;领导艺术,人文/艺术/科学等艺术作品赏析 | |
| 专业职责 | 规划学校发展 | 中小学本质与办学规律;教育相关政策法规及其运用;办学结合社会背景与中小学特色;小学办学的使命;中小学校特色凝练;调查诊断学校发展现状方法;学校发展规划的把握与系统思考;学校战略管理的基本方法;制定学校发展规划的思想;学校发展规划的基本流程与策略;分解落实规划目标;制定规划实施方案的主要技术方法等 | 培训模式 | 专题讲座;案例分析;经验分享;专题研讨;教育考察 | 专题讲座;案例分析;专题研讨;教育考察;现场教学 | 专题讲座;案例分析;专题研讨;教育考察;现场教学;课题研究 | |
| | | | 培训内容 | 通过上述培训环节覆盖知识与能力要点至少于80%,重点在学校发展规划制定的一般原理与方法 | 在任职资格培训基础上,重点关注国内外经典学校发展规划方案及实施案例的解读 | 在提高培训基础上,重点关注学校发展战略的选择与管理,指导其他学校制定并实施学校发展规划 | |
| | | | 培训课程 | 我国中小学教育相关政策法规解读;我国基础教育改革与发展形势解读;学校发展规划,制定本校学校发展规划 | 国内外中小学教育概况;学校发展性评价;国内外名校办学实践,国内外中小学教育经验解析;本校发展规划实施自评;学校发展规划实施报告 | 国内外中小学教育发展动态与趋势;学校战略管理理论与方法;国内外中小学办教育经验的分析评价;校长教育思想的疑练;指导学校发展规划的制定 | |

（续表）

| 维度 | 模块 | 知识与能力要点 | 培训模式/课程内容 | 校长培训层级 | | | 拟请专家 |
|---|---|---|---|---|---|---|---|
| | | | | 任职资格培训 | 提高培训 | 骨干高级研修 | |
| 专业职责 | 营造育人文化 | 社会主义核心价值观进学校的内容及途径方法；中小学德育工作的地位与作用、特点与规律；中小学学生身心发展特点和品德形成规律；德育活动的组织实施与创新策略；网络德育的特点与实施/学校文化建设的理论基础；中华优秀传统文化和地域文化与学校文化融合育人策略；中小学文化建设途径与方法，主要经验；办学思想理念文化、学校物质文化、制度文化、精神文化主要内涵与相应文化建设 | 培训模式 | 专题讲座；读书交流；案例分析；经验分享；专题研讨；教育考察 | 在任职基础上增加现场教学和跟岗实践 | 在提高基础上增加课题研究 | 专家 |
| | | | 培训内容 | 通过上述培训环节覆盖知识与能力要点不少于80%，重点在中学文化育人的基本原理与方法 | 在任职资格培训基础上，重点关注学校文化建设、德育经典案例的解读 | 在提高培训基础上，重点关注传统文化的传承与创新，学校文化特色的培育 | |
| | | | 培训课程 | 中小学文化育人的理论与策略；中小学德育特点与方法；学校文化建设途径与方法；学校文化建设方案设计；中华传统文化解读 | 学校文化案例诊断与论辩；中小学学生心理发展研判；学校文化建设经典案例分析；中小学学生综合素质的培养与评价；传统文化基地考察 | 中小学学生成长需要研究；学校文化驱动模型；学校文化建设理论与实践；学校文化与办学理念；基于中小学教育综合素质培养的学校文化创新；中华优秀传统文化进校园创新方案设计 | |

（续表）

| 维度 | 模块 | 知识与能力要点 | 培训模式/课程内容 | 校长培训层级 | | | 拟请专家 |
|---|---|---|---|---|---|---|---|
| | | | | 任职资格培训 | 提高培训 | 骨干高级研修 | |
| 专业职责 | 领导课程教学 | 国家课程政策；课程标准；国内外中小学课程教学改革特点与经验；中小学课程主要目标及实施；学校办学目标、开发、实施与评价；中小学课程体系建设、特色化发展与学校多样化；学生认知特点与课程教学；信息技术运用；教学指导；听评课与评价/中小学教学管理基本制度建设；教育改革思路与经验/课程评价基本理论与方法；教学评价基本理论与方法；学生综合素质评价方法；学生生涯规划指导/学生健康监测，教育质量监控，课程资源开发、艺术与美育实施与创新 | 培训模式 | 专题讲座；案例分析；经验分享；专题研讨；教育考察；学校改进 | 专题讲座；案例分析；专题研讨；教育考察；对话交流等 | 专题讲座；案例分析讨论；教育考察；现场教学；课题研究；学校诊改进 | |
| | | | 培训内容 | 通过上述培训环书覆盖知识与能力要点不少于80%，重点在中学课程建设的基本理论与方法；课堂教学的主要理论与方法；国家课程的校本化实施 | 重点关注国内外经典课程建设与课堂教学模式创新案例分析；课程与教学质量监控体系建设；课程资源开发与运用 | 在提高培训基础上，重点关注学校课程规划、开发、实施与评价的创新实践；课堂教学诊断的概括经验与策略 | |
| | | | 培训课程 | 国家课程政策解读；中小学课程编制原理；中小学课程管理理论与技术；高效课堂理论的理论与实践；课堂评价理论与方法；课堂学生健康监测理论与实践；信息技术与课堂教学改革；学生生涯规划课程建设与实践；课程规划的一般原理与方法；艺术教育与素质教育 | 中学课程建设理论与实践；我国中小学课堂教学改革成功案例解析；学校特色课程建设；大数据时代的学生生涯规划课程与实践体系构建；学校课程建设方案的制定 | 课堂观察；课堂教学诊断理论与实践；与课改各校校长对话；提升校长课程领导力的策略研究；学校特色课程研究、评估与建设；学校课程评估与改进研究；互联网＋课程/学习/评价；校内外课程衔接研究；美育与素质教育；科学研究新进展 | |

（续表）

| 维度 | 模块 | 知识与能力要点 | 培训模式/课程内容 | 任职资格培训 | 提高培训 | 骨干高级研修 | 拟请专家 |
|---|---|---|---|---|---|---|---|
| 专业职责 | 引领教师成长 | 现代教育中的教师；中小学教师专业标准；中小学教师的教学特点与教学有效性；校本研修制度的建设与创新 | 培训模式 | 专题讲座；案例分析；经验分享；专题研讨；教育考察；学校改进 | 专题讲座；案例分析；专题研讨；教育考察；现场教学；对话交流 | 专题讲座；案例分析；专题研讨；教育考察；现场教学；课题研究；学校改进 | 专家 |
| | 教师成长 | 中小学教师德建设；学校道德与精神的引领；教师心理情绪管理；教师激励与评价；教师团队建设；教学文化建设；教学评价技术方法 | 培训内容 | 通过上述培训环节覆盖知识与能力要点不少于80%，重点在有关教师的政策法规学习；有关教师专业发展的基本理论与方法 | 在任职资格培训基础上，重点关注国内外教师专业发展案例分析；指导教师专业发展的实践 | 在提高培训基础上，重点关注国家教育改革政策的贯彻与落实；指导教师卓越发展 | |
| | | 教师个人发展计划；不同类型教师的专业特点与专业发展策略；教师专业发展的诊断与指导；专业发展与指导；信息技术与教师专业发展；教师专业发展项目设计与实施 | 培训课程 | 教师政策法规解读；教师专业标准解读；教师专业发展的理论与策略；校本研修理论与策略；教师发展规划理论与方法；教师心理健康理论实践；教研组建设；教师专业发展信息平台建设；教师专业发展与评价方法；教师激励评价机制建设 | 新时期教师职业解析；教师职业幸福感；校本研修的创新实践；卓越教师专业发展；教师团队建设与实践；国内外优秀教师成长案例；教师激励评价机制建设 | 教师教育政策解读；校本研修的创新实践；卓越教师专业发展；建、卓越教师团队打造的理论与实践；教育家型教师的培养；教师情商管理；教学文化建设 | |

（续表）

| 维度 | 模块 | 知识与能力要点 | 培训模式 课程内容 | 校长培训层级 | | | 拟请专家 |
|---|---|---|---|---|---|---|---|
| | | | | 任职资格培训 | 提高培训 | 骨干高级研修 | |
| 专业职责 | 优化内部管理 | 学校管理的政策法规;中小学校长职责与权力;中小学发展与管理的基本特点;国内外学校管理的主要到动态与趋势;国内优秀中小学校长的学校管理经验与借鉴;学校管理改革的理论与经验学习;学校突发事件应急管理机制的建设与创新等 | 培训模式 | 专题讲座;案例分析;经验分享;专题研讨;考察;对话交流 | 专题讲座;案例分析;专题研讨;教育考察;对话交流 | 专题讲座;案例分析;专题研讨;教育考察;课题研究;现场教学等 | |
| | | | 培训内容 | 覆盖知识能力不少于80%,重点学校管理政策法规学习;校长角色与职责等 | 重点关注国内外学校管理经典案例;管理经验总结反思 | 在提高培训基础上,重点关注学校管理诊断;学校管理改进与创新;学校管理辐射输出 | |
| | | | 培训课程 | 依法治校理念与实践;学校制度建设理论与实践;学校组织机构建设的理论与实践;校园安全与卫生管理;教育财政与学校财务;新老校长管理经验座谈等 | 学校内部治理体系建设;学校应急管理;学校品牌管理;国内外学校管理经典案例解析;与名校长面对面现场教学 | 教育管理与教育领导前沿的理论与实践;学校管理创新的理论与实践;学校品牌文化建设;知名企业组织管理案例解析与现场教学;学校管理理论诊断与指导 | |

（续表）

| 维度 | 模块 | 知识与能力要点 |  | 校长培训层级 | | | 拟请专家 |
|---|---|---|---|---|---|---|---|
|  |  |  |  | 任职资格培训 | 提高岗培训 | 骨干高级研修 |  |
| 专业职责 | 沟通外部环境 | 外部环境与学校办学；中小学的公共关系；学校的社会资源；家校合作的理论与方法；人际交往与沟通；媒体沟通与应对；学校公共形象的建设与系统推进；学校社会资源的开发与运用；社会资源与中学生综合实践活动；学生与家庭互动；高中生的社会交往；学校的校际合作；家校合作的制度建设；家庭教育的指导与学校的社会参与 | 培训模式 | 专题讲座；案例分析；经验分享；对话交流；教育考察；学校改进 | 专题讲座；案例分析；专题研讨；教育考察；现场教学；对话交流 | 专题讲座；案例分析；专题研讨；教育考察；课程模拟；现场教学；情景模拟 |  |
|  |  |  | 培训内容 | 覆盖知识与能力要点，重点在有关学校公共关系的基本理论与方法；家校合作机制的建设与完善 | 重点关注国内外学校公共关系经典案例的开发与利用；家庭教育的指导与家长教育 | 在提高培训基础上，重点关注国内外机构组织的公共关系经典案例剖析；学校品牌传播；校际合作与学校发展共同体的建设 |  |
|  |  |  | 培训课程 | 学校公共关系的基本理论；有效沟通理论及案例分析；家校合作的理论与实践；学校社会资源的开发与利用；学校危机事件处理的基本流程与方法 | 国内外学校公共关系经典案例剖析；媒体素养；家庭教育指导与实践；校内外教育实践基地开发与建设等 | 国内外机构组织的公共关系经典案例剖析；舆情分析应对情景模拟；危机应对情景模拟；校际合作与学校发展共同体建设的实践研究；校长个人品牌的建设与传播等 |  |

备注：仅供参考，具体要根据不同层次的培训对象的社会需求、专业发展需求和个人发展需求确定。

以校长培训课程体系为例,简单介绍构建的过程和基本内容。

1. 以需求性和地域性为原则构建二维四段式课程体系框架

培训课程体系的框架构建坚持两个原则:一是需求性,突出不同发展阶段的岗位需求和个性化需要;二是地域性,结合属地实际,在培训类型、课程模块、培训资源等方面加强设计。

确立二维四段体系架构:纵向将国家、社会、专业和个人四个层面需求相结合,并将这四个层面的要求概括为两个维度即"信念素养"和"专业职责";横向按任职—提高—骨干—名校长四个层级设置培训课程,形成二维四段式课程体系架构。

2. 坚持问题导向,以调研为基础确定模块化课程内容

问题催生研究,研究带动培训。为了有效保障培训课程体系内容的科学合理,对培训学员进行前期调研不可或缺。以青岛市中小学教师培训中心的培训为例,培训前即对青岛市 11 区市的 1519 名中小学校长进行了前测调研,依据教育部校长职责专业标准和调研分析结果,制订了《青岛市教育干部领导力提升三年行动计划(2017—2020)》,在两个维度下确立了由 ABC 三类课程、八个模块和若干专题构成的完整课程体系内容。

三类课程是指国家课程、地方课程和个性化课程。八个模块是指在"理想信念"维度设置"信念与方向","道德与素养"两个课程模块;"专业职责"维度根据实际需求设置六个模块,包括"规划学校发展""营造育人文化""领导课程教学""引领教师成长""优化内部管理""调适外部环境"。每个模块下设若干专题。三类课程课时比例分别为 30%、30%、40%,而模块比例和模块下专题在不同阶段所占比例均以调研情况为设置依据。

例如,针对校长专业职责方面,调研中我们发现校长们最关心的是引领教师成长(57.87%),其次是规划学校发展(47.14%)、领导课程教学(46.87%)、优化内部管理(39.57%)、营造育人文化(34.04%)、调适外部环境(7.37%)等。

分析还发现,不同区域、不同培训经历的校长关注的重点不同,因此在课程体系中,针对不同区域、不同层次培训,每一模块下的课程专题在不同阶段所占比例也不相同。不仅如此,在 1172 所中小学和中职学校参与的"青岛市领导干部队伍状况调研"中,对干部队伍的年龄结构、性别结构、区域分布状况、接受培训情况、培训内容需求情况等各个方面进行了大数据分析。

调研分析结果为校长培训提供了真实的信息资料，为课程设计、培训方式、专家遴选提供重要依据。有了这些依据就可以在具体的课程体系设置中适度增大"引领教师成长"模块下所设的专题比例，以迎合培训需求。

与校长培训课程设计类相同，其他课程体系的建设也需从指导思想、培训原则目标、培训对象、阶段安排等多个方面进行统筹设计，形成由维度、模块、知识能力与要点、培养阶段、培训内容、模式和专题、专家资源构成的完整课程体系，使培训呈现出层次性、规范性、科学性。具体培训项目的课程均参考课程体系的基本内容，结合项目特点和学员需求设计。

**五、课程开发凸显特色**

在教师培训主流课程样本基本完备的基础上，还应不断开发辅助课程，完善课程体系，驱动培训的高品质提升。笔者通过近些年的培训实践感悟，对课程的研究与思考，逐步形成了较为成熟的"五段互动""微课题牵引""交流分享"等凸显特色化的自主微课程，凸显培训课程特色。

**(一)五段互动式辩课使培训考察实效化**

为避免教育考察或听课流于形式，培训课程设计可实施以"评辩"和"辩课"为载体的五段互动式培训模式，即"专题讲座—教育考察(听课)—管理评辩(辩课)—点评提升—反思实践"。以培训校长班为例，第一段，由培训班主任就评辩的相关知识进行讲解，并对学员进行正反方的角色分工，根据所考察学校的特点，确定考察方向和考察内容，包括学校办学、学校管理、教育教学、教师队伍建设、文化建设、安全管理等多个观测点；第二段，学员带着问题进行教育考察，并广泛收集论证资料；第三段，考察结束后，学员以正反方辩论的形式进行评辩；第四段，辩论结束后由专家进行点评，归纳总结，交流互动，提升认识；第五段，培训结束后，学员带着认识与反思返岗实践，并要求在一定时段内完成微课题论文，最终实现由"辩"到"变"的蜕变。

这样的课程设计由过去的接受式培训变为如今的参与式培训，让每个参训教师都动起来，改变了培训之后就"隔岸观花""隔靴搔痒"的困境，真正实现从教育理念到教育行为的内化。

**(二)"微课题牵引"研究性培训课程使教研训一体化**

为将培训所学应用于实践，培训课程设计可以创新性实施"微课题牵引八步法"。具体操作：一是聚焦问题，形成微课题（学员以组为单位完成问题导向卡，以微课题形式拟定问题名称）；二是课题导向，专家引领（与授课专家充分沟通，授课专家根据所授课程内容有意识地针对某个课题进行渗透，增进对所提问题的认识）；三是课题中心，沙龙活动（学员以组为单位，就所选微课题开展沙龙活动，在组长的带领下，开展头脑风暴式的讨论交流，求同存异，重视生成，提出初步对策）；四是课题牵引，教育考察（带着聚焦问题到名优学校教育考察，在考察学习过程中认识问题、整理思路）；五是辩论对话，深化沉淀（通过辩课和学校管理评辩，加深对所提问题的认识，进行深化沉淀）；六是课题成果，全班呈现（集中培训结束后，将微课题研究成果在学员微信群展示）；七是对策验证，返岗实践（将所提出的对策返回岗位进行实践，并根据效果随时完善微课题研究成果）；八是成果提交，考核评价（实效考核时，学员将微课题研究成果以结合教育教学实践的论文形式提交，论文成果提交情况，作为考核的依据之一）。

微课题牵引实现了理论＋实践＋科研的教研训一体化培训，有效解决了培训中存在的重短期轻持续，重理论轻应用的问题。

### （三）"交流性小课程"分享式培训使培训持续化

培训的最大资源来自培训学员本身。培训时，通过课前治学一招和治校一招轮流演讲、微信群培训日志交流、名校长经验分享、培训班主任论坛、培训结束前的培训交流 party 和成果展示等一系列分享性小课程活动，充分运用生成性培训、对话性培训、融合性培训等多种培训手段，突出同伴互助与交流，尤其是学员在微信群中的后续持续不断的交流，加上培训中心的干预引导，让培训实现了持续化。同时，交流性小课程有利于挖掘本土培训资源，笔者在施训中不断梳理学员们的优秀案例和成果，目前已将新教师、骨干教师、校长班学员的分享性小课程、微课题论文成果及首批名师工作室的建设成果，分别汇编成《启航——从这里开始》《远航——悦纳提升 开拓前行》《领航——责任与使命》《引航——智慧共生 卓越同行》《续航——均衡公平 乡村振兴》，不断丰富培训的案例资源库，助推了培训课程的深度开发。

# 第六章 教师培训的组织实施

培训实施,广义上讲是一个复杂的系统工程,是对整个培训体系的整体构建和实施,它包含培训整体项目体系建构、培训课程体系构建、资源体系建设、过程管理、监测评估、项目改进与课程优化等板块;狭义上是指具体培训项目的策划和运行过程,它包含项目确立、前期调研、方案设计、方案实施、过程管理、绩效测评等环节。培训实施是培训极为重要的环节,是影响培训成败的决定性因素。本书其他章节已经或将要对广义培训实施的体系建设进行阐述,本章主要从狭义上的培训项目实施进行实践性阐述。

## 第一节 培训实施的有效性

第三章教师培训的组织原则中,已分别对组织的需求性原则、主体性原则、实践性原则、发展性原则、激励性原则进行了必要的陈述,与本节培训实施的有效性所要表达的思想大致相近,也是培训组织原则的补充。区别在于前者是从培训的组织层面所要坚持的原则出发,后者是从具体培训项目即培训课程的实施出发,应该坚持培训实施的有效性原则。

培训项目实施并不是一件简单的事。目前有些培训是"拍脑袋"而来的培训,培训者觉得教师科研素质不高,就马上开展课题研究培训,觉得教师理论不高,就急于加强理论培训,觉得教师教学技能不够,就忙于进行技能培训……这样的培训明显缺乏计划性、目的性和系统性,自然缺少组织的科学性、培训的针对性、实施的严密性,"害得"受训教师疲于应付,被动参与,怨声载道,其培训质量和培训收效可想而知,所以保证教师培训的有效实施便显得至关重要。

教师培训的有效性是指培训目标与教师学员实际上真正想要的学习和提

升高度一致,将解决教师教育教学上的困惑与阻力问题作为教师培训框架的起点和目标任务的终点,并且在这种框架和目标任务之下,组织教师培训中的人员角色和教与学的规范。有效性原则是以需求为基础,以效能为准则的一种培训理念或策略。当它作为一种策略的时候,虽没有固定的形态,但不同的培训项目却具有共同的特征,即完成策划的活动和达到策划结果的程度高度统一。20世纪80年代发展的初期,经济合作与发展组织的研究报告就曾经指出:"十分不幸和令人感到苦恼的是,人们对在职培训日益增长的关注似乎更多的是以信念为基础,而不是以实际的知识为基础。"因此,教师培训的目的究竟是为了贯彻与实现上级的指示要求,还是要真正解决教师将面临的实际问题,这是教师培训中至关重要的问题,也是保证培训有效性的关键地方。

培训项目实施的有效性,从内容上看包括目标制定的有效性、课程内容的有效性、方式运用的有效性、考核评估的有效性四个方面。

## 一、目标制定的有效性

目标有效性是指目标制定必须科学合理。在具体的培训实施中,培训会不会产生理想的效果、达到预期成效,首先取决于目标的制定,科学合理有针对性的目标才是培训项目实施的前提和基础,脱离了实际的工作目标,轻则影响工作进程和成效,重则将使培训失去原来的意义。培训实施中,必须确定科学而明确的培训目标。

例如实施新教师三年连续培训培养,需要根据不同阶段定义培养目标。第一年入职适应期(新教师入职第一年)突出"适应",帮助新教师适应新环境,新职业,实现由学生角色向教师角色的转化,实现由基本语言能力向教育教学语言能力的转化,实现由学科知识向教育专业知识的转化,形成良好的职业认同感和价值归属感,胜任基本教育教学任务,明确自我三年职业规划目标;第二年成长提高期(新教师入职第二年)突出"熟练",帮助新教师熟练运用现代化教育教学理念、方法和技能,熟知本学科教学发展现状,增强专业责任感,践行职业规划目标;第三年展示考核期(新教师入职第三年)突出"展示"和"实效考核",帮助新教师提升职业幸福感与专业成就感,激励新教师挖掘自我特色,创造性地借鉴他人经验,初现教学个性,体悟职业幸福,做好下一阶段职业规划。

又例如,学校教研室主任能力提升培训。培训对象为已负责教研室教研指导工作的优秀教研主任。这一特殊群体所具备的优势是来自教学一线拥有丰富的一线教学经验,但缺乏从培训专业化角度设计和实施培训方案辐射带动其他教师的能力。因此,对于这一群体的培训绝不能简单地从培训技能入手,而是要在教学能力、教学问诊和教学示范能力的基础之上,教授学员组织培训活动,设计培训方案,掌握多种培训形式和手段,最终使学员作为培训者的培训技能得到提升。据此,培训主题可设计为"基于新课改的教研员培训能力提升研修"。培训目标是使学员达到教学能力与培训技能的双重提升,强化其作为培训者的角色意识,通过理论引领、任务驱动、共同体建设、实践活动等推动教研员教师培训者的专业成长,提升其在新理念下的课堂教学诊断、反思与评价能力,教学示范与指导能力,培训方案设计与组织实施能力,使其成为本校或本区域内实现课堂转型培训的示范者、指导者、组织者。

因此,如何针对不同的培训项目、不同的培训对象制定科学合理的培训目标是培训有效实施的先手棋。

### 二、课程内容的有效性

1. 课程内容有效性是指课程设置必须满足受训者实际需求

需求是求知最好的动力,这是一条古老而充满智慧的法则,能引导人们更快地获取知识。教师的问题往往就是教师的需求,这种需求可能来自教学实践,也可能来自教师的教学思想。既可以是关于教学的,也可以是非教学的。总之,与教师有关的工作、生活及其发展等诸方面的内容都可以纳入旨在促进教师发展的教师培训课程范畴。当然培训需求更包含社会需求,例如加强教师的党性修养,提升教师为社会主义事业培养合格建设者和可靠接班人的政治站位就是一个社会时代需求。追随并满足时代和受训者这些需求,实施过程就会变"要我学"为"我要学",学习过程也会积极主动而有成效。仍然以新教师培训项目为例,经过对新教师群体特点研究和培训个体培训需求调研,课程内容设置"专业理念与师德"和"专业素养"两个维度,共设置四个课程模块:信念与方向、道德与素养、专业知识、专业能力。入职适应期注重教育理念的引领和专业知识向专业能力的转化,成长提高期注重教育理念的提升和专业能力的提高,成果展示期注重对培训成效的考核和评优。

2. 提高课程内容的有效性需加强与授课专家的沟通

满足受训者需求还在于课程模块确定之后,一定要与授课专家再三研究授课内容,根据受训学员群体特点对授课专家提出具体而明确的要求,否则,课程内容就会产生无效效应。一次家庭教育指导师的培训,聘请了一个有名的专家,学术专著也很多,教授在培训中语言幽默,讲述充满激情,理念也很先进。原本以为这场讲座一定是有效的培训,学员一定会很满意,但问题却出现了,虽然教授善于调动气氛,现场气氛很活跃,但讲授的理论性东西过多,方法和案例分析与指导太少。教授讲到积极情绪的概念、内容、策略,只泛泛而谈,就学生容易产生什么样的消极情绪、有哪些行为表现,而针对这些不良行为怎样进行情绪引导、方法有哪些、理论架构是什么等问题没有进行分析解读,没有给出问题解决的路径策略,所以,一场培训下来,学员学会了很多名言警句,也接受了先进的教育理念,但如何使用,怎样分析和解决问题却一脸茫然。而作为家庭教育指导师,知晓先进理念固然重要,更重要的却是运用理论分析现实问题、指导解决问题的能力。因此,这样的课程内容将会大大降低培训效能,降低培训的有效性。当然,这也并非是教授本身能力不够,只是培训组织者并未与授课专家进行有效沟通,致使培训内容缺乏对现实需求的指导性。

3. 课程内容的有效性还要充分考虑教师个体差异性

教师培训中,参与培训的教师是有差异的,甚至差异很大。这种差异有生理的,有心理的,也有属于经验的,还有源于学习能力与学习方式上的差异。教师培训中虽然不可能做到按同质的要求将教师分组、分班开展培训,但可以在培训中引入"多元课程"(diverse course)的概念和方法,从而使教师在培训中获得个体的自我发展,以保障其有效性的实现。①

### 三、方式运用的有效性

培训效果不光取决于内容,采用的方式也直接影响培训的质量。培训方式是培训模式下具体方法的运用。现阶段很多地区开展教师培训还是老套地搞专家讲座,形式陈旧、内容单调,现代培训应该反对"填鸭式""满堂灌"的传统培训方式,专家讲了又讲、教师听了又听,结果是教师乘兴而来,扫兴而归;

---

① 苏文平《有效培训体系探讨》,《中国人力资源开发》2004 年第 8 期,第 25 页。

另一方面施训者往往是远离课堂的专家、学者，受训者则是一线教师，其结果往往是"台上讲得口干舌燥，学员听得莫名其妙"，这种不接地气、缺乏实效性的培训，让培训效果大打折扣。培训的准则应该是让参训者学有所获、学有所用。

培训的方式有各种各样，不同的培训方式呈现不同的特点，其自身也是各有优劣。要选择合适并且有效的培训方式，需要考虑到培训的目的、培训的内容、培训对象的自身特点。一个培训项目往往需要多样化方式的融合，通过多样化有效方式可以刺激和调动参训者的各种感官，从而调动参训者参与的积极性、主动性。目前培训中比较受学员欢迎的方式有参与式、研讨式、案例式、情境式、体验式、分享式、课堂观察研评、教研热点论辩等。一个培训项目的实施过程中可以根据实际需要选用多种培训方式相结合。例如为了让农村小学校长思考领导力和执行力的重要性及了解自身的领导力和执行力，可以安排"沙漠掘金"等参与式活动，通过在活动中总结成败的经验教训启发思维；而为了更多挖掘隐藏在学员中的学习资源，加强校长们之间的交流和学习，则可以实施课前"治学一招"演讲等研讨式活动，这种方式有利于学员与学员间的信息多向传递，知识和经验可以相互交流、启发，取长补短，也有利于学员发现自己的不足，开阔思路，加深对知识的理解，促进能力的提高。再例如在教育考察环节为了保证考察学习的实效，可以实施"辩课"活动，为学员创设情境，让学员带着问题考察学习，从问题的正反方进行论证交流，以达到"真理越辩越明"的培训效果。多种方式的结合，其目的在于使学员不仅学到知识，更能将传授知识的方法即各种培训方式带走，从而激发其指导引领的能力。

### 四、考核评估的有效性

教师培训的有效性就是利用培训管理过程中的决策、组织、协调这些职能来优化培训活动，以便合理配置培训过程的各种资源要素，促进供需的平衡，激发培训参与者的活力，并通过有效管理最大限度地实现培训的目标，最终实现受训教师教育理念和教育能力的双提升。考核培训实施的有效性，实际上就是要评估培训目的的实现程度。

根据戈尔茨坦的定义，培训有效性评估是指系统地收集必要的描述性和判断性信息，以帮助做出选择、使用和修改培训项目的决策。对教师培训项目评估其实质是对项目设计、实施、效果各方面数据信息的收集和价值判断，并对项目后续阶段进行及项目整体改进策略提供指导的过程。因此,培训管理的重要环节,其实是建立各方的信息反馈机制,这当然是提升培训有效性的基础。目前,我国无论是中央还是地方的各级政府,都不断增加教师培训的投入资金,但大多数项目却明显缺乏对培训成效的系统性评估。往往采取的方法是由教育行政部门组织,对项目实施单位所设计的项目方案、课程设置、学员考核方法及记录、专项经费使用情况进行简单验收。以"达标"式的验收为最终目的。这种"达标"式的评估实际并不能有效激发评估应有的促进和提升作用。以"我的教学好搭档"项目的个性化评估为例,我们来看具有实效性的培训评估。这个项目的咨询呈现为一个不断反映教学顾问指导成效与教师专业发展的过程性评估过程,教师和教学顾问通过观看视频方式可以充分了解教师接受项目培训产生的变化,双方获取反馈后,可以根据反馈具体调整下一步的工作,从而进行更有针对性的指导。这种考核既是培训的过程也是评估的过程,既可以评估培训的成效也可以及时改进出现的问题,不断提升培训成效。

教师培训有效性的评估应该以各方满意度为基础,以参训教师满意、选派单位满意、培训主管部门满意和培训提供部门满意的程度为评判标准,通过详细有针对性的问卷调查和跟踪随访及意见反馈等方式具体获得。具体评估时,必须建立参训教师选派单位、培训主管部门和培训提供部门的满意度指标评测体系,并对相应的子项进行细化和量化。通过采集出的主观满意度的百分比,逐步构建一个多方博弈的评价模型,并将它作为培训各方面效果的评判和总结。这种过程性的评估,不言而喻可以确保培训项目呈现良好的效果,因此,建立项目过程评估机制,并且在实施中不断回顾、改进,是我国教师培训项目应借鉴的重要经验之一。

# 第二节　培训实施途径

广义上讲,教师培训的实施无非有前期准备、中期实施和后期跟踪三项内容。具体来说,前期准备主要包括需求调研、方案制定、课程设置、专家邀请、调试设备、材料准备等事项,中期实施主要有召开班会、下发材料、专家授课、活动组织、过程管理、应急调整等环节,后期跟踪主要指成果展示、交流汇报、返岗实践、实效考核等内容。

**一、实施前期准备**

兵马未动,粮草先行,良好的开端是成功的一半,培训工作也是一样,要想培训取得良好的效果,前期准备是举足轻重的。

步骤1:把准学员需求。培训师和培训管理者要共同努力,有效沟通,把准学员真正的培训需求。培训之前,通过问卷调查、电话沟通、访谈等方式了解学员的课程需求尤为重要。

例如农村小学校长培训班的课程"农村小学校园特色文化建设的策略"设定,原因是基于农村小学校长找不到立足学校实际建设校园特色文化的路径。在调研中了解到,校长们有想要创建校园特色文化的迫切需求,但对于校园文化的内涵,如何发掘自我学校特色,如何将学校措施手段与育人的中心任务紧密结合,使文化建设不流于一般,不犯为了文化而文化的形式性错误等,缺乏科学系统的认知。

这样,根据学员需求,授课专家有针对性地做好教材PPT编写和案例设计,包括课程演绎流程、教学手法运用,结合案例进行讲解,现场学习环节设计到文化建设知名小学考察学习、专家总结点评等环节。通过这些措施的实施,可以真正把准学员需求,培训就成功了一半。

步骤2:制定培训方案。培训方案是培训的核心,所以培训的前期准备中首先是对培训方案的制定,包括确定培训对象、培训目标、培训时长、培训内容、培训方式、拟请专家以及考核评价等。培训对象就是参训的学员群体,并且参照参训群体的特点和形势发展最新要求确定培训目标,参照培训目标确定培训的内容和培训时长。为达到培训目标,必须选择合适的培训方式、对症的培训专家和确立有效的考核评价方式。

步骤3:设置培训课程。课程设计是一个有目的、有计划、有结构的产生课程计划(教学计划)、课程标准(教学大纲)以及教材的系统化活动。因对于课程设计前有专述,此处着重强调课程设计时应坚持六个原则:工学结合,课程活动导向;突出能力目标;项目载体;能力实训;学员主体;知识理论实践一体化教学。只有这样才能达到课程设计目的,增加课程收益。

步骤4:确定时间地点。培训方案制定后,不管是外出培训还是在单位内部培训,都需要提前确定好培训的时间和地点,时间的安排要尽量避免工学矛盾,地点确定后,组织方对行车路线、培训场地、环境、食宿及培训中的主要问题对学员提前进行告知,以便学员做好必要的准备,同时做好后勤服务保障。

步骤 5:下发培训通知。前面工作完成后,就需要下发培训通知,通过审核批准后予以发布。通知内容主要包括培训时间、培训地点、参训对象、培训内容、培训食宿、交通安排、培训纪律及有关要求等,让参训对象对培训有整体的把握。为增强培训的实效性和针对性,培训通知中可以进行二度培训需求调研,用课程菜单选择和开放题相结合的方式,了解即将参训学员对于培训的期待和需求,进一步完善培训方案。

步骤 6:邀请培训专家。根据完善后的培训方案和课程设置,需要跟专家逐一联系,沟通培训目标、授课内容、具体时间、往返交通和接送等事宜,对专家授课时的特殊要求,需要提前做好准备。需要特别指出的是,培训邀请的专家一定要是专业名家、真正的大家、高手,要突破门第之见,开放胸怀,开门办班。若是有跟岗实践和现场学习环节,还需与跟岗导师确定具体的意图、内容、时间及相关要求,同时也要联系确定交通方式和食宿等安排。

步骤 7:调试设施设备。培训前,一定要对培训所需的设施设备进行现场调试。教室里的灯光、温度、湿度等事宜,培训所需的电脑、投影仪、LED屏、音响、话筒、功放、激光笔、白板、桌椅、笔纸和记分牌等都应准备就绪,以及周边环境情况确认。若是集体组织外出培训,需要提前专门确认以上事项,做到万无一失。

步骤 8:准备所需材料。培训所需材料主要分为两种:学员所需材料和领导专家所需材料。学员所需材料主要有培训手册、笔记本、培训讲义和学籍记录、签到表等有关材料。培训手册的内容一般包括通知文件、学员须知(致学员信)、培训日程、学员名单、班委成员和专家简介。领导专家所需材料主要有各种讲话稿和上课所需材料等。

做好以上八个步骤,培训的前期准备基本就绪。

## 二、实施过程管理

过程管理是指从项目开始到项目结束的阶段性过程中培训管理者具体实施的项目管理,包括对人的管理和对培训实施过程的管理。任何一个项目的过程或项目阶段都需要有一个相对应的项目实施过程。这种过程一般由起始过程、计划过程、实施过程、控制过程、结束过程五个不同的具体工作过程构成。过程管理是项目实施的重要环节。

### (一)过程管理的阶段性

培训项目的实施首先需进行整体规划。

综合计划实施的第一步就是收集各种有关的数据及信息。这些资料包括:过去完成类似项目的历史信息与数据资料,项目前期所生成的各种资料和信息数据,然后具体定义一个项目某些阶段的工作与活动、决策一个项目或项目阶段的起始与否等。在培训项目综合计划的制定中,首先要进行的是计划的总体分析,拟定、编制和修订一个培训项目或具体阶段的工作目标、工作计划方案、计划应急措施等方面的工作;项目综合计划初步方案制定之后,通过综合平衡的办法,对项目目标、任务、责任、进度、费用、质量、资源等要素逐个进行全面综合统一的协调;培训项目综合计划确定后,接着组织和协调专家资源和培训的其他资源,以及各项工作和任务,激励项目团队完成已定的工作计划。

为保障培训项目的顺利完成和目标的实现,在实施过程中,应该根据先前制定的培训项目标准,对项目的实施情况进行必要的监督,分析差异与问题,实时采取纠偏措施,防止偏差积累而造成项目离标失效失败。同步要注重项目阶段成果与整体成果的总结、提炼和最终的展示。

总之,培训的过程管理从时间顺序上看,可以分为前期管理(或叫前期准备)、中期实施管理和后期管理(或叫后期跟踪),不同阶段的管理侧重点会有所不同;从管理对象上看,分学员管理、专家服务和后勤保障三条主线。

前期管理从通知文件下发就已开始了,对于参训学员的选拔条件、报名和纪律要求、班级微信群组建等,都会在通知文件中进行明确。学员加入班级群后,培训的班级组织建立起来,培训也就及早开始了。接下来就是汇总学员名单、分组,并根据学员的原始报名材料和在群里的表现选拔组建班委。在此期间,对于专家的联系确定及细节管理,后勤保障的场地、食宿、车辆等安排同步进行。

中期管理将是一个平稳期,学员慢慢适应培训的节奏,专家将依次到来,后勤保障也将根据培训和学员需求随时调整。这段时间的管理可以依靠班委进行，做好日常的考勤管理，组织学员按时签到签退，做好每天的培训简报，安排学员完成学籍表的填写，随时了解学员对课程、专家、后勤保障等方面的反应，并同时观察各位学员的日常表现，为后期学员评优和培训工作的完善做好积累。

后期管理将进入培训的总结阶段，包括对培训项目的总结和培训学员考核两个方面。对于培训项目的总结可以是多方面的，包括培训的组织实施情况、专家的授课效果、学员的总体表现、后勤保障以及学员的收获体会等内容。对于培训学员的考核主要根据学员管理办法，从出勤、培训任务完成情况进行综合评价，考核合格颁发结业证书，登记相应的培训学分，整理培训档案，以及组织培训学员做好个人培训总结反思和培训满意度调研等。

### (二)过程管理的有效性

培训过程管理的有效性主要体现在以下几个方面。

1. 首先要建立专业的管理团队

任何一个培训项目都是由若干个培训个体和环节构成的，目前的教师培训还无法实现一对一辅导式培训，这就需要一个培训项目管理团队，全程参与培训过程管理，为培训的顺利实施提供必要的服务，及时跟踪和调控培训环节的进展。在这个过程中，作为培训管理者的素质和能力对于他们是否能胜任培训工作是至关重要的。这个团队中可能不止一个人，但每个人都应明确知晓自己的工作目标，从培训前期的项目确立、训前需求调研、目标制定、培训方案、课程设计，到培训实施过程中的专家邀请、学员管理、后勤保障、应急调控，再到培训结束后的跟踪调查、实效考核、总结反思、材料归档，整个过程要求培训管理者应具有极高的专业能力和专业素养，正所谓"专业的人做专业的事"。只有配备了专业的培训管理者团队，才能有效跟踪每一个培训环节的进展，发现问题及时协调、及时处理、及时采取正确的补救措施，确保目标有正确的运行方向，为培训顺利进行有效护航。

2. 其次要重视培训过程的设计，不要轻视过程中意外的培训收获

随着生活水平的提升，人们对培训的要求也越来越高，培训的人文关怀和培训环境直接影响受训者心理，让人舒适愉悦地接受培训更能保证培训效果

的落地。这就需要培训组织方对培训过程进行精心设计和策划。如可以设计让班会与破冰活动结合起来,班主任在第一次班会上将出勤、请假、考核等各项管理要求,渗透于"国王与天使""机遇与挑战""掌声雷动"等丰富多彩的团队活动中,在活动中既强化了学习纪律,又启发了培训思考,开启了培训新体验;再如将培训环境布置为集学习、健身、食宿于一体,场所里既有图书阅览区,又有健身房、休息室、会客厅等,为学员安心、舒心培训营造良好的环境;又如管理上注重学员自治,课前 15 分钟学员进行分享性教学一招或治学一招演讲,让学员在享受培训"大餐"的同时,先品尝众多"开胃小菜",这不仅挖掘了培训学员自身的培训资源,而且还加强了学员之间的交流,使学员有了许多"意外收获";另外,可以增设多样化选修课,适当利用晚上时间安排插花、瑜伽、心肺复苏急救操作、电影欣赏、茶艺与养生等选修小课程,借以丰富学员培训的课余生活。

3. 再次要建立培训应急预案

所谓应急预案指的是针对各种可能发生的事故需进行应急行动而制定的指导性文件,是针对具体的设备、设施、场所和环境,根据事故可能发生的形式、发展过程、危害范围和破坏区域等,为使事故造成的人身、财产与环境损失降低,就事故发生后的应急救援机构和人员、应急救援的设备、设施、条件和环境,行动的步骤和秉承纲领,控制事故进一步发展的方法和程序等,预先进行的科学而有效的计划和安排。有效的应急预案对于如何在事故现场组织展开应急救援相关工作具有至关重要的指导作用。一方面它可以指导应急人员的日常培训和演练,保证各种应急资源时刻处在良好的战备状态;一方面可以指导应急行动按计划有条不紊地进行,防止因组织不力、行动失当或现场救援工作的混乱而延误事故的突发应急处置,以降低人员伤亡和财产损失;一方面可以保证实现应急救援行动的快速、有序与高效性。与一般性应急预案不同的是,培训应急预案还应包括授课专家应急策略,一个培训项目往往涉及十多位课程专家,这些课程专家有的是本区域或本单位的,也有很多是全国其他省市甚至是国外的,这就要求培训管理者充分考虑可能发生在专家身上的各种影响培训进程的因素,例如工作单位突发紧急事务、天气恶劣交通不便等,作为管理者要预设应急措施,做好充分的应急准备。

# 第三节　培训实施案例

下面笔者将以"新教师培训""骨干教师培训""中小学校长培训""校本研修"四大类案例为例,具体展示培训的实施方案。

## 一、新教师培训实施方案

《中小学、幼儿园教师专业标准》和《中等职业学校教师专业标准》(以下统称《专业标准》)是国家对幼儿园、中小学及中等职业学校合格教师专业素质的根本纲领性要求,是教师实施教育教学行为的基本范式,是引领教师专业发展的基本准则,是教师培养、准入、培训、考核等工作至关重要的依据。笔者以《专业标准》为引领和导向,把它作为建设教师队伍的根本依据,结合不同省市地域教育改革发展的情况需求,根据新入职教师的特点,设计如下新教师的培养培训方案。

【指导思想】全面落实《国家中长期教育改革和发展规划纲要(2010—2020年)》的指示精神,坚持世界眼光、国际标准,发挥区域优势,将教育现代化融入并先于城市现代化,在更高起点上实施科教兴国、人才强国战略。以跨越发展、绿色发展、和谐发展、统筹发展为统领,以培训的科学性、开放性、参与性和研究性为基点,突出教育的基础性、先导性、全局性和民生性作用,实现培训、教研、教改相结合,从现代教育教学改革与发展的实际需要出发,进行新教师培训工作,全面提升中小学教师队伍的综合素质。

【培训原则】①坚持针对性和实效性相结合的原则。根据新教师特点和入职需求,体现"以学习者需求为中心"的培训理念,科学设计培训课程,丰富和优化培训内容,增强新教师培训的针对性和实效性,使参训教师通过学习培训,能解决入职前或刚入职阶段教育教学中的一些困难和疑惑,适应岗位需要。②坚持应用性和渐进性相结合的原则。以三年为培养周期,对新教师开展长期连续性培训,通过岗前培训—入职实践、理念提升—成长提高、教育科研—成果展示三个阶段的培训,使新教师的培训既尊重教师职业成长规律,又体现理论与实践的有机结合。③坚持激励与考核相结合的原则。采用多种形式充分调动和激发新教师参训的积极性和主动性,建立考核机制,对新教师培训成效进行考核,并对较快成长起来的优秀新教师给予政策肯定和奖励。

【培训对象】刚入职和入职三年内的新教师。

【培训目标】以提升新教师师德认识水平为先导,以培养新教师适应岗位教育教学为目标,以培养业务能力为重点,针对新教师可塑性强的特点,通过多渠道、多方位的培训,循序渐进,遵循新教师的成长规律。通过三年三个阶段的培训,帮助新教师尽快适应教育教学工作,助推新教师的专业成长进程,全面提升新教师的教育理念和教育教学实践能力,通过多方努力共同打造一支充满活力的新生力军。

【阶段安排】

第一年,为入职适应期(一般是入职第一年),以突出"适应",帮助新教师适应新环境、新职业、新岗位为主要阶段目标。

通过培训,尽快实现由学生角色向教师角色的转化,实现由基本语言能力向教育教学语言能力的转化,实现由学科知识向教育专业知识的转化,形成良好的职业认同感和价值归属感,胜任基本教育教学任务,同时认真规划好自己的三年职业发展目标。

培训方式:岗前集中培训＋跟岗实践＋在岗实践研修。先进行为期10天80学时的集中培训,培训课程的设计以岗位适应、职业认同、教育教学基本技能、职业规划、职业自信、理想信念为主,采取常规学习、教育考察、专题讲座的方式进行;后进行半学期累计30学时的跟岗实践,由教育行政部门、培训机构、学校根据学员和实践基地的双向选择意向,确定学员的跟岗学校和实践导师,制定详细的跟岗实践方案;最后进行半学期累计20学时的有目的性和针对性的在岗实践研修,由培训机构和其所在工作单位共同组织、管理及考核。

第二年,为成长提高期(一般是入职第二年),以突出"熟练",帮助新教师熟练运用现代教育技术、教学理念、方法和技能为主要阶段目标。

集中组织新教师有针对性地赴高校进行提升研修和实践锤炼,提升教育价值理念,熟知学科教学发展现状,掌握先进的教育教学方法,强化教育教学技能,增强专业责任感和使命感,践行职业规划目标。

培训方式:高校集中培训＋集中研讨＋在岗实践研修。先赴高校进行一周约60学时的集中培训,采取专题讲座、教育考察等方式进行,由培训机构和高校共同负责管理；后回属地培训机构，针对第一年的集中培训、在岗实践及刚结束的第二年高校提升培训的感悟与认知，进行1.5天约10学时的、有计划、有安排的针对性集中研讨，由培训机构即时组织实施；最后再次进行为期1年累计30学时的任务性在岗实践研修，由培训机构和其所在工作单位共同组织管理和考核。

第三年，为成果展示期（一般是入职第三年），以突出"展示"和"实效考核"，帮助新教师提升职业幸福感与专业成就感为主要阶段目标。

通过教育教学成果展示、名师点拨、挑战性评价和实效考核，激励新教师挖掘自我特色，创造性地借鉴他人经验，初现教学个性，体悟职业幸福，做好下一阶段职业规划。

培训方式：在岗展示＋集中展示＋实效考核。新教师第三年，全年不少于10学时的教育教学在岗展示，由其所在单位负责组织实施与管理；集中展示由培训机构负责实施，分全体集中和学科集中两种方式，约5天35学时，展示自己三年来的教育教学基本功、成果成效和职业感悟等，可以采取公开课、成果课件展示、演讲等方式进行。最后通过组织"教育新星"评选、微课评比、教学反思评比、班主任工作案例评比、教学论文评比等手段，结合其所在学校的综合评价，培训机构完成对每一位新教师的培训实效考核。

## 二、骨干教师培训课程方案

依据教育部《关于深化中小学教师培训模式改革全面提升培训质量的指导意见》《中小学幼儿园教师培训课程指导标准》，以及省市关于中小学教师继续教育的文件精神，主动适应深化基础教育课程改革、全面实施素质教育的现实需求，有效解决教师专业发展中存在的突出问题，进一步满足教师的专业发展需求，提高教师的师德素养、教育教学水平，提升骨干教师的科研引领能力，形成和谐积极的专业学习共同体，特制定骨干教师培训课程方案。

【指导思想】以骨干教师专业发展中存在的现实问题为背景，以现代信息化社会发展对教师提出的新要求、教师专业化发展和个性化发展需求为遵循，以提高教师教科研能力为重点，以全面提升教师素质为根本，坚持"突出骨干、促进均衡"的原则，进一步优化教师队伍结构，发挥骨干教师的专业引领与辐射作用，带动和促进全体教师整体水平的提高。

【培训目标】以"专业提升,科研引领"为目标,通过培训,进一步增强骨干教师的职业理解和对学生的发展认识,了解当前国内外教育发展的最新动态与趋势,掌握教育前沿理论,更新教育知识结构,研究教育方式方法,提高教学能力水平。使骨干教师树立全新的教育教学理念,具有高尚的教师职业道德情操和宽阔的教育视野,具备较高较强的教育教学实践研究能力和创新发展能力,在基础教育改革和实施素质教育中发挥骨干作用,勇立潮头。

【培训对象】在岗学科骨干教师(不同学段不同学科,按不同项目进行)

【培训方式】根据需求,采用菜单式选训,集中研修和跟岗实践相结合的形式,紧密结合一线骨干教师教育教学实际,强化实践性课程,开设同课异构(名师与学员)、磨课研讨、现场诊断、送课交流、名师工作坊、专业论坛等实践性课程,并做好与网络研修和校本研修的有效结合;同时做到两个突出——突出专家的现场点评指导、突出教学技能训练培训,灵活选用讲座式、案例式、探究式、参与式、情境式、讨论式、任务驱动式、现场观摩式等多种培训方式,系统开展培训研修。

### 三、中小学校长培训课程方案

为进一步规范与引导中小学校长培训课程实施,提升中小学校长培训针对性和实效性,引领专业发展,形成一支具有坚定理想信念、扎实专业知识、较强专业能力的校长队伍,依据《教育部关于进一步加强中小学校长培训工作的意见》及《义务教育学校校长专业标准》和《普通高中校长专业标准》,结合中小学校长培训地域工作的实际差异,制定如下中小学校长培训课程方案。

【指导思想】深入落实科学发展观,以国家教育政策法规及《国家中长期教育改革和发展规划纲要》为依据,以提升中小学校长执政能力为根本,以社会、专业和个人三方需求为导向,遵循校长发展成长规律,注重培训实践取向,针对问题解决,突出能力提升,服务校长专业发展,进一步形成分层次、分类别、多形式、重实效的教育干部培训新格局。

【培训目标】以建设一支懂教育会管理的高素质、专业化的教育干部队伍为总目标,根据《教育部关于进一步加强中小学校长培训工作的意见》要求,校长任职资格培训、在职校长提高培训和骨干校长高级研修培训应该达到以下具体目标。

(1)校长任职资格培训。以培训为途径,帮助校长们更深刻地理解工作内容与性质,树立正确先进的办学思想,使之具备履行职责必需的思想政治素质、道德修养情操和专业知识结构,提升校长依法治校能力与水平。培训时间一次性不少于 300 学时。

(2)在职校长提高培训。以培训为途径,增强校长们解决实践问题的能力和水平,促进校长反思总结经验,彰显办学特色,提高校长实施素质教育水准。培训时间五年累计不少于 360 学时。

(3)骨干校长高级研修。通过培训,引领校长凝练办学思想,提高理论和政策水平,提升校长战略思维能力、教育创新能力和引领学校可持续发展能力。

【培训对象】根据国家、教育部有关文件规定的要求和地方校长培训工作实际,确定培训对象和培训内容。

(1)任职资格培训。按照中小学校长岗位规范要求,对新任正副校长、正副书记或拟任正副校长、正副书记,进行"以履行岗位职责必备知识和技能为主要内容的培训"。

(2)在职校长提高培训。对已接受了校长任职资格培训并获得培训合格证书的中小学校长,进行"以学习新知识、掌握新技能、提高管理能力、研究和交流办学经验为主要内容的培训"。

(3)骨干校长高级研修。对富有办学经验并且具有一定理论修养和研究能力的校长,进行旨在"培养学校教育、教学和管理专家的培训"。

【培训方式】采用混合式培训模式,包括:以学术性、理论性和前沿学科知识为主要内容的专家讲座、案例分析、交流研讨等形式的集中培训;以互联网为支撑,开展自主学习、异地交流、网上答疑等形式的网络研修;以带着问题前往名校参观学习、交流研讨为主要形式的教育考察;以理论提高、理念提升、能力提升为主题赴高校高端研修;以学习名校长办学特色治学经验、增长自身教育管理智慧为目的的跟岗实践;以实践体验、反思认识、解决问题、学以致用为核心的返岗实践;以学促变,将理论知识与实践相结合,促进学校教育教学发展,形成学校的特色文化为目标的实效考核。

## 四、学校校本研修案例

教师队伍建设越来越成为各个学校工作的重中之重,校本研修的形式越来越多,研修内容越来越综合,研修成效也越来越好,涌现出很多好的案例。青岛市第五十三中学将新教师培养培训、教育教学、课程创建有机地结合起来,亮出校本研修的组合拳,促进教师专业发展,取得很好的效果,现摘录如下。

【指导思想】为稳步推进学校教育教学改革,充分发挥校内优秀骨干教师在课堂教学、课改实验、教育科研、师资培养等方面的示范、引领、指导和辐射作用;也为更好地促进学校青年教师成长,建设一支师德高尚、业务精湛、结构合理、富有创新精神的高素质教师队伍,点燃思想,凝聚智慧实施本案例。

【研修目标】双轮驱动,实现增值共赢;教学合体,寻求价值认同。"每位教师都是一座富矿",教师专业能力的提高,最终离不开两点:"成长"和"学习"。"成长",成为师生的共同需求;"学习",成为没有开始不再结束的终身姿态。工作中既保持学校整体规划的一致性,又要实现对教师专业性的尊重,做好教师们的助推器。

【研修对象】面对全体教师和学生

【研修方式】

1. 双轮驱动,增值共赢——新教师反哺模式

学校遵循教师成长规律,采取全方位、多途径的培养措施,实施"PARR＋"模式教师成长计划,新师徒"PARR＋"模式,是以行动研究和课题研究为培养主线,按照"个性培养、协同发展、培练结合"的原则,全面提升培养人选的师德修养、教育教学理论素养、实践创新能力和个人的可持续发展能力。[①]

利用新"师徒制"模式,鼓励新教师用头脑风暴的方式,结合自身教育教学体会,梳理、提炼出教师入职之初可能遇到的几个话题(问题),新教师通过自荐和推荐的方式认领话题。将解决问题的办法和老教师提供的实际做法相对应,每个话题由新老师认定的老教师加以具体回答。新教师选择自己喜欢的形式向老教师学习——访谈、听课、聊天皆可,以此明确解决问题的具体做法、小工具、小策略等。新教师用采访的形式以案例分析来记录整个过程,融入个人的思考和实践,并在不断分享、修改、完善的基础上,梳理出带有共性的解决问题的方法。最后将这些小方法、小工具、小策略冠以知识产权,汇集成册,作为下一年度培训新教师使用的手册,担任主笔的新教师顺理成章成为下一年

---

① 　谷明霞、包继华《"科研反哺教学"模式的研究与实践》,《中国教育》2014 年第 35 期,第 25 页。

度新教师培训的培训者。以此给教师成长搭建持续性发展的平台,最终锻造出一支梯队式成长的教育人才队伍。

图 6-1　新师徒制:PARR 模式

2."输送"到"众筹",从"教授"到"合伙"——学生反哺模式

教师尝试在课堂或课后采用"问题众筹"方式来收集学生问题,然后再采用"答案众筹"的方式让学生答疑,当出现学生无法众筹到的答案或者出现需要澄清的答案时,由专业教师做最后的"权威"认定。

操作的程序分"实体模式"和"网络模式"两种。

实体模式:准备两块区域或者教室里的两个"问题盒子",如学校毕业部教学楼内创设数学学科"最强大脑"主题板块。分别设有"问题众筹"和"答案众筹"两个区域,教师讲解清楚规则后,让学生(如教师有值得分享的问题也可)将问题体现在"问题众筹",知道或以为自己知道答案的学生可以将答案体现在"答案众筹"中。

网络模式:利用学校的官网开发教师个人空间或者鼓励教师创设自己的公众号,内设"问题众筹"和"答案众筹"两个社区板块,学生可以匿名或者用自己的网名在线提问和相互解答。

以此创设师生共同学习平台和状态,实现"智慧众筹",既解决提问者的问题,也悄悄发现回答者的问题,还能增加教学的趣味性和互动性。教师可以质疑追问,更可以坦言自己的未知,甚至求教于"先知学生",从这个视角看,新的师生关系会从原来的单一"教授"变为双向选择的、优势组合的、需求相契的成长"合伙人"。

3. 从"课程教授"到"课程创建",从"职业"走向"专业"

这个过程大体经历三个阶段,先是具共性特点的国家课程,再是大量开发具学校特色的校本课程,然后再到学生从自身的兴趣爱好出发去选择想学习的课程内容。第三个阶段,学校的每一门课程内容都会与这一门课程的授课教师"更紧密融合",成为这位教师的"个人课程",并承载着这位教师极具个性特征的情感态度价值观,实现"教、学合体",学生不仅仅是在选择课程内容,更是在选择一种价值认同。

学校根据学生培养目标、国家课程标准和学生发展的需求,对一至九年级国家课程进行整合、改革、创新,逐步调整课程设置,不断丰富课程内容,努力完善课程结构,围绕"国家标准课程、特色校本课程、未来发展课程"三个方面,构建"健康体魄""民族情结""国际视野""发展潜质"四大类别,六大核心领域的"卓尔课程"体系。同时依据课程体系推进要求,学校组成七大课程研发团队,利用九年一贯制特色,打破界限与壁垒,遵循横向整合、纵向衔接的思路,不同学段不同学科教师一起,相继开发编写语文桥、数学、英语衔接、人文与社会、自然科学、美术线描、物理引桥等卓尔丛书系列,助力课程再造。在课程创建的过程中,优秀教师团队可以互相领略专业魅力、产生专业交往改变专业生活、最终实现持续的自我超越。使得课程从"教师教授"变成"教师创建",赋予每位教师创作的空间和自由度,引领教师从"职业"走向"专业"。

总之,本研修案例的实施实现了培训方式创新、成长规划协商、学习共同体建设的多元组合,强调独创性和个性化教学体验,一个教师的价值不再仅仅局限于一所学校,而在于更广范围的身份认同和做出的社会贡献度,学生正在成为最好的教师专业发展课程,正在缔造教师的未来。

# 第四节　驱动培训内涵发展

近些年来,随着中央和地方培训力度的不断加大,教师教育培训工作取得显著的进展,但同时也存在着针对性不强、内容泛化、方式单一等一系列问题。如何增强培训课程对教师专业发展个性化需求的满足度,提高培训课程内容与一线教育教学实际的关联度,强化培训课程设计、开发、实施的规范性,不断增强教师培训的针对性和实效性,成为当前和今后一个时期内全面提升教师培训工作质量的重要任务。

## 一、以文化价值凝练为引领,驱动培训高站位发展

十年树木,百年树人。教师培训应遵循"训育强国"的原则,以"进德修业、立己达人"为核心理念,以"促进专业发展、成就教育理想"为培训宗旨,做到修省、修业、修身。地方教育行政部门和培训专责机构要广泛深入地挖掘地域及学校历史文化元素,整合教育资源,凝练文化精髓,编制培训教材,让历史文化、地域文化、社会文化及学校文化所涵盖的精神食粮设置到教师培训的课程中,让文化释放它应有的价值。要勉励学员追求职业操守和专业标准,在教师的职业生涯中,不断充实自己,完善自己,使自己拥有山一样的专业高度和水一样的精神广度,最终成就仁智兼有、动静皆宜的丰满人生,让太阳底下这一最光辉的事业照亮职业追求之路,实现专业引领、精神引领和人生引领。各地市教育行政部门、教研部门、培训专责机构都应该全面贯彻落实国家中长期教育改革和发展规划纲要的总体部署,制定符合时代要求、适应地方特点的行动计划,以此作为教师干部培训的纲领性文件,从行动目标、重点行动、机制创新、保障措施等方面进行整体布局、科学规划,明确发展思路和发展方向,并对培训项目、课程模块设置等分类分层进行科学指导。文化价值的凝练,刚性文件的颁布,培训计划的制定,培训课程的设计,必将驱动教师培训的高站位发展。

## 二、以项目体系建设为构架,驱动培训大格局形成

要不断探索教师干部培训的项目体系化建设,实施分类、分层、分岗培训,逐步构建完善培训项目体系。

### (一)借助省域内的远程研修,构建教师全员培训体系

目前,各省域基本上每年都会组织各学段教师参加中小学教师全员远程研修,应该说这是一种既便捷又高效且省心省事省力省资的培训模式。如何充分利用好远程研修培训,是各级教育行政部门着重考虑和认真对待的一件重要的事情。笔者实践认为,对全员实施远程研修培训,可以通过"分级管理—分层实施—分步推进"的管理模式,构建市、区、校三级行政管理体系和

"指导教师—研修组长—学员"三级业务指导体系,以此为保障,并将教师学员参加远程的总体考核情况纳入与教师切身利益挂钩的制度体系当中,这样就会实现措施到位、指导到位、管理到位、督促到位,真正让远程研修培训取得应有的效果。

### (二)开展连续培训,构建新教师培训体系

为夯实教师队伍培养基础,促进青年教师的快速成长,教育行政部门应制定新教师连续培训方案,对新教师开展长期连续性培训培养,通过岗前适应—理念提升—成果展示3个阶段的培训,使新教师的培训既尊重教师职业成长规律,又体现理论与实践的有机结合。岗前适应培训,突出"适应",帮助新教师实现角色转换,适应新环境,热爱新职业,并不断掌握和熟练基本的教育教学技能;理念提升培训,着力"提升",可以组织新教师赴知名高校接受培训,帮助新教师熟练运用现代化教育教学理念、方法和技能,践行职业规划目标;成果展示培训,主题是"展示"和"实效考核",通过成果展示汇报和实效考核反馈,帮助新教师查找问题,分析成因,指明方向,并以成果和评选教学新星来提升职业幸福感与专业成就感,挖掘自身潜力和教学特色。对新教师的连续培训培养将会为新教师的成长提供不断引领、探索、反思、实践的平台。

### (三)开展专业化、应用型培训,构建骨干教师培训体系

骨干教师培训是所有教师培训项目的重中之重,骨干教师是关系到学校发展和教育教学质量的一支不可或缺的重要力量。因此,对骨干教师的培训更要"把脉问诊"、更要有针对性、更要有的放矢,这当然包括培训前的前期调研、培训方案的制定、课程内容的设计、授课专家的选择以及培训活动的组织开展等等,使不同学科、不同学段、不同特点的骨干教师接受适应自己需求的针对性培训,让骨干教师的专业素养和专业能力得到更大提升,助力他们在自己的专业发展中实现更大理想。这是对骨干教师培训的要义所在。从项目构建讲,可以组建中小幼学科骨干教师高级研修、跨学科骨干教师培训、中学生生涯指导骨干教师培训、特殊教育骨干教师培训、班主任高级研修等多种类型的骨干教师培训项目。通过开展集中培训、案例教学、研讨交流、教育考察、实践指导、返岗实践等多种形式提升骨干教师的综合能力、专业操作和引领能力。

### (四)促进教育均衡发展,构建乡村教师培训体系

重点加大乡村教师培训工作的支持力度,落实国务院乡村教师支持计划,促进城乡之间、区域之间不同类型学校教师间的沟通交流和协调发展。举办乡村教师赴高校高端培训、乡村英语教师专题培训,分学科、分学段、分批次举办乡村中小学骨干教师高级研修班。对教育相对滞后的农村地区,尤其这些地区中小学幼儿园的薄弱学科,省域市域要统筹计划部署,加大政策扶持、财力和人事的支持力度,在可能的情况下,争取对乡村中小学幼儿园教师实行全面轮训,薄弱学科加大轮训力度,包括送培上门、送教上门等形式的教师培训。着力实施乡村教师素养提升工程,是促进教育优质均衡发展的重要举措。

### (五)遵循干部成长规律,构建中小学校长培训体系

在校长培训培养的链条中,区市级可负责初中小学校长的任职培训、小学校长的提高培训;地市级可承担高中校长任职资格培训、初中校长提高培训、农村小学骨干校长培训,以及中层干部培训、后备干部培训、培训管理干部培训、优秀副校长异地挂职培训;省级负责高中提高及名校长培训。培训主要采用集中培训＋网络社区研修＋返岗实践的模式及影子培训等混合式研修模式,同时积极发挥机构专长,比如在培训管理者培训中引进卡内基训练,心理健康教育、家庭教育指导师的培训可以适度借助专业机构专业资源实施培训等。

五大培训项目体系分类推进、分科落实、分步实施,使教师干部培训形成"多层次、多渠道、全覆盖"的培训大格局。

### 三、以培训课程研发为核心,驱动培训高品质提升

如果说培训项目是培训的骨架,那么,培训课程就是培训的血肉。加强课程研究与课程开发是提升教师培训质量重要保障。为此,教育行政部门及教师培训专责机构应强力推动培训课程的研发,要在国家课程的引领下,依据教育部《中小学幼儿园教师培训课程指导标准》《教师专业标准》和《校长专业标准》,着力开发地方课程、个性化课程。这些课程的开发建设应以调研为基础,突出问题导向,坚持需求性、针对性和地域性原则,课程框架凸显层次化,课程内容突出模块化,课程实施体现个性化,模式运用呈现多元化。

问题催生研究,研究带动培训。笔者通过大量调研实践(前文已做阐释,此处不再赘述)发现,"二维四段式课程体系"能更广泛适应不同项目下的教师干部培训。有针对性的需求调研,为培训课程的研发提供了参照依据。如校长培训中,增大"引领教师成长"模块下所设的专题比例,包含教师专业发展的基本理论与方法、教师政策法规解读、教师专业标准解读、校本研修体系的构建、教师发展规划制定的理论与方法、教师激励与评价的方法、国内外教师专业发展经典案例分析、教师情绪管理、卓越教师团队打造的理论与实践、教育家型教师的培养等多个专题内容,有效地驱动培训的高品质提升。

课程研发还应注重个性化、菜单式课程实施,注重实践性课程建设,注重自主性课程开发。在培训课程体系建构基础上,具体培训班次的培训课程应形成独立的培训菜单,为学员提供订单式、个性化课程选择,以求最大限度地满足学员培训的个性化需求。实践性课程建设在教师干部培训中不可或缺,单一的理论知识讲座固然能提高教师干部的认知广度和深度,但是真正能使学员内化于心的课程内容,必须配备必要的实践性课程活动,包括参观学习、教育考察、跟岗实践、现场听课、问题论辩、论坛对话等形式,只有这样,才能把专家理论知识,加上自己的认知,与实际相结合,特别是安排学员跟岗名师名校长,实行零距离的影子培训,将会收到更好效果。除此以外,自主性课程的开发也是十分必要,前面提到的"课前治学(治校)演讲""五段互动式辩课""微课题牵引""微信培训日志交流性小课程""培训交流 party"等,都是自主性课程的很好体现,这些自主课程的开发,不仅是课程体系的有效补充,而且能更好地激发学员的培训兴趣,特别是运用这些生成性、对话性、融合性课程使培训更加实效,让培训更具持续化,让学员更能铭记于心。

### 四、以寻求合作联动为途径,驱动培训多资源融通

建立培训实践基地,建设内外联动的优质资源共享通道。要充分发挥名校和名校长的示范引领作用,保证实践性培训质量,在市域内遴选教育理念先进、教学质量和管理水平高、校长专业能力强、社会评价好的中小学幼儿园作为教师校长培训的实践考察学习基地。同时,应与不同类别且适合教师校长培训的知名高校、科研机构建立合作关系,充分发挥高校和科研机构的资源优势,使其成为中小学幼儿园教师干部接受高端培训的基地。上挂下联,促进培

训的合作联动,实现与基地的资源融通。

携手培训联盟,加强异地资源互通。教师培训如同课堂教学,不仅要请进来,还应该走出去,不能闭门造车,要主动学习借鉴先进地市的成功经验。以青岛市中小学教师培训中心为例,继2015年加入由青岛、大连、宁波、厦门、深圳五个计划单列市和武汉、苏州联合成立的"5+2"教师培训联盟后,2016年底,又加入了中国教育学会教师培训者联盟。在理念分享、协同创新、资源共享等方面各取所长,发展共赢,形成整体优势和资源互通。2018年青岛市中小学教师培训中心,在国家教育行政学院和联盟市的大力参与和协助下,成功举办了计划单列市"新时代打造高品质学校——突破与发展"中小学校长暨培训者培训高峰论坛,来自计划单列市及苏州、武汉的320余名中小学校长和培训管理者参加了论坛会。三天的培训,进行了11场专家报告及跨界演讲;6处企业科技及学校的实地观摩学习;4场分主题论坛——28位校长对探讨谋划学校发展进行交流分享。会程安排有序,组织管理到位,内容设计新颖,新思想、新理念、新观点时时涌现,与会人员对大会举办所带来的收获无不交口称赞——这是一次高品质的盛会!笔者作为这次峰会的主要组织参与者,最大的感触就是联盟成员深度参与,不仅在组织前期给了很多建议和指正,而且会程中七地市都安排了校长专家广泛地参与到主论坛和分论坛并进行交流分享,正因如此,才产生了校校之间、地市之间、南北方之间在办学特色、治学理念、管理行为、发展愿景等方面的思想交流与对话,为与会者呈现了一场饕餮的理论盛宴。这样的成功固然是东道主的功劳,但与联盟成员的积极参与密不可分。因此,教师培训不能故步自封,关起门来搞培训,要在不断促动自我创新的同时,广开门路,拓展思路,善于借助外部力量,特别是先进地市的经验做法,实现异地资源互通,这对教师干部培训无疑是最便捷、最值得拥有的有效做法。

畅通信息化,延展培训资源。信息化发展,用日新月异、突飞猛进来形容再恰当不过,信息化作为一种工具,被广泛应用在各行各业各种领域。信息化应用于教师培训早已不是什么新鲜事,对信息化的依赖性也早已成为了习惯。但此处所提,信息化不仅仅是一种应用工具,更主要的是它作为一种资源服务于教师培训工作,如教师信息化管理平台、大数据分析、手机终端、微信扫码等手段,可以广泛应用于培训项目的申报、学员信息登记录入、需求调研分析、课程内容设置、课程评价、专家授课评价、培训管理与服务评价、培训满意度调查、培训照片日志上传、感悟分享、学分登记等等，特别是培训结束后，第三方评价机构可以通过信息化手段进行培训效能评测，从培训活动组织管理、课程实施、专家授课、培训模式、培训收获及效果、培训后期需求分析等各环节进行多角度全方位的分析评测，根据评测结果出具《第三方评价教师培训项目调研报告》。这种由第三方进行的评价，对于后期培训工作的改进和完善提供了很好的依据。因此，畅通信息化，延展培训资源，将会极大地优化培训过程，提高培训效能。

# 第七章　培训体系建设概述

"教师教育"是对教师培养和培训的统称。过去的"师范教育"也包括对教师培养和培训两个部分，但是长期以来，培养和培训相对分离，相互沟通不够，容易被误会"师范教育"仅是对教师的职前培养。现在的"教师教育"就是在终身教育思想指导下，按照教师专业发展的不同阶段，对教师的培养和培训通盘考虑，整体设计，体现了教师教育的连续性和可发展性，是一体化的。所以，教师教育体系包括教师培养体系和教师培训体系。本章主要就教师培训体系建设进行概述，包括项目体系建设、课程体系建设、管理体系建设、资源体系建设、评估体系建设和保障体系建设六部分，课程体系建设在第五章已有详细讲述，在此不再赘述。

## 第一节　项目体系建设

项目是指一系列独特的、复杂的并相互关联的活动，这些活动有着一个明确的目标或目的，必须在特定的时间、预算、资源限定内，依据规范完成。培训项目是指围绕某一主题和目标，有明确的培训对象、明确的培训目的、培训组织方式、培训内容和组织者，以及明确的操作程序操作过程和资源要求而进行的培训活动组合。培训项目体系指培训项目按照一定的秩序和内部联系组合而成的整体。

《国家中长期教育改革和发展规划纲要（2010—2020 年）》明确指出："要加强教师教育，深化教师教育改革，创新培养模式，增强学习实践环节，强化师德修养和教学能力训练，提高教师培养质量。"构建新型教师教育体系，是时代的要求，是教育体制深化改革的要求，也是全面提升教育教学质量的要求。

《专业标准》中明确指出，教师是履行教育工作职责的专业人员，需要经过严格的培养与培训,具有良好的职业道德,掌握系统的专业知识和专业技能。教师专业发展是指教师作为专业人员,在专业思想、专业知识、专业能力等方面建立专业自主发展意识,完善职业规范和价值观,逐渐胜任教师专业角色,不断发展和完善的过程。教师专业发展是一个贯穿职业生涯的发展过程,是一个由不成熟到相对成熟、终生提高的过程。教师在专业发展的不同阶段,会呈现出不同的特点和培训需求,因此,教师专业发展阶段是我们确立培训项目实施培训,建立教师培训项目体系的重要依据。

对于教师发展的不同阶段,不同的学者提出了不同的见解。西方学者提出的发展阶段论主要包括费斯勒的教师生涯循环论(包括职前教育、引导、能力建立、热心和成长、生涯挫折、稳定和停滞、生涯低落、生涯退出八个阶段)、司德菲的教师生涯发展模式(包括预备生涯阶段、专家生涯阶段、退缩生涯阶段、更新生涯阶段、退出生涯阶段五个阶段)。我国学者在这一领域也开展了一些研究。例如,邵宝祥等从教师教育教学能力发展的角度出发,提炼出教师专业成长的四个阶段:适应阶段(从教 1～2 年)、成长阶段(从教 3～8 年)、称职阶段(35 岁以后高原阶段)、成熟阶段。这些教师发展阶段论大都反映、描述了教师在成长过程中所经历的实际情形,突出了教师在不同发展阶段所具有的不同专业表现水平、需求、心态、信念等,但是尚未对理想的教师发展进程给予应有的关注。大多教师自身很难有明确的长远的发展目标与努力方向,因此,教育行政专业机构就应该给予恰当的帮助与指导,对教师专业发展的不同阶段实施有针对性的培训。

有学者对新教师骨干教师专家型教师进行了比较深入的研究,研究认为新教师和专家型教师在知识结构、问题解决、教学行为、教学监控等方面存在着显著的差异,这些差异,对认识教师的成长规律是非常有益的。在新手型教师与专家型教师之间必然存在着过渡的中间阶段,即熟手教师阶段,即存在新手——熟手——专家型教师发展的三个阶段。在综合考虑教龄、职称和业绩的情况下,把教龄 15 年以上且具有特级教师资格的教师定为专家型教师,教龄在 0～5 年之间的青年教师定为新手型教师,介于新手与专家之间、教龄 6～14 年、参加过骨干教师培训班的教师定为熟手型教师,需要提醒的是,并不是所有的新手型教师最终都能成为专家型教师。

以此理论为依据,教师项目体系主要有新教师培训项目、骨干教师培训项目和名师培训项目、教师全员培训项目体系等。

培训项目体系建设遵循以下 5 个原则。

(1)追求实效原则。根据实际需求分层、分类、分岗设计培训项目,切实提高培训的实效性。

(2)全员覆盖原则。培训项目体系是一个整体,其培训对象应考虑到各学段、各学科的所有教师。

(3)循序渐进原则。建立培训项目体系是一个漫长的过程,不能一蹴而就,要循序渐进地开展工作。

(4)持续改进原则。培训项目体系建设工作强调培训的质量控制和培训实效,要在实践中持续改进,不断完善。

(5)共同发展原则。科学完善的培训项目体系不仅促进教师的专业发展,也一定是促进培训机构共同成长的体系。

## 一、新教师培训项目体系

新教师的专业发展应该包括职前准备和入职适应两个阶段。职前准备阶段是指从进入师范学院或大学接受培养开始到初入新岗位时的再培训,该阶段是教师角色的储备阶段;入职适应阶段是指教师初任教师的前三年,新任教师努力寻求学生、同事、学校与教育行政人员的认同,在处理日常问题时能够达到令人满意的程度,两个阶段可以统看成专业适应和过渡时期。这一时期的教师,由于对学校各方面的情况了解甚少,对职业角色要求和规范所知有限,跟实际工作密切相关的专业知识、经验和技能掌握不多,因而碰到的困难大多与如何适应并完成常规的教学工作和管理工作有关。面临着同事之间各种形式的竞争,面临着身份转换之后所产生的心理上的不适应和职业的陌生感,是教师专业发展较为困难的时期。所以,教师培训需要将新教师培训项目作为培训项目体系的重要部分。

以上海新教师培训为例。上海市从 2012 年起,建立统一的中小学幼儿园见习教师规范化培训制度,统一培训标准,培训为期一年,新教师至少一半时间在基地学校跟岗学习,另外时间在聘任学校参加研修。组织管理方面采用市、区、校三级联动,市级层面负责顶层设计、统一规范,统筹协调、指导推进;区级层面负责制定相关政策、制度,组织落实,保障实施;基地学校负责实施具体培训、考核与评价。培训内容方面包括：职业认知与师德修养、教学实践、班级管理与育德体验、教研与专业发展 4 个模块 18 个要点。培训机构采取三类机构联合培养的方式，即区县教师进修院校、见习基地学校、见习教师聘任学校联合实施培训。带教师资方面每位见习教师被分派多位带教老师，以老带新，知识经验传授双重结合，促进新教师快速发展。培训时间规定见习教师每周大约 2.5 天在基地学校接受规范化培训，2 天在聘用学校工作与学习，0.5 天参加区县教师进修院校的集中培训。考核评价方面各区都制定了面向见习教师的考核标准与考核办法，考核由区县教师进修院校、基地学校与聘用学校三方合作进行。合格者颁发见习培训考核合格证书，不合格者将无法获得教师资格的首次注册。以高起点、高标准引领新教师入"行"，规范化科学化实现新教师懂"行"，专业化多层面服务新教师专"行"，助力新教师迈好爱岗、敬业、善教的第一步。

以青岛为例，青岛市从 2014 年起，建立新教师三年连续培养培训项目，对新教师进行系统化连续培训培养，通过岗前适应—理念提升—成果展示 3 个阶段的培训，使新教师的培训既尊重教师职业成长规律，又体现理论与实践的有机结合。第一年集中岗前培训，突出"适应"，帮助新教师实现角色转换，适应新环境、新职业，采用"岗前集中培训＋跟岗实践＋在岗实践"相结合的方式。岗前集中培训，通过教育教学常规的学习、教育考察、专题讲座等专业知识和能力的渗透，尽快实现由学生角色向教师角色的转化，实现由学科知识向教育专业知识的转化，形成良好的职业认同感和价值归属感，胜任基本教育教学任务，明确自我三年职业规划目标。第二年赴高校培训，突出"熟练"，采用"高校理念提升＋集中研讨＋在岗实践研修"三种方式相结合，通过组织新教师集中到高校进行集中研修、实践锤炼，助力新教师强化教育教学技能，提升教育理念，运用先进教育方法，熟知本学科教学发展现状，增强专业责任感，践行职业规划目标。第三年成果展示，突出"成果汇报"和"实效考核"，采取"在岗展示＋集中展示＋实效考核"相结合的培训方式，通过阶段性总结、教育教学成果展示、小课题研究成果呈现等对学员三年培训成果进行总结展示。"以赛促教"，通过组织"教育新星"评选、微课评比、教学技能比赛、教学论文评比、班主任工作优秀案例评比等方式，集中完成对新教师培训实效的考核，对考核合格者颁发合格证书。

以上列举的上海市、青岛市对新教师入职前后的培养方案，都呈现出一套完整的培训体系结构。新教师是教师队伍建设的新生力量，是教育的希望和未来，新教师培训作为一个独立的培训项目，每个地市都应建立并加强对新教师的培训培养体系建设，通过必要的帮助和指导，使新教师较为顺利地度过困难期、适应期，并为今后的成长和发展奠定良好的基础。

### 二、骨干教师培训项目体系

熟手型教师已经熟练掌握常规的教学操作程序，能够灵活运用各种教学策略，并能够根据课堂实际情况对教学计划和行为适当地做出调节和控制，课堂教学流畅、熟练。熟手型教师的成就目标已从新手的以成绩目标为主转化为以任务目标为主。他们关注教学本身的价值和自身教学能力的提高，对教学问题的理解比新手更加深入；注重学生的理解、兴趣和学习效果。但是熟手型教师处于职业的高原阶段，在这个阶段分化加剧，有些教师继续保持旺盛的求知欲，克服高原期，运用丰富的教学经验，通过培训学习和个人努力，不断更新观念，成长为专家型教师；有些教师因为工作的重复性和知识能力的停滞不前，产生烦闷、抑郁、无助、疲倦、焦虑等消极情绪而导致职业倦怠。骨干教师培训项目要以科学的发展观为指导，坚持可持续发展的道路，让熟手型教师学会自我超越，要有与时俱进开拓创新的精神，思考和检讨已有的教育理念和方法，冲破旧理念的束缚，灵活自如地应用各种教学技能并组合成新的教学方式，发展更加实用和自主的教育方法，向专家型教师迈进。因此，骨干教师培训项目在培训项目体系的建设中也是至关重要的。

骨干教师培训采用分级管理、分层实施的方式，分别是国培计划、省培计划和市区级培训计划。

### （一）国培计划

中小学教师国家级培训计划，简称"国培计划"，由教育部、财政部 2010 年开始全面实施，是提高中小学教师特别是农村教师队伍整体素质的重要举措。"国培计划"包括"中小学教师示范性培训项目"和"中西部农村骨干教师培训项目"两项内容。中小学教师示范性培训，主要包括中小学骨干教师培训，中小学教师远程培训，班主任教师培训，中小学紧缺薄弱学科教师培训等示范性项目,为全国中小学教师培训培养骨干,做出示范,并开发和提供一批优质培训课程教学资源,为"中西部农村骨干教师培训项目"和中小学教师专业发展提供有力支持。中西部农村骨干教师培训,主要对中西部农村义务教育教师进行有针对性的培训,同时,引导地方完善教师培训体系,加大农村教师培训力度,提高农村教师的教学能力和专业水平。培训计划主要包括农村中小学教师置换脱产研修、农村中小学教师短期集中培训、农村中小学教师远程培训。

2019 年 3 月,教育部办公厅、财政部办公厅联合下发了《关于做好 2019 年中小学幼儿园教师国家级培训计划组织实施工作的通知》(教师厅〔2019〕2号),对 2019 年的"国培计划"组织实施工作提出了突出服务大局,示范引领新时代教师发展;突出扶贫攻坚,集中支持边远贫困地区教师培训;突出分层分类,遵循成长规律系统设计项目;突出模式创新,发挥培训品牌示范效应;突出应用导向,生成高质量培训成果;突出管理效能,切实落实"精细实"服务;突出制度保障,不断完善支持服务体系等 7 个方面的要求。要求以习近平新时代中国特色社会主义思想为指导,认真学习全国教育大会精神,组织教师校长开展专题学习。设置"立德树人"师德师风专题培训模块,学习领会习近平总书记关于"四有"好老师、"四个引路人"等重要论述,践行社会主义核心价值观,落实新时代教师职业行为准则。要服务基础教育改革发展中心工作,加强中小学重点领域培训,倾斜支持国家统编教材及课标、教师信息素养、国家安全教育、劳动教育等领域,对各培训机构项目的实施提出了明确的目标和要求。同时,公布了"国培计划"示范项目实施方案、"国培计划"中西部项目实施方案、"国培计划"幼师国培项目实施方案,2019 年共分类实施国培项目 26 个,打造多名种子教师。

### (二)省培计划

以山东省为例,2011 年,根据《山东省财政厅关于实施中小学万名骨干教师培训工程中小学教师全员远程研修工程的意见的通知》(鲁教师字〔2011〕6号)和《山东省教育厅关于印发山东省 2011 年中小学骨干教师省级培训实施方案的通知》(鲁教师函〔2011〕11 号)要求,山东省启动了中小学万名骨干教师省级培训项目,2011 年省级集中培训项目共计 22 个,通过邀标和专家评审,最终确定由 12 所高校承担各培训项目,各培训项目紧密结合骨干教师的特点和实际,以课堂教学和骨干教师专业发展为核心,以理论学习、案例分析与研究、行动实践与问题解决为主要形式,着力提高中小学骨干教师的教育教学能力和水平,激励其自主发展,其职责分工为:省项目办负责在山东教师教育网上发布各高校培训方案、具体的培训时间等相关的培训信息,通知有关市教育局及时查看,协调市地和高校做好参训学员的组织管理工作;项目承办单位负责将培训项目的开班通知在开班前 15 天下达到学员所在单位及其本人;各市教育局负责学员的选派工作,协调有关学校和单位,确保参训学员能够如期参加培训。2018 年 7 月,山东省教育厅发布了《关于组织实施 2018 年山东省中小学幼儿园教师和校长省级集中培训项目的通知》(鲁教师处函〔2018〕24 号),公布了 2018 年中小学幼儿园骨干教师省级培训、中小学幼儿园校(园)长省级示范性培训和乡村教师培训三类大项目,共 29 个具体项目的培训人次、培训对象选拔条件和培训要求。

### (三)市级培训

为提升骨干教师的综合素质和专业引领能力,发挥骨干教师的辐射作用,各市会开展各种不同形式的骨干教师培训。比如青岛市 2011 年启动了全市小学骨干教师高级研修班,2012 年启动了全市初中骨干教师高级研修班,2014 年启动了全市高中骨干教师高级研修班,分学段、分学科培训市级骨干教师,每期培训 100 人,集中培训 7 天。另外,根据形势发展需要,适时开展跨学科骨干教师培训、中学生生涯指导骨干教师培训、特殊教育骨干教师培训、信息技术整合骨干教师培训等专题培训,通过集中培训、实践指导、教育考察、返岗实践等多种形式提升骨干教师的综合能力。

以青岛市中学生生涯指导骨干教师培训为例对市级骨干教师培训做简要介绍。青岛教育正在向国际化迈进,这就需要全面提高学生素质,帮助学生更好地进行人生规划,迎接日益复杂的社会挑战。而由于我国开展职业生涯规划起步较晚,职业生涯规划教育还未走进课堂,所以很多学生对未来人生普遍缺少规划。这一现象直接导致了很多学生缺乏学习兴趣,没有明确的人生目标。为了关注"每一个学生生命成长",开展了每年一期,每期集中培训 6 天,集中培训初中骨干教师 120 人的学生生涯指导骨干教师培训。培训课程由德国团队精心打造,内容丰富,针对性强,内容主要包括:德国职业教育体制及德国双元制职业教育、目前职业和学生生涯规划的状况及分析、如何在学校有规律地实施职业和学业生涯规划等。通过主题培训、分组研讨等方式,学员与德国专家一起从不同的角度探讨中学生的生涯设计指导,包含学生职业生涯设计、学生职业取向分析、学生职业生涯指导训练、学生生涯指导如何与家长进行沟通、如何进行企业对接等。

### 三、名师名校长培训项目体系

成熟时期的教师表现出明显的稳定性特征,同时也因其资深的工作经历、较高的教学水平和较为扎实的理论功底,在努力钻研业务和开展教研中,结合自身特点和教育发展要求,逐步发展新的教学技能和教育思想,形成独特的教育教学模式,专业达到了成熟状态,成为领军人物。名师名校长培训项目体系主要由市级名师名校长培养培训—省级名师名校长培养培训—国家名师名校长领航研修项目组成。以青岛市名师名校长培养培训—齐鲁名师名校长培养培训—国家名师名校长领航研修项目为例,进行项目分析。

### (一)青岛市名师名校长培养培训

青岛市首批中小学名师培养工程从 2009 年 10 月启动实施,首批名师为普通中小学教师 60 人,培养周期 5 年。市教育局在 5 年培养周期内,为每位人选提供 5 万元的专项培养经费,人选所在区市及学校也要从教学条件、科研项目、培训进修等方面给予重点支持。培养周期结束、经考核合格后,命名为"青岛名师"。青岛市教育局要求,"青岛名师"要坚持在教育教学第一线工作。学校正职领导不参评,副职领导与中层干部必须兼课,课时量应分别不少于同学科周课时标准时数的 1/3、1/2。另外,"青岛名师"要具有先进的教育教学理念和符合时代特点的教育教学思想,在本学科教学领域处于领先地位;对所教学科有系统、扎实的理论功底和丰富的教育教学经验,教学业绩突出;有自己独创的教育教学方法,并在市内外产生广泛影响。"青岛名师"要承担过地市级以上教育教学科研课题研究,取得较高水平的研究成果,并对全市教育教学改革有一定的推动作用;发表过有较高价值的教育教学论文,出版过具有较高学术价值的著作。

　　2009 年,青岛市启动了青岛市中小学校长培养工程,建设周期为五年,2015 年,根据《青岛市普通中小学名校长培养工程实施方案》(青教通字〔2009〕66 号)、《青岛市普通中小学名校长培养工程人选培养管理办法》(青教通字〔2011〕7 号)的要求,经过全面考核,30 人被命名为"青岛市名校长"。2015 年,根据《关于评选青岛市第二批普通中小学名校长的通知》(青教办字〔2015〕131 号),经个人申报、民主推荐、专家评审、专业答辩、社会公示等程序,确定 30 人为第二批青岛名校长。市教育局对青岛名校长进行动态管理,管理期 3 年,在管理期内,通过组织高端研修、开展"影子培训"、加强名校长工作室建设、开展第三方专业评估推进等方式,优化发展平台、强化后续管理、突出作用发挥,推动名校长不断加强实践反思和提升,争当教育家型校长。

　　为进一步加强中等职业学校骨干教师和校长队伍建设,推动全市职业教育办学水平的提高,造就一批高素质、有特色的专家型名师名校长,青岛市从 2013 年起实施青岛市职业教育名师和职业教育名校长培养工程,培养周期为三年,市教育局为每人每年提供 1 万元培养经费,专项用于国内外进修、教育教学研究、学术研讨等。培养周期结束,经考核合格后,命名为"青岛市职业教育名师"和"青岛市职业教育名校长"。首批培养了 30 位青岛市职业教育名师和 10 位青岛市职业教育名校长。

　　2015 年青岛市教育局下发了《关于评选青岛市普通中小学名师培养工程(第二期)人选的通知》(青教办字〔2015〕110 号)和《关于评选第二期青岛市职业教育名师培养工程和青岛市幼儿园名师名园长培养工程人选的通知》(青教办字〔2015〕136 号),2016 年 4 月,公布了中小学、幼儿园、职业学校共 122 人为青岛市第二期名师培养人选,培养周期 3 年。2017 年,青岛市教育局办公室下发了《关于遴选第三期青岛名师培养工程人选的通知》,经学校推荐、区市教育行政部门遴选推荐,市教育局组织专家对各区市和局属单位推荐的人选进行了评审。依据评审总成绩,确定了中小学幼儿园、职业学校共 240 人为第三期青岛名师培养工程人选,培养周期 3 年。

　　截至 2019 年,青岛市共培养名师、名校长(或者人选)520 余人,另外,青岛市还于 2014 年启动了青岛市名师名校长工作室,首批建设名师工作室 30 个,名校长工作室 19 个,2017 年启动了第二批名师名校长工作室,发挥工作室的"孵化器"作用,把名师名校长工作室建设成为教育家的生长沃土、名校长的成长摇篮、中青年骨干校长的培养基地,着力建设一支熟悉教育规律、理念先进、视野开阔、能力卓越、人民满意的专业化教师校长队伍。名师名校长工作室与青岛市名师培养工程一起,已成为青岛市培养优秀教师,加强教师队伍建设的重要举措,为我市率先实现高水平教育现代化提供强有力的人才支撑。

### (二)齐鲁名师名校长培养培训

2004年始,山东省在中小学骨干教师培训基础上,启动实施了"齐鲁名师、名校长建设工程",立足高端领军人才培养,打造我省未来教育家队伍,工程5年为一个培养周期,以提高名师人选职业道德、业务能力与学术水平为目标,以提升名师人选教育教学实践能力和研究能力,逐步形成个性化的教育特色与风格为重点,使名师人选在师德修养、专业水平和育人能力上取得新突破,逐步成为在全国范围内有一定知名度和影响力的具有教育情怀的专家型教师。

齐鲁名师的培养以课题研究为培养主线,采用多种方式,全面提升名师人选的师德修养、教育教学理论素养、实践创新能力和个人的可持续发展能力。一是集中研修。遵循教师专业成长规律,通过专家讲座、集中研讨等形式,夯实和更新教育教学理论知识,把握教育发展前沿问题,掌握教育教学研究基本方法,有效提升专业化水平。二是个人自修。通过反思教育教学经历,进一步澄清教育教学理念、明晰个人优势特长和发展方向。采用线下和线上学习研讨相结合的混合学习方式,进行泛在学习。利用"互联网+教育"优势,开展在线课程学习、名著研读、案例研讨、个性化指导等活动。通过对教育学、心理学等经典著作进行有针对性的深度学习,提升专业理论素养,逐步形成自己独特的教学风格。三是考察观摩。通过国内外实地考察交流活动,在情境中感受先进的教育教学理念和方法,观摩和学习优秀的课堂教学艺术,进一步拓宽教育视野,激发专业发展热情,促进自我反思、提升教育教学创新能力。四是示范引领。通过对青年教师进行帮携,参加教育志愿服务活动、山东省"互联网+教师专业发展"工程和建立"名师工作室"等,养成志愿服务精神,提升师德水平,培育教育情怀,发挥辐射引领作用。五是成果培育。通过承担课题、论文撰写等形式,对教育教学实践进行理论提升,对个人的教学风格和特色进行科学、系统的总结和凝练,并通过多种形式展示、推广研究成果。

齐鲁名师按照"课题引领、协同共育、个性培养、用育结合"的原则,建立多方参与、协作培养机制，其实施内容主要有以下四个方面。一是强化制度建设和经费保障。山东省教育厅制定了《山东省齐鲁名师建设工程人选培养管理办法》和《山东省齐鲁名校长建设工程人选培养管理办法》，从制度上为齐鲁名师、名校长建设工程的顺利实施提供了保障。省财政在5年的培养周期内为每位人选提供5万元的专项培养经费。工程人选所在市、县及学校在经费和科研条件等方面给予支持。二是组织国内高级研修。采取送出去、请进来等方式，组织齐鲁名师、名校长赴华东师范大学等国内知名高校开展高级研修，邀请国内知名专家进行培训，突破了专业发展瓶颈，取得了良好的成效。三是组织海外培训学习。在培养周期内，工程人选分批赴美国、澳大利亚等地进行海外研修。以2014年为例，分两批组织了40名齐鲁名师名校长建设工程人选赴美国康州和澳大利亚的中小学校，进行了为期21天的学习培训和"影子培训"。期间，他们集中和分散考察了美国多所知名大学和中小学校，听课总节数达到900多节，平均每人22节；参与上课、送课20余节；参加当地学校和媒体重要活动21次。培训结束后，参训教师每人完成了一篇5000字以上的总结报告。四是组织开展学术交流活动。工程实施以来，组织齐鲁名师、名校长分别在天津、济南、潍坊、烟台等地开展了多个层次的协作交流，举行主题论坛、沙龙活动。

齐鲁名师建设工程自启动以来取得了很好的工作成效。一是"金字塔"型培养机制基本形成。山东省教育厅、财政厅启动"齐鲁名师、名校长建设工程"后，各市、县也纷纷加大了名师、名校长队伍建设，在全省逐步形成了省、市、县三级名师、名校长梯队，全省名师队伍不断壮大，中小学教师队伍整体素质显著提升。二是高端人才效应彰显。5年培养周期内，齐鲁名师名校长建设工程人选在教育理论与实践、教学水平与能力、科研能力与创新意识等方面都有了显著提升。截至2015年9月，有107位齐鲁名师名校长获得山东省特级教师荣誉称号，有10位齐鲁名师名校长所带领团队或所在单位获得国家级教学成果奖，有4位被推荐为2015年教育部"万人计划"国家教学名师候选人。有8位获得"全国五一劳动奖章"，有5位享受国务院政府特殊津贴。三是示范引领作用明显。工程建设中，注重对名师、名校长在培养中使用，在使用中提高。送教下乡、名师送教援疆援藏、承担全省教师培训课程资源建设和专家指导工作、主持工作坊，在个人成长的同时，其带动和辐射作用十分明显。

### (三)国家名师名校长领航研修项目

为贯彻落实教育部等五部门《教师教育振兴行动计划(2018—2022 年)》有关工作部署,根据《教育部教师工作司关于组织实施"国培计划"——中小学名师名校长领航工程的通知》要求,经自主申报、省级教育行政部门推荐、专家会议遴选,教育部确定 14 所院校为"国培计划"中小学名师领航班培养基地、123位教师为首期"国培计划"中小学名师领航班学员;确定 13 所院校(机构)为"国培计划"中小学名校长领航班培养基地,113 位校长为第二期"国培计划"中小学名校长领航班学员。领航班学员的选拔面向中小学特级教师、正高级职称教师和优秀中小学校长,通过 3 年一周期的跨年度、分阶段、递进式培训,采取集中培训、网络研修、访名校培训、交流访学、返岗实践、成果展示等方式,帮助教师拓展专业知识、塑造教学风格,帮助校长提升领导力、优化管理能力,凝练教育思想、生成标志性成果,着力培养造就一批具有鲜明教育思想和教学模式、能够引领基础教育改革发展的教育家型卓越教师和校长。同时,引导支持参训教师校长以深度贫困地区为重点开展教育扶贫,加强对口支援、协作帮扶等社会服务,辐射带动当地基础教育事业发展和质量提升。[①]

"国培计划"——中小学名师名校长领航工程简称"双名"工程,按照"整体规划、个性指导、训用结合、连续培养、协同创新"的思路,为参训教师、校长建立集中培养基地、配备理论和实践双导师、搭建思想和实践示范推广平台,通过基地引领研修、导师个性化指导、参训教师校长示范提升等方式,对参训教师校长进行有针对性的培养。[②] 一是深度学习。培养基地组织参训教师校长采取选修课程、研读名著、同伴互助、听取名家讲坛、境内外实地研修考察等形式,引导参训教师校长自主学习,针对有关教育问题进行深入的理论探究和实践探索。二是导师指导。导师组织参训教师校长采取课题研究、项目合作、跟岗学习、发表成果、反思实践等形式,对参训教师校长进行个性化培养,帮助参训教师校长凝练思想。三是示范提升。在地方教育行政部门的支持、培养基地的指导下,参训教师校长通过建立名师名校长工作室、与薄弱学校结对帮

---

① 《教育部公布示范性国培项目实施方案》,《重庆与世界》2018 年第 6 期,第 43 页。
② 孙福胜《中小学校长培养相关问题探析——基于马克思主义人的全面发展理论视角以首期名校长领航班为例》,《中小学教师培训》2019 年第 1 期,第 23 页。

扶、巡回讲学、名师名校长论坛、成果展示等形式,宣传推广自己的教育思想,引领其他学校教师校长开展理论和实践研修,提升办学理念能力,在示范引领过程中进一步检验、丰富、提升教育思想。

"双名工程"是全国中小学教师校长培养的最高班次,旨在充分发挥名师名校长的示范引领作用,探索教育领军人才培养的有效模式,营造教育家脱颖而出的制度环境,着力建设新时代高素质专业化创新型教师队伍,也为各地名师名校长的培养提供了培养模板。①

除上述培训项目体系外,各地以多种途径建立教师全员培训项目体系,比如,青岛市除了以校本培训为途径外,借助全省远程网络研修,构建教师全员培训体系。2018 年,青岛市高中(含职业学校)、初中、小学、幼儿园共有 2216 所学校的 87683 名教师参加远程研修,2019 年增加到 93735 名,通过"分级管理—分层实施—分步推进"的管理模式,构建了"市、区、校"三级行政管理体系和"指导教师—研修组长—学员"三级业务指导体系,提升教师的整体素质。

其他省市根据本市实际情况需要,开展相应培训。如北京市对新教师施行"青蓝计划",帮助青年教师对接未来社会未来教育的要求,着力培养一批教育教学综合素质良好,在管理、科研或教学某一领域具有专长的,在北京基础教育领域发挥示范引领作用的优秀青年教育人才。为提升校长办学治校能力,根据校长成长规律,各地纷纷建立以任职—提高—骨干—名校长为链条的校长培训项目体系,在此不再一一介绍。

## 第二节　管理体系建设

管理大师彼得·德鲁克说过:"员工是企业的唯一资产!"培训正是使这种资产获得"增值"的不可或缺的方式,而培训管理又是使得培训发挥其有效性的必要手段,培训管理体系的构建和架设,是完善培训管理、提高人才队伍素质的重中之重。培训管理体系的构建主要包括培训项目管理、培训过程管理、

---

① 《全国学生"学宪法讲宪法"活动启动仪式举行》,中国教育报,《基础教育参考》2018 年第 13 期,第 79 页。

培训学分管理等。

## 一、培训项目管理

所谓培训项目管理，就是培训项目的管理者，在有限的资源约束下，运用系统的观点、方法和理论，对培训项目涉及的全部工作进行有效地管理，即对从培训项目立项开始到项目结束的全过程进行计划、组织、指挥、协调、控制和评价，以实现培训项目的目标。[①] 进而推进培训工作科学化、制度化、规范化。下面以青岛市为例，对培训项目管理的有关内容进行阐述。

青岛市于 2013 年发布了《青岛市中小学教师市级培训项目管理办法》，对市级培训项目的统筹管理、申报审批、经费管理、组织实施、考核评估等均做出了规定和部署，为市级项目的管理提供了依据。《管理办法》明确了青岛市中小学教师培训以坚持科学发展观为指导，贯彻落实教育规划纲要，围绕教育改革发展的中心任务，紧扣培养造就高素质专业化教师队伍的战略目标，坚持全员与骨干并举，城区与农村统筹，通识与专题兼顾，构建名优骨干教师培训体系、农村教师培训体系和全员培训体系，全面提高教师素质，为率先实现教育现代化，建设人力资源强市提供师资保障。

### (一)培训项目管理的原则

《管理办法》要求必须遵循以下原则。一是以人为本，按需施教。按照党和国家的要求，把握教师成长规律和教育培训需求，分级、分类开展培训，激发教师学习的内在动力和潜能，增强培训的针对性和实效性。[②] 二是面向全体，学以致用。落实教师终身学习的理念，创造人人皆受教育、人人皆可成才的条件，大规模培训教师，不断提高教师素质，实现培训的规模和质量、效益的统一。三是改革创新，科学发展。创新培训内容，改进培训方式，整合培训资源，优化培训队伍，推进教师培训的理论创新、制度创新和管理创新。

### (二)培训项目的组织管理

《管理办法》中明确指出，市教育局人事处作为青岛市中小学教师培训的牵头处室，负责项目的统筹规划、总体部署、项目审批、考核评估；计财处负责

---

① 蔡文婷《移动通信供应商培训项目质量管理》，《中国优秀硕士学位论文全文数据库》2011年，第52页。

② 李晓葵《发挥远程教育优势 创新干部培训模式》，《湖南行政学院学报》2007年第3期，第64页。

各类市级培训项目的经费保障和监管;办公室负责审核各类市级培训项目的食宿标准及培训地点等;市中小学教师培训中心具体负责主要市级培训项目的组织实施及协调工作。市教育局机关各处室须根据局统一安排,提前半年将教师培训需求及拟开展的培训项目计划报人事处,经局长办公会研究通过,报市财政局进行专项资金预算安排项目评审,经评审通过后,由办公室正式发文通知,无特殊原因不得举办其他班次。对未列入审批范围的培训项目,办公室不予发文,计财处不予安排经费,基层单位不派员参加并可向市教育局举报。市教育局各处室要严格执行培训项目申报审批制度,深入开展调研,确定培训项目,按需开展培训。

### (三)培训项目的经费管理

《管理办法》中要求,市级培训项目的经费原则上由市教育局教师培训专项经费统筹解决。各培训项目应细化预算编制,强化预算约束。年度预算确定后,除因政策调整等因素外,原则上不再追加预算。承担市级培训任务的处室要在培训班举办前,详细列出培训时间、地点、内容、形式和经费安排。食宿等标准由办公室确定;培训地点由举办处室与办公室商定,原则上安排在市中小学教师培训中心,确需安排在其他地方的,各项支出要严格执行局机关财务管理规定。承担市级培训任务的单位应严格执行预算,对培训经费的收支情况按培训项目单独建账,接受财务监督、指导和专项审计。专项培训经费主要用于支付教师课时费、场地设备损耗费、资料费、学员食宿费及管理成本等。培训机构不得向参训学员乱收费。一经发现查实,将予以处理,并取消今后承办培训资格。市级培训项目经费的拨付须按培训项目实际开支情况列出明细,不得超出预算。

### (四)培训项目的组织实施

《管理办法》中要求,市级项目一经确立,承办单位须严格按计划启动培训工作,不得随意更改项目方案。承担市级培训任务的单位需加强培训需求调研,针对学员实际需求设置培训课程,科学、规范、优化培训过程,实施菜单式培训,增强培训实效。[1] 承担市级培训任务的单位要建立教师培训管理档案,

---

[1]　唐令中《中小学教师远程培训的问题与对策》,《发明与创新:教育信息化》2014年第2期,第26页。

逐步实现教师培训管理信息化、制度化,做好参训学员的入学建档、培训考核和跟踪指导等工作。培训单位要根据考勤情况、学习过程、专题研究、成果展示、实践研修等制定出考核标准及考核办法。培训期间,参训学员因各种原因缺席超过总课时10%者,培训不予结业。参加市级培训的学员请假需履行书面手续。请病假凭区(市)级以上医院手续办理。请假半天以内,由项目承办单位批准;一天及以上,由相关处室批准。

### (五)培训考核评估

《管理办法》指出,质量考核过程坚持公开透明、公正公平,科学规范质量评价的程序和环节,使考核结果能够真实反映全市中小学教师市级培训工作实际状况。青岛市中小学教师市级培训质量考核标准指标体系共有培训计划、培训师资、培训管理、培训效果4个一级指标,培训目标、培训课程、培训形式、计划实施、结构合理、专业水平、教学方法、管理组织、教学管理、资源建设、学员管理、后勤管理、经费管理、培训绩效、学员满意度、成果体现等16个二级指标构成。承担市级培训任务的单位,注重学员考核、信息反馈、跟踪指导,促进教师专业发展,提高教师培训工作质量和效益。培训结束时,对学员进行综合考核,并按照培训学员总数的10%评选表彰优秀学员。人事处负责对中小学教师市级培训质量进行监测与评估,通过现场考察、满意度调查等方法,适时引入第三方考核评估,考核评估结果作为审批今后举办培训班次的依据。市中小学教师培训中心负责各类市级培训项目继续教育学分平台登记和局属学校继续教育证书的年度审核工作。中小学教师继续教育学分是教师职务聘任、晋级的依据之一。未经市教育局公布并纳入年度培训计划的项目,不得进行继续教育学分登记。

### 二、培训过程管理

在知识经济快速发展的时代背景下,为了更好地适应社会经济和文化发展需要,人们需要通过持续学习来获得适应时代发展的基本技能和素质。[1] 教师作为教育教学管理的主体,更需要通过不断学习提升自我。而培训作为教师继续教育的主要途径,在教师个人成长和教育事业发展过程中发挥着重要

---

[1]　申霞《提升青年教师区级培训管理质效的对策研究》,《辽宁教育》2019年第10期,第41页。

作用。为加强教师培训的管理工作,过程管理至关重要。培训的过程管理是培训管理中一个重要的维度,培训过程管理使得培训的进行流程化、规范化、专业化,科学合理的培训过程管理能够使培训课程发挥最大的作用,使得培训有用而有效。

培训过程共分为需求调查、制定计划、课程开发、培训实施、效果评估五个环节。培训需求调查是培训效果得以保障的基础和制定培训计划的前提[①],培训计划是整体培训工作的总的纲要和执行框架,课程开发是保证培训的有针对性和适用性的重要环节,培训实施是培训的展现,效果评估是检验培训的效果并进行持续改进的依据。培训过程最终形成一个闭环,并且培训过程中的前一个环节工作做得越好,后面环节的工作就越容易。对于每一个环节如何做,前面已有涉及,在此不再赘述。我们把培训过程的各个环节细化成了过程管理清单,共 49 项,项目团队依据清单完成培训过程管理(表 7-1)。

表 7-1　青岛市中小学教师培训中心培训过程管理事项清单

| 青岛市中小学教师培训中心培训过程管理事项清单 (四十九项) | | | |
|---|---|---|---|
| | | 任务 | 具体工作细则 |
| 前期准备 | 1 | 培训方案 | 根据省市文件及教师发展需求,制定培训方案 |
| | 2 | 收发文件 | 根据培训规划及方案,制定文件并提前提交给领导审批签发、下发及收发报名表等(培训需求调研问卷二维码在文件中一并下发) |
| | 3 | 课程制定 | 根据培训规划和文件要求,参考需求调研问卷,提前制定课程并提交领导审核 |
| | 4 | 培训指南制定 | (1)培训通知文件(2)致学员信(3)服务提示(4)建立微信群(5)简报制作要求(6)班委成员及职责(7)课程安排(8)通讯录及班组安排(9)座次表等 |
| | 5 | 落实开班发言学员 | 提前确定并联系开班发言学员,审核发言稿,做好开班发言准备 |

---

① 陈茜《强化培训流程质量管理,提高局属培训基地培训组织效率》,《铁路节能环保与安全卫生》2017 年第 6 期,第 329 页。

（续表）

| | 任务 | 具体工作细则 |
|---|---|---|
| 前期准备 | 6 设备检查及维护 | 提前检查教室电源、电脑、音响设备、话筒、翻页笔、无线WIFI、外联设备等是否正常使用并排除故障，保证设备正常安全使用 |
| | 7 安全协议及承诺 | 提前打印并于开班时指定班长组织所有学员签字（本协议需盖章） |
| | 8 请假条 | 提前印制请假条，班会时严格强调请销假制度，要求学员请假必须提前 |
| | 9 走读安全协议 | 提前打印并于开班时指定带队领导组织走读人员签字，同时填写请假条，然后复印一份给传达室，原件给班主任 |
| | 10 报警卫室材料 | 打印学员信息（含驾车学员车牌号信息）及走读签字等，便于进出校门安全管理 |
| | 11 食宿管理处 | 培训文件及学员住宿信息等情况提前发给食宿管理处，食宿管理处提前做好各种准备工作 |
| | 12 签到表印制 | 提前印制第一天考勤表（含驾车学员车辆信息），并于第一天内核对纠正学员信息，改正后第二天重新打印其余考勤表，指定班长负责每天上下午分别考勤。培训结束所有表格交给班主任 |
| | 13 制作电子屏（大厅用） | 提前制作，包含培训名称、时间提醒、报到须知、微信建群等事项 |
| | 14 开班PPT | 提前制作，会议室背景电子屏用 |
| | 15 班会PPT | 强调安全、学习纪律、生活纪律、外出纪律、评优机制及破冰活动等 |
| | 16 桌牌 | 主席台人员及讲课专家桌牌打印 |
| | 17 学籍表格 | 提前印制学籍表格并确定填写时间及要求 |
| | 18 开班典礼 | 提前确定主持人、出席领导、落实学员发言人等主席台就座人员 |
| | 19 集体合影 | 落实拍照人员、地点、时间及出席领导 |

（续表）

| | 任务 | 具体工作细则 |
|---|---|---|
| **前期准备** | 20 召开班会 | 提前明确班会主讲人,制作班会 PPT,开班典礼合影后召开班会 |
| | 21 签字册页 | 根据每期需要,提前准备 |
| | 22 带队领导专题会议 | 第一天开班典礼前召开带队领导及班委专题会,落实职责及分工,强化安全责任及请(销)假制度等 |
| | 23 提前布置结业汇报 | 提前落实汇报人员并提前准备汇报课件 |
| | 24 落实考察学校 | 根据课程安排与相关部门沟通确定外出学习项目学校及日程 |
| | 25 落实外出学习承办方车辆等事宜 | 外出学习时车辆信息(座位、牌号)、司机信息及车况安全等 |
| | 26 落实外出学习事项 | 落实外出人员人数、车辆安排及带队负责人、午餐准备事项,并提前一天通知学员外出注意事项(外出纪律安全、身份证、饮水工具、雨伞等),提醒学员往返带好随行物品等 |
| | 27 学员总结 | 修改模板,正反打印,每人一份,提前发给学员,结业前完成 |
| | 28 学员证 | 根据要求,如果需要须提前确定数量并安装 |
| | 29 材料装袋 | 提前装袋,报到时分发 |
| | 30 专家简介 | 根据课程安排,提前准备专家简介 |
| | 31 专家对接 | 提前与专家沟通,包括专家接送及费用支取需要的相关信息等 |

| | 任务 | 第一天 | 第二天 | 第三天 | 第四天 | 第五天 |
|---|---|---|---|---|---|---|
| **过程记录** | 32 准备(开门、开机、空调门窗及卫生、饮水等) | | | | | |
| | 33 上午课程中(专家介绍及服务) | | | | | |
| | 34 专家信息及签字等 | | | | | |
| | 35 午间教室管理 | | | | | |

（续表）

| | | 任务 | 第一天 | 第二天 | 第三天 | 第四天 | 第五天 |
|---|---|---|---|---|---|---|---|
| 过程记录 | 36 | 午间专家服务 | | | | | |
| | 37 | 下午课程中（专家介绍及服务） | | | | | |
| | 38 | 专家信息、协议及签字 | | | | | |
| | 39 | 下班后教室管理（教室卫生、开关电器门窗等） | | | | | |
| | 40 | 晚间管理（请假及秩序管理等） | | | | | |
| | 41 | 简报情况 | | | | | |
| | 42 | 签到情况 | | | | | |
| 后期事项 | 43 | 住宿人员须知 | 提前一天通知住宿人员退房时间及注意事项 | | | | |
| | 44 | 电子调查问卷 | 提前制作问卷微信二维码，最后一天布置问卷 | | | | |
| | 45 | 结业证书填写及分发 | 填写盖章，结业前分发 | | | | |
| | 46 | 优秀学员评选及证书 | 提前一天通知带队领导，协同班委于结业前最后一天上午上班前确定并把名单上报班主任，打印，盖章 | | | | |
| | 47 | 结业典礼准备及过程 | 落实主持人、出席领导、主持发言等 | | | | |
| | 48 | 回收材料事项 | 提醒带队人员回收：(1)签到表、(2)请假条、(3)总结、(4)签字本、(5)学籍表、(6)学员安全协议、(7)走读安全协议、(8)学员证等相关材料，整理存档照片（开班、合影、结业、发奖、每天讲课专家、每天活动材料等） | | | | |
| | 49 | 培训结束 | 开好结业典礼并强调归途安全，与班长对接有关事项，并检查培训场所安全事宜等 | | | | |

　　学员是培训的主体，培训是否成功，学员的收获情况是我们培训是否取得成效的见证，基于此，笔者认为，在培训过程管理中的学员管理至关重要，所以本文将过程管理中的学员管理作为重点进行论述。

### （一）入学与注册

青岛市规定，参加培训的学员必须持相关证件，按规定时间到培训组织单位报到并办理入学手续。因特殊原因不能按期报到者，必须由所在教育行政主管部门报市教育局批准后方可延期报到，报到时必须携带相关证明。无故逾期不到者，取消培训资格。参训学员按培训要求进行信息注册，建立参训档案。

### （二）纪律管理

对于参训纪律，青岛市有严格的规定，参训学员须严格遵守培训纪律管理条例，如有违反，按照"一次提醒，二次警告，三次通报"的原则进行处理，情节严重的开除学籍，全市通报。具体纪律管理条例包括：①要遵纪守法，遵守社会公德，遵守培训的规章制度；②端正学习态度，服从培训安排，积极配合管理人员完成培训任务；③按照统一安排准时上课，不得迟到、早退、旷课，迟到、早退三次或迟到早退一次超过 20 分钟的按旷课一节考勤，若有极特殊情况，须书面向市教育局请假，阐明请假理由，累计缺勤超过 1 天视为不合格，不予颁发结业证书；④保持教室及周围环境的安静，严禁大声喧哗，上课时不得随意交谈、随意进出教室，保持正常的教学秩序；上课期间请将手机等通信工具关闭或调入静音状态，严禁在上课期间接打电话；⑤上课要认真听讲，讨论时踊跃发言，积极参加各项主题活动，以做到资源共享，共同提高；⑥培训作业要及时、认真、独立完成，按时上交，未按时上交者以未完成处理，1/3 以上作业未完成或不合格者，不能颁发结业证书；⑦每天的课程学习结束之后，学员要本着认真、负责的态度对当天教师授课进行即时评价；⑧爱护教室内的课桌椅、音响、投影、电脑、白板等各类教学设备，未经允许擅自使用或由学员本身恶意造成损坏的须按价赔偿；⑨养成良好的公共卫生习惯，教室内禁止吸烟、吃零食，自己的垃圾要及时清理，自觉维护教室和公共环境的整洁；⑩学员上课、外出、就餐须佩戴学员证，学员外出必须两个人以上，确保安全，且要在规定时间前返回；⑪培训期间禁止喝酒、赌博、斗殴等，要自觉维护人民教师的文明形象；⑫学员要保持宿舍清洁卫生，节约水电，注意保管好自己的财物，安全用电；⑬就餐时要按组就座，有序就餐，保持桌面和地面的整洁；⑭在公众场合，学员必须保持仪表端庄整洁、衣着大方得体，注意自身言语和肢体语言文明。

### （三）考核与成果管理

考核成绩一般采用等级制，考核内容主要包括集中研修出勤及纪律情况、学员手册的完成情况、各项主题活动的参与情况等。学员在培训结束后三个月内提交一篇关于培训后的实践与思考的文章，结束后一年内提交本年度的教育教学成果。青岛市中小学教师培训中心分类汇编成册。

### (四)档案管理

培训档案是指在培训管理和培训实践活动中直接形成的，具有保存价值的文字、图表、音像等各种载体材料的总称。一方面，它真实地记录了培训管理和培训实践活动的全过程，反映了培训的主要职能和历史面貌；另一方面，对今后的培训与研究，包括培训方式、方法的改进，教学计划的制定和实施等都是不可缺少的重要信息资源。因此，培训档案应在每个培训项目完成后第一时间建档留存。档案管理有着严格规定，内容涉及培训通知、培训指南、培训方案、应急预案、安全协议书、开班典礼议程、开班典礼主持词、开班典礼领导讲话稿、开班典礼学员代表发言稿、结业典礼议程、结业典礼主持词、结业典礼领导讲话稿、培训简报、培训成果汇报、合格学员名单、优秀学员名单、签到表、培训工作总结、学员车辆登记、会议记录、学员培训总结、培训需求和满意度调查问卷、学员学籍管理表、培训协议、出行服务合同、外出考察报告、培训照片、过程性明细清单等二十余项内容，且每项内容都需要纸质版与电子版双重保险，这样形成的培训档案既可以真实反映培训实际，又可为后期培训提供借鉴。

## 三、培训学分管理

### （一）教育部出台《关于大力推行中小学教师培训学分管理的指导意见》

为完善五年一周期的教师全员培训制度，进一步激发教师参训动力，促进教师终身学习，不断提升教师能力素质，教育部于 2016 年 12 月发布了《关于大力推行中小学教师培训学分管理的指导意见》（教师〔2016〕12 号）。《指导意见》要求推行教师培训学分管理，深化培训管理改革。针对当前教师培训中不同程度地存在的重项目设计、轻整体规划，重统一培训、轻教师选学，重短期学习、轻持续提升，重学时认定、轻结果应用等问题，各地要以大力推行教师培训学分管理为抓手,着力构建培训学分标准体系,科学规划培训课程,积极推行教师培训选学,完善培训学分审核认定制度,建立健全培训学分转换与应用机制,深化教师培训管理改革,进一步提升培训质量。《指导意见》对省级教育行政部门和地方各级教育行政部门、区县级教育行政部门、学校的职责进行了明确,为教师的继续教育学分管理提供依据。

《指导意见》提出,省级教育行政部门要依据国家制定的教师专业标准、教师教育课程标准和教师培训课程标准等相关规定,结合本地中小学教育教学实际需要和教师专业发展需求,分层、分类、分科建立教师培训课程体系,合理设置必修课程与选修课程,对不同层次与类型的培训课程赋予相应学分。培训课程分层应以教师发展阶段为基础,以能力诊断为依据,根据教师年度发展和周期性发展需求,进行递进式设计,推动教师持续成长。地方各级教育行政部门制定教师培训规划、培训机构研发培训项目与课程、教师规划职业发展和进行培训选学要将培训学分标准作为基本依据。教师参加经县级以上教育行政部门审核确认的教研活动,可纳入培训学分。有条件的地区要推行教师自主选学,支持教师自主选择培训课程、培训机构和参训时间等。

地方各级教育行政部门要依据教师培训学分标准,分层制订教师培训规划,明确培训核心课程,为培训机构针对不同层次的教师开发系列化、周期性的培训课程提供依据。培训机构要重视培训课程开发,科学制订培训课程建设计划,着力提升培训团队课程研发能力,努力提供针对性强、特色鲜明的系列化培训课程。教师要制订个体发展规划,通过能力诊断,明确所处发展阶段和培训需求,提出培训选学菜单,为教育行政部门和学校制订培训规划、设计培训项目、遴选培训机构、开展培训绩效评估提供依据。中小学校要制订校本研修规划,有针对性地设计校本研修项目、开发校本研修课程,着力解决教师日常教育教学问题,促进教师自主发展。区县级教育行政部门要切实加强对中小学校本研修规划设计及实施成效的审核评价。省级教育行政部门要科学确定教师培训学分结构体系,明确学分总量,提出国家、省、市、县、校等不同级别培训以及教师自主研修的学分比例要求,规范引导地方教育行政部门和中小学校为教师提供多样化、个性化的培训服务。合理制订培训学时与培训学分转换办法,应体现培训级别和学员学习成效差异,培训级别越高学时的学分值越高,学员学习成效越好同一培训学时的学分值越高。一线优秀教师承担培训任务应按照培训级别不同折算相应学分。

省级教育行政部门要遵循"中小学校申报、市县审核、省级认定"的流程，规范教师培训学分审核认定程序，确保认定结果客观有效。培训任务承担机构要及时将学员参训情况及学习成效反馈至有关教育行政部门或所在中小学校。市县级教育行政部门要建立教师培训档案，记录教师所学课程、学习成效和学时学分等关键信息。中小学校按相关要求定期申报教师培训学分，市县级教育行政部门按年度进行审核，并将结果反馈教师所在中小学校。省级教育行政部门要按周期对教师培训学分进行认定，并将结果反馈市县。要将教师培训学分与教师管理、学校考评和教育督导工作相结合，推动地方和学校加强教师培训工作，激发教师参训动力。严格落实教师培训学分作为教师资格定期注册必备条件，每个注册有效期内，教师须完成省级教育行政部门规定的培训学分，方能注册合格。[①] 将教师培训学分作为教师职称评聘、绩效考核、评优评先的必备条件。将教师培训学分管理纳入学校办学水平评估、校长考评和县级教育督导的指标体系。加强教师培训学分监测与通报，分级落实监测责任，及时发布年度和周期监测报告。

国家对各地开展教师培训学分管理工作进行宏观指导。省级教育行政部门统筹教师培训学分管理的组织实施工作，依据本意见制订教师培训学分管理实施办法并报教育部备案，加快推进培训学分标准研制和信息化管理平台建设，对市县培训学分管理工作进行指导和监测评估，做好周期性教师培训学分的认定工作。市县教育行政部门要制订本地教师培训学分管理实施细则，健全培训学分管理组织机构，做好培训学分审核工作，加强对学校参与相关工作的指导与监管。学校要科学规范地开展教师培训学分申报与管理，真实有效反馈教师培训学习成效。

### (二)上海市"十三五"中小学、幼儿园教师培训学分管理办法

各省、市、区纷纷出台相关的学分管理办法。如上海市 2016 年颁布了《上海市"十三五"中小学、幼儿园教师培训学分管理办法》，以"发挥主体性、突出针对性、扩大开放性、注重实效性"为原则，实行统一要求与分类分层分科管理

---

① 侯龙龙、朱庆环《教师专业发展的政策分析自主支持的专业发展与"任务式"的专业发展》，《教育科学研究》2018 年第 4 期，第 72 页。

相结合,健全"市级指导、区县负责、学校落实、教师自主"的培训学分管理运作机制,推进教师培训学分信息化管理,进一步激发教师参训动力,促进教师终身学习。从学分要求、学分折算、学分冲抵、学分应用、学分管理等五个方面进行了明确规定。其亮点是学分要求非常详细,便于操作,内容如下。

(1)每位教师在五年内累计培训不少于 36 学分,其中师德与素养课程不少于 12 学分、知识与技能课程不少于 12～14 学分、实践体验课程不少于 10～12 学分。同时,原则上要求每位教师参加市级共享课程学习不少于 4～7 学分,其中师德与素养课程不少于 1～2 学分、知识与技能课程不少于 3～5 学分(含信息技术应用能力提升通识课程培训 1 学分);参加区级课程学习不少于 11～14 学分,其中师德与素养课程不少于 2～3 学分、知识与技能课程不少于 9～11 学分(含信息技术应用能力专业课程培训 3 学分);参加校本研修不少于 15～18 学分,其中师德课程不少于 4～5 学分、素养课程不少于 1～2 学分、实践体验课程不少于 10～12 学分(含信息技术应用能力实践应用课程培训 1 学分)。

(2)充分发挥教师专业发展学校自培功能,上海市教师专业发展学校的教师五年内参加市级和区(县)级学习不少于 6 学分,其中涵盖师德与素养课程、知识与技能课程、信息技术应用能力提升通识课程和专业课程;参加校本研修不少于 30 学分,其中师德课程不少于 4～5 学分、素养课程不少于 2～3 学分、实践体验课程不少于 19～22 学分(含信息技术应用能力实践应用课程培训 1 学分)。

(3)满足教师个性化培训需求,每位教师在五年内修满 3～5 学分的自主研修学分,其中区级学分 3～4 学分,校级学分 1 学分,计入在职教师岗位培训学分总量。上海市教师专业发展学校的教师其自主研修学分全部纳入校级学分。

(4)新任教师须参加"上海市见习教师规范化培训"不少于 12 学分。

(5)班主任教师五年内须参加专题培训不少于 3 学分,纳入区级学分,计入在职教师岗位培训学分总量。

(6)教师培训者每年参加专题研修不少于 7 学分,纳入市级和区级学分,计入在职教师岗位培训学分总量。

(7)高级教师五年内在完成 36 学分基础上,须增加以教育研究、引领辐射为主的个性化自主研修,完成不少于 18 学分。其中带教指导、课程开发、课题研究等不少于 14 学分。

(8)新任校(园)长或拟任校(园)长须参加任职资格培训不少于30学分，在任校(园)长五年内完成不少于36学分的全员培训，其中参加脱产培训不少于18学分。

(9)中小学、幼儿园中层干部(包括青年后备干部)须参加岗位技能培训，五年内研修不少于9学分，纳入区级学分，计入在职教师岗位培训学分总量。

(10)区县教师进修院校(校)院长，五年间内参加市级研修不少于10学分，计入在职教师岗位培训学分总量。

(11)2016年以后获评聘高级教师职称的教师，逐年递减自主研修学分；2016年以后进入教育系统的新教师，逐年递减培训学分。上述两类教师的须修学分具体要求由区县自行制定。

上海市浦东新区相应出台了"十三五"教师培训学分管理办法，对学分要求及实施主体、学分认定标准、学分冲抵和免修、学分管理进行了进一步细化。

如对于培训的学分要求针对不同的教师类别，有不同的要求。

表7-2　浦东新区"十三五"教师培训的学分要求

| 教师类别 | 培训学时 | 课程结构与学分要求 | | | | | | 学分总计 |
|---|---|---|---|---|---|---|---|---|
| | | 必修 | 选修 | | 研修 | | | |
| | | 专业 | 专业 | 通识 | 教研 | 科研 | 学校研修 | |
| 初级职称教师 | 360 | 4 | 4 | 4 | 5 | 0~2 | 17~19 | 36 |
| 中级职称教师 | 360 | 4 | 4 | 4 | 5 | 0~2 | 17~19 | 36 |
| 高级职称教师 | 540 | 7 | 4 | 4 | 5 | 4 | 30 | 54 |
| 区级学科带头人、骨干教师 | 540 | 7 | 4 | 4 | 5 | 4 | 30 | 54 |
| 实施主体 | | 市 | 区或教师专业发展学校 | | 市或区 | | 校 | |

对于学分认定的标准表述如下。

(1)必修课程、选修课程和研修课程均为每10学时计1学分。本区课程在培训实施过程中，每半天除参加4学时的集中学习之外，还需自主完成不少于1个学时的泛在学习。因此每半天的学习计5学时。

（2）网上研修按参与度、贡献度和影响力换算教研学分，换算方式另定。

（3）鼓励教师将教育教学中的问题转化成课题进行研究，完成区级及以上立项课题研究，主持人记 4 个区级科研学分，有贡献的参与者记 2 个区级科研学分。

（4）学校研修课程的学分认定包括过程学分和成果学分两部分，教师专业发展学校和校本研修学校可以在专项管理组的指导下，由学校自主认定过程学分，认定标准见表 7-3、7-4。

表 7-3　学校研修课程的过程学分认定标准

| 类别 | 研修活动 | 学分认定标准 | |
|---|---|---|---|
| 学习 | ①读书 | 每精读一本书，并在校园网上发表一篇读书心得记 1 分 | 分学年认定学分，②～⑥类活动累计参与 6 次认定 1 学分。另每带教一位见习教师达到合格标准记 1 学分 |
| | ②听学术讲座 | 有记录（含讲座人、主题、时间、地点和内容等） | |
| | ③参加署级及以上学术活动 | 有学术活动记录（含学术会议或学术活动名称、主题、时间、地点和内容等） | |
| | ④观课评课 | 记录参与过程、主要内容和自己的感悟 | |
| 实践 | ⑤校级课题研究 | 记录参与课题的任务承担情况和活动情况 | |
| | ⑥解决教育教学问题的专题研讨 | 记录专题研讨的过程、内容和自己的感悟 | |

表 7-4　学校研修课程的成果学分认定标准

| 类别 | 研修活动 | 学分认定标准 | | | | |
|---|---|---|---|---|---|---|
| | | 校级 | 署级 | 区级 | 市级 | 国家级 |
| 成果 | 发表论文 | 1 | 2 | 3 | 5 | 8 |
| | 论文、教具、教学比赛等获奖 | 1 | 2 | 3 | 5 | 8 |
| | 课题（项目）研究成果 | 1 | | 主持人记 4 个区级科研学分，有贡献的参与者记 2 个区级科研学分 | | |
| | 公开课展示 | 1 | 2 | 3 | 5 | 8 |

### (三)青岛市加强中小学教师培训学分登记管理应用工作

山东省教育厅、人力资源和社会保障厅印发了《山东省中小学教师继续教育学分管理办法的通知》,统筹规范全省的学分管理工作。青岛市于2017年出台了《关于加强中小学教师培训学分登记管理应用工作的通知》,从健全教师培训学分标准体系、规范教师培训学分登记管理、强化教师培训学分应用、保障教师参加培训权利四个方面做了明确的规定。

比如在健全教师培训学分标准体系中,明确培训学分结构体系,各级各类教育机构要明确职责,为教师提供足够的培训机会。教师培训原则上每五年为一个培训周期,每周期内,中小学教师应完成不少于360学分且每年不少于48学分。中小学在职教师参加县级及以上教育行政部门或会同有关部门提供的培训课程不少于240学分,其中参加市级、区(市)级培训课程(含市级教师个性化培训)不少于60学分,参加校本研修不超过120学分。规范培训学分标准,教师参加市级、区(市)培训课程和校本研修,完成学习任务,经考核合格,依据课程类型及其重要性折算学分,原则上1小时为1学时,1学时计算1学分。参加国民教育系列提高学历(学位)教育,在读期间学业成绩合格,本学年培训学分记72学分,新任中小学教师试用期培训不少于120学时,经考核合格记72学分,在教育行政部门和学校认可的各类培训中,担任主讲教师、课程专家和指导教师的,完成工作任务可按其承担的培训学时数的两倍登记培训学分。

青岛市级教师培训主要承担新教师、骨干教师(校长)、青岛名师(名校长)培训,统筹部分基于教师需求的个性化培训,为全市教师队伍建设分层搭建若干培训平台,促进全市教师队伍梯队发展,其学分标准见表7-5。

表7-5

| 培训项目 | 学分标准 | 学分审核认定要求 |
|---|---|---|
| 青岛名师培养工程 | 按照青岛名师培养方案,达到年度培养目标要求,每年计72学时,72学分 | 承担培训项目单位落实培养方案,通过"教师教育平台"上传培训情况资料,名师培养人选参加培训评价合格后,在次年1月上旬登记学分 |

（续表）

| 培训项目 | 学分标准 | 学分审核认定要求 |
|---|---|---|
| 青岛名师、名校长工作室研修 | 工作室按照年度研修目标要求开展研修活动，自评和考核符合年度计划要求，成员每年计 36 学时，36 学分；主持人计 72 学时，登记 72 学分 | 主持人通过"教师教育平台"上传研修情况资料，年度自评和考核符合年度计划要求，在次年 1 月上旬登记学分 |
| 骨干教师（校长）等市级培训 | 培训课程要基于骨干教师发展需求，体现分类、分科要求，根据培训评价结果确定参训教师学分。一般情况下，根据实际培训学时计算，1 学时 1 学分，承担培训任务的教师（校长）按照 2 倍授课学时赋学分 | 承担培训项目单位通过"教师教育平台"上传培训情况资料，参训教师参加第三方网络评价合格后，随即登记学分 |
| 新教师培训 | 根据新教师情况涉及培训课程，第一年要达到 120 学时以上，按 72 学分登记。新教师见习期结束后，参加培训，根据实际学时计算，1 学时 1 学分 | 承担培训项目单位通过"教师教育平台"上传培训情况资料，参训教师参加第三方网络评价合格后，随即登记学分 |
| 基于教师需求的市级教师个性化培训 | 定期调研全市教师培训需求，引导培训机构基于教师个性化培训需求开发课程，教师自主选学，根据实际参训学时计算，1 学时 1 学分 | 承担培训项目单位通过"教师教育平台"上传培训情况资料，参训教师参加第三方网络评价合格后，随即登记学分 |
| 市级教研活动 | 教师参加一次教研活动，计 2 学分，其中承担市级公开课、城乡交流活动、典型交流活动等教学任务的教师计 4 学分，在学科专题研讨会、课程与教学年会、学科德育一体化培训、各学段联盟主题会议、高三一二三轮研讨会、学科素养提升培训等专题教研活动中，承担出课（讲座或者大会主旨发言）的教师计 3 学分 | 由市教科院负责教研活动考评，通过"教师教育平台"上传考评合格教师的名单、教研活动通知、活动资料等，并在活动结束一周内登记学分 |

（续表）

| 培训项目 | 学分标准 | 学分审核认定要求 |
|---|---|---|
| 省互联网＋教师专业发展 | 教师在规定时间内完成必修课程研修任务，计18学分，完成选修课程研修任务，计18学分 | 根据学习任务完成情况，"教师教育平台"系统自动登记学分 |
| 其他情况 | 由承办处室将文件依据和参训人员及培训情况等上传"教师教育平台"，由人事处据实认定，并登记学分 | |

青岛市《关于加强中小学教师培训学分登记管理应用工作的通知》中，最大的亮点是强化教师培训学分应用，将教师培训学分与教师管理、学校考评和教育督导工作相结合，把教师培训学分作为教师职称评聘、绩效考核、评优评先、教师资格定期注册的必备条件，把教师培训学分管理纳入学校办学水平评估、校长考评和县级教育督导的指标体系，以推动地方和学校加强教师培训工作，激发教师参训动力。

（1）教师培训学分作为职称评审必备条件。教师参加初级职称评审，其近一年内培训学分不少于72学分。教师参加中级职称评审时，任职一年申报人员，近一年内培训学分不少于72学分，任职三年申报人员，其近三年内培训学分不少于216学分，任职四年及以上申报人员，其近四年内培训学分不少于288学分。教师参加高级职称和正高级职称评审时，其近五年内培训学分不少于360学分。

（2）教师培训学分作为在职教师资格注册的必备条件。在职教师的教师资格证书每五年一注册，达不到五年360学分要求的教师，其教师资格证书暂缓注册。

（3）教师培训学分作为教师年度考核的依据。教师参加年度培训达不到最低培训学分要求的，其年度考核不得确定为优秀等次。

（4）教师培训学分作为评优评先的依据。教师参加市、区（市）人民政府或其教育行政部门组织的评优评先，参评者近五年内培训学分不少于360学分。

（5）教师培训学分管理纳入评估督导体系。将教师培训学分管理纳入学校办学水平评估、校长考评和县级教育督导的指标体系。加强教师培训学分监测与通报,分级落实监测责任,及时发布年度和周期监测报告。

全国各地对教师继续教育学分的管理越来越重视,建立起了比较完备的学分管理体系,积极探索个性化培训,为广大教师提供更多的培训提升机会,并借助信息化手段,建立教师培训信息化管理平台,使学分管理实现科学化、规范化、可视化。

# 第三节　培训资源体系建设

培训的正常开展,离不开培训资源的支持,资源的建设是动态生成、合作共建的系统工程。上海市徐汇区教师进修学院李文萱院长强调,教师教育资源建设要思考几个问题:为什么建? 谁来建? 建设什么? 怎么建? 资源的种类、方式、内容、层级不一样,建设的队伍、策略、路径就不完全相同,建设资源的过程比资源本身更加重要。高等教育出版社教师教育出版事业部魏振水主任认为,中小学教师培训资源建设要坚持四个原则。

第一,以师为本。为什么要建设中小学教师培训资源? 最终是为了教师的用。使用这些资源,支持教师提升教育教学和教研能力,服务于教育质量的整体提升。以教师的需要和发展为本,是教师培训资源研发的第一准则。

第二,实践取向。任务驱动、问题解决,最终都是要支持和帮助教师解决教学实践中的问题。同时,在解决问题的实践中积累、沉淀和优化资源,这非常符合教师本身就是反思性实践者的特点。

第三,公平＋个性。孔夫子讲,有教无类,用现在的话讲,就是教育公平;但孔夫子还讲因材施教,就是强调个性化。教师专业发展的阶段不同,需求各异,所以教师培训资源研发既要保证大多数教师的需要,也要满足个别教师的个性化需求。

第四,协同共建。任何一个教师培训机构都不可能穷尽所有资源地建设,只有协同建设才是出路。互联网技术、信息技术的飞速发展给协同共建带来了最便利的条件和基础。

专家资源建设、基地资源建设、案例资源建设、课程资源建设是培训资源体系建设的重要组成部分,课程资源建设在本书第四章第二节已有详细的说明,不再赘述。下面从专家资源建设、基地资源建设、案例资源建设三个方面展开介绍资源体系建设的有关内容。

## 一、专家资源建设

### (一)专家组成

培训授课专家的组成主要由以下几部分：优秀骨干教师和特级教师,教育科研机构从事教学或教师培训研究的人员,高校、研究机构的知名学者和专家,有一定社会影响力的国家级、省级教学名师,政府部门和教育行政机构的领导和专家,企业的培训师等,根据教师培训的不同需求,从多层次、多角度、多维度建设专家资源库。

### (二)遴选条件

作为市级培训的专家,首要条件是政治立场坚定,师德高尚,为人师表,身体健康,能够认真、负责、高质量地完成培训教学任务;还需要熟悉中小学教育教学实际,了解国内外教育改革发展趋势,对素质教育和课程改革有深入研究并取得一定成果;教书育人成绩突出,学术造诣较高,享有较高声誉;承担过区(市)级及以上教师培训任务,具有丰富的培训经验。专家的选拔在个人同意的基础上,主要采用邀请和推荐相结合的方式进行,形成培训专家资源库。

### (三)组织管理

对于培训专家库实行动态管理,不断充实和完善,使之始终保持充足的数量,较高的素质和合理的结构。每期培训项目可根据项目课程特点、类别、重要程度,选聘所需的专家。培训项目完成后,对专家授课进行满意度调研,形成专家讲座效果反馈评价表,作为专家动态管理的重要依据,优胜劣汰,对不称职或不能继续参与培训工作的专家,不再列入专家资源库中。作为市级培训专家,有权参加有关的会议或调研会议,有权获得相关培训的完整资料,其独立进行培训工作,不受任何单位和个人干涉;有权获得相应的劳动报酬。同时,作为市级培训专家,有义务恪守职业道德,高效科学地完成培训授课工作,并对培训工作提出的专业意见负责,要根据要求按时参加培训工作,因故未能按要求参加工作的,要及时报告并说明原因。

### 二、基地资源建设

培训教育不同于学历教育，它以提高干部教师的思想修养境界和解决实际问题的能力为目的，特别要求培训的实践性、针对性和实效性。而实践培训基地现场教学，就是把课堂移到典型经验和实践特色的现场，或具有特定教育意义的场地，通过主题讲解、参观调查、案例研究、现场感受、交流研讨等多种教学手段，以达成提升思想、锤炼思维、提高解决实际问题能力的目的。这种教学模式与培训的目的和要求高度契合。

#### (一)建设实践培训基地的目的和意义

实践培训基地现场教学，对于提高培训的理论与实践对接力度和培训对象的观察、分析、归纳能力以及教员驾驭组织能力有着重要作用。因此，加大实践培训基地建设力度，以扩充现场教学的范围和提高现场教学的频次，具有十分重要的意义。

1. 增强培训实践性

培训的根本目的，是提高干部、教师的实践技能。培训的三大块内容，即知识理论、工作技能和思想修养，都围绕实践这个中心进行。基于培训内容的广度性和系统性考虑，培训的主要形式是课堂教学。从当前各培训机构开设的课堂教学课程看，内容基本上是服务于实践。课堂教学效果如何，要通过实践来检验。这种实践检验有二：一是受训对象回到工作岗位，把所学东西运用于实践；二是培训机构开设现场教学，把受训对象拉到实践基地，或让受训对象运用课堂上所学知识理论，对现场素材进行分析，并提出解决实际问题的方案。实践基地的现场教学，不仅具有检验课堂教学效果的作用，使培训机构即时获取培训效果反馈信息，让受训对象感受自己的学习成效和发现自己的不足，且能对受训对象已有知识理论进行检验，对受训对象的发现问题、分析问题、把握关键点等思维能力和教育教学能力等等进行锻炼。[①] 总之，建设实践基地，开展现场教学，可以极大地增强培训的实践性。

2. 提高培训鲜活性

教学的吸引力和感染力，对教学效果有着重要的影响。授课专家为了增

---

① 刘远龙、洪梅《关于干部教育实践培训基地建设的思考》，《知行铜仁》2015年第4期，第38页。

强课堂生动性,在讲课过程中大量穿插具体的、生动的案例,力图使课堂富有生机和活力。但是,授课专家在课堂上举的案例,是转述,是间接的。而实践基地的现场教学,则是受训对象置身于现实的案例情境中,亲身体验、亲身实践、亲身感悟。这种教学鲜活性更加明显,受训对象的印象更加深刻。

3. 拓展培训模式

近些年来,各地的培训机构对教学方法、教学模式进行了有益的探索,突破了单一的讲授式模式,采用了研究式、案例式、模拟式、讨论式等多种教学方式,极大地提高了干部教育培训效果,提升了培训质量。实践培训基地的现场教学,就是以研究问题为中心,集讲授式、研究式、案例式、模拟式、讨论式等多种教学方式于一体。通过这种教学,既可拓宽培训对象的知识结构、拓展培训对象的视野、锤炼培训对象的思维能力和应变能力,提高培训对象研究分析问题和解决问题的能力,亦可锻炼导师的驾驭掌控能力和实际研究能力,推动导师综合素质的提升,实现教学相长的良性循环。这种在实践培训基地的现场教学,是把现场变成课堂、把素材变成教材、把讲授变成互动、把经验变成理论、把实践者变成教育者,融理论、实践、讨论、互动于一课,不仅充分体现了理论联系实际的教学原则,更推动了教学模式的发展和完善。

**(二)实践培训基地选择的原则**

凡事预则立,不预则废。基地建成后,能否发挥作用、发挥作用大小以及建成的基地能否持续运作、良性发展等问题,在选择基地建设点时都要予以考虑。

1. 基地选择的原则

一是有利于实现特定的教学目的。基地建设点,必须有针对性地选择。达成一定教学目的,是建设实践基地的核心。教学目的与实践基地的关系是内容与形式的关系。没有实质内容,形式不管如何花哨,场面无论怎样轰动,都无实际意义。在基地选点时,若不围绕教学目的进行,那么,以后在进行现场教学时,就难以规范、有序、有效地实施,导致现场教学变成游览观光、走马观花,达不成提高干部教师素质、能力的目的。

二是有利于示范带动作用发挥。俗话说,他山之石可以攻玉。学习借鉴他人的知识经验,是培训学习的一项重要内容。开展实践基地的现场教学,就是为了让学员直观感受基地的成功经验、实际体会基地的思维方法和操作思路,使其学成之后,能带动本地、本部门的发展。因此,在遴选基地建设点时,必须着眼于基地的示范效应和经验分享带动作用。

三是有助于基地自身的发展。基地建成后,要能持续运作、良性发展,需要培训机构的努力付出和基地的积极参与。对于培训机构而言,开发实践基地的目的有二:一方面加强理论与实践的对接,增强教育培训效果;另一方面为科研提供有价值、值得深入研究的素材。对于基地承办单位而言,追求的是社会效益。它们愿意承办基地,动力就来源于能够提高自己的社会影响力;所以,在选择基地建设点时,必须考虑培训机构与基地承办机构双方的需求,以他们的积极参与为前提,以有助于基地自身的发展为原则。

四是基地的成功经验具有普遍的指导意义。即"好看、好听、可学"是基地现场教学的基本要求。所谓"好看、好听",是指基地的发展面貌、发展趋势、发展经验特别耀眼,能给人视觉上的冲击;基地案例事件的成败得失、案例人物的行为事迹、案例资源的深挖细掘功夫,可给人心灵上的震撼,从而引发受训对象的思考和探索兴趣。所谓"可学",是指基地的成功做法、典型经验可以复制,基地管理人员的思维方法值得借鉴。

### (三)实践培训基地建设的模式、程序和内容

1. 基地建设的模式

实践培训基地的建设,需要培训管理机构、培训机构和基地建设承办单位的配合与协作。在合作建设过程中,各个主体单位由于所扮演的角色不同,他们的主要工作、侧重点、建设程序与流程也不尽相同。根据提出基地开发建设的主体的不同,实践培训基地可分为培训管理机构主导开发、培训机构自主开发和基地自主开发三种模式。

这三种模式各有千秋。培训管理机构主导开发的基地,是基于培训的某方面需要,具有较强的目的性、针对性和一定的行政性,资源保障相对比较充足;培训机构自主开发的基地是基于特定的教学目的和科研的需要,其优势在于有较强的理论支持和雄厚的师资力量支撑;单位自主开发的基地,是基于提高影响力和获得培训机构科研支持的目的,与培训机构之间有很强的合作性,能为培训机构提供充足的物质保障和周到的服务。

2. 基地建设的程序

实践培训基地建设是一个系统工程。俗话说,没有规矩就不成方圆。实践培训基地建设也要讲规矩。这个规矩,就是基地的建设要按一定的程序进行。基地建设的一般程序可分为以下三个步骤。

(1)申报。为了充分地挖掘资源,激发各单位的积极性,可采取推荐和自荐的形式,申报承办基地建设。申报材料,包括单位基本情况、主要做法及成效、典型经验等。

(2)评估。培训管理机构在收集各单位的申报材料后,组织人员对各单位申报资料进行核查,并详细搜集申报单位的各方面材料,然后组织相关专家进行研究评估,遴选出符合基地建设要求的初步名单。

(3)挂牌。专家组提出初步名单后,再由培训管理机构,根据实际需要进行再次审核研究,确定最终拟建基地名单,并实行统一挂牌。

3. 基地建设的内容

(1)确定教学主题。教学主题是基地的灵魂。基地建设点确定后,需要组织人员深挖材料,并从中提炼出基地教学主题。实践培训基地的资源非常丰富,但如果挖掘不够、选取不当、提炼不精,对资源就是一种极大的浪费。主题提炼可以从两个方面着眼:一是典型性,即要从基地案例的丰富材料中找出最具典型的方面,并将之提炼为基地教学主题;二是示范带动性,即基地案例的成功经验和做法,可在本区域内推广。

(2)选定导师。导师的选择是决定实践培训效果的关键。在整个实践培训基地的教学中,导师起着引导作用。这好比一艘轮船在大海中航行,轮船能否顺利到岸,关键在于船长和舵手。因此,要确保实践培训基地教学质量,必须选定好导师。现场教学质量的高低、预期教学目的能否达成,主要取决于主导教员素质的高低。

(3)设计教学方案。教学方案是实践培训基地现场教学的指针。教学方案的设计主要有以下几方面的内容:一是根据教学主题和目的,使学员有充分的理论储备;二是准备基地相关资料和与教学主题相关的资料;三是要求学员对相关问题进行初步的研究;四是要求学员事先设计好现场调查提纲,以便从基地管理人员处获取更多详细的资料;五是要求学员在互动研讨中主动、大胆发言。

（4）规范教学流程。为了防止实践培训基地现场教学流于游览、参观、走过场，必须严格教学流程。第一个流程：课前预热。由培训机构发给学员相关材料，使学员对基地的发展情况有详细的了解，由学员自己搜集与教学主题相关的材料和理论解释。第二个流程：现场教学实施。这个流程分为三个阶段，即现场调查阶段、思考分析阶段和互动研讨阶段。现场调查主要是听取基地讲解人员的情况介绍、与基地工作人员交流，以搜集有关基地更为详细的材料。思考分析阶段，就是根据调查所掌握的材料，再结合相关理论，进行深入分析和思考，对基地成功的做法和经验进行梳理总结，对基地发展中存在的问题提出自己的解决思路。互动研讨阶段，就是学员与学员、学员与基地工作人员、学员与导师之间，进行充分的交流探讨，互相激发、互相补充。第三个流程：现场教学强化。在现场教学实施后，回到培训机构教室，采用学员分组讨论、学员论坛、心得体会、调研报告等形式，对现场教学所得、所感进行梳理总结，使现场教学的成效实现最大化。

### （四）实践培训基地的教学评估

为了确保实践基地的良性运作和健康发展，不断提高实践培训效果，需要建立起优胜劣汰的机制。为此，就要建立起一整套科学完善的评估考核体系。构建评估考核体系，分为以下三个方面。

1. 对教学基地的评价

对教学基地的评价主要是考察基地的区域示范效应、基地单位领导的重视程度，以及基地是否有完备的制度规范、充足的设施保障条件、丰富的文字音像资料和善于沟通的讲解人员。对于达不到评估考核要求的基地，予以摘牌。

2. 对导师的评价

对导师的评价主要是三个方面：一是组织协调能力，即导师能否充分调动学员的研讨积极性、能否使各个教学环节有序进行和衔接；二是现场的引导、控制能力，即导师的课堂掌控能力，这包括导师能否引导学员发现和分析问题、启发学员提出解决问题的对策和总结成功的经验、失误的教训等；三是理论驾驭和随机应变能力，作为导师，应具备扎实的理论功底，能对各种现实问题进行理论解释，并提出可行和可操作的策略对策，即要通过现场教学，提高学员用理论解决实际问题的能力，这就要求导师，不仅要具有深厚的理论基础,更要有随机应变和解决现实问题的能力。

### 3. 对学员学习效果的评价

任何一堂课,都要达成一定的教学目的。进行现场教学,同样是为了使学员能够得到一定的收获。这种收获,或者是新的知识,或者是新的经验,或者是科学的思维方法和思考问题的角度,或者是结合本职工作得出新的思路等等。那么,如何评估现场教学的学习效果呢? 其一是看学员能否提出问题和提出多少问题。发现问题是解决问题的前提。只有发现问题、提出问题,才能进一步解决问题。人类的进步,就是发现问题与解决问题的无限循环推动的。其二是看学员能提出多少解决问题的思路和办法。其三是看学员有多少收获。

### 三、案例资源建设

教师培训是促进教师专业发展的重要途径。有研究表明,培训项目中,以"案例教学"进行的参与式培训,是提高教师培训质量的有效途径。对于案例教学,舒尔曼称其"对于教师教育是一种最有前途的方法"。郑金洲教授称案例教学是以教学内容的变革为前提条件的,要使得案例教学成为可能,就需要有各种各样的案例。案例在教师培训中能促进理论知识的内化,架起理论与实践的桥梁,案例也能促进参训教师思考,从而提高参训教师的教学水平。在以往的教师培训中,培训者往往是通过讲座的形式向参训教师讲解相关的教育理论知识,参训教师是被动的信息接收者,这种培训模式没有考虑将理论与实践结合起来,因此,往往在培训结束以后,这些参训教师的教育教学能力也并没有得到相应的提高。近年来,很多地方在教师培训中尝试采用案例教学,让参训教师从案例分析入手,通过培训者的引导,以问题为中心对案例进行分析讨论,最后总结得出相应的教育原理知识。在分析案例的过程中,由于案例本身具有真实性和情境性的特点,因此参训教师能对案例中出现的教学问题产生真实的培训体验,从而提高教师参加培训的积极性,激发参训教师的学习兴趣。合适的案例,是促进案例教学成功进行的重要前提。因此,要将案例教学应用到教师培训中,推行案例教学的培训模式,我们就需要有大量的案例资源。

### (一)案例的概念

关于案例的概念,不同的研究者有不同的看法。杨庆英认为"案例用于不同的专业有不同的称谓,在医学上称为病例,在法律上称为判例,在军事上称为战例,在教学上则称为教学案例"①。余凯成认为"所谓案例,就是为了一定的教学目的,围绕选定的问题,以事实作素材,而编写成的某一特定情景的描述"②。美国哈佛大学教育研究生院教师教育项目负责人梅塞思(Merseth)认为:"人们对案例的定义为:案例是一种描写性的研究文本,通常以叙事的形式呈现,它基于真实的生活情境或事件。案例总是试图比较客观而又多维地承载着事件发生的背景,参与者等信息,力求情境的真实性。人们编制案例的明确目的是为了进行充分的讨论,案例力图包含大量的细节和信息,以引发持不同观点的案例使用者进行主动地分析和解读。"③舒尔曼认为"将某些事物称之为案例,就是做出了一种理论诉求,这种观点认为在广义上故事、事件或者课文都是属于同类范畴的事例"④。郑金洲教授称"案例是教师在教学过程中所面临的教育问题的真实记录,一个案例就是一个实际情境的描述,在这个情境中,包含有一个或多个疑难问题,同时也可能包含有解决这些问题的方法"⑤。支玖红将案例分为广义的案例和狭义的案例,她认为:"广义的案例是指教育领域中任何一种典型现象或事例的表现形式;狭义的案例是指教师在教育教学过程中,对教育教学的重点、难点、偶发事件、有意义的、典型的教育教学事例处理的过程、方法和具体的教育教学行为与艺术的记叙,以及对该个案记录的剖析、反思、总结。案例不仅记叙教育教学行为,还记录伴随行为而产生的思想,情感及灵感,反映教师在教育教学活动中遇到的问题、矛盾、困惑,以及由此而产生的想法、思路、对策等。"⑥

虽然不同的专家用不同的词汇对案例的概念加以界定,但是可以从中发现他们对于案例特点的描述都有一些共同点:第一,案例要有真实性,也就是

---

① 杨庆英《案例教学法及其应用》,《中国职业技术教育》1998年第4期,第42~43页。
② 王希华、路雅洁《"案例教学"法探析》,《中小学教师培训(中学版)》1994年第2期,第10~11页。
③ Broudy H. Case studies-why and how. Teacher college record,1990,91:449-459.
④ 朱迪思、舒尔曼《教师教育中的案例教学法》"绪论",郑庭瑾译,华东师范大学出版社2007年版。
⑤ 郑金洲《认识"案例"》,《上海教育科研》2001年第2期,第43~48页。
⑥ 支玖红《教师培训案例开发的研究》,华东师范大学2008年硕士学位论文。

说案例描述的都是真实发生的事情;第二,案例要具有典型性和代表性,没有典型性的案例会使得案例泛化,案例在一定程度上要能反映一个或多个教育实践问题,给人以理论上或实践上的启发;第三,案例的启发性特点,案例作为教学的载体,要促进参训教师思考,使参训教师得到启发,从而理解相应的教学内容。[①] 培训案例则是指教育领域中任何一种典型现象或事例的表现形式,是对蕴含了一定教育理念的真实教育情境的描述,并且能启发学员进行思考。

**(二)案例资源开发的理论依据**

案例资源的开发主要以成人学习理论、教师专业发展理论、建构主义学习基本理论为依据。

1. 成人学习理论

在培训中,学员是学习的主体,也是案例开发的主体;学员需要通过案例的学习来提高自身的能力,同时学员也是教学实践的主体,他们自身的经验也可以作为案例资源。学员作为成人,有其自身的独立性和自主性,他们能清楚地知道自身缺乏哪些知识,他们对学习的渴望非常强烈;同时,他们具有一定的教学经验,能够对培训案例进行一定的思考。因此,在进行培训案例的开发时需要考虑教师作为成人的学习特点。

2. 专业发展理论

校长和教师都需要不断地学习相关的教育理念、教学方法策略、管理能力和技巧等知识,以此来提高自身专业素质和专业能力。现在也有越来越多的教师意识到专业发展的重要性,而培训是提高学员专业水平的重要途径。学员既是学习的主体,又是案例开发的主体。学员在参加培训时,培训者开发的案例能够起到参考和示范的作用,学员通过思考和学习将理论知识与自己的教学实践相结合,从而提高相应的教育教学水平;此外,学员作为案例开发的主体,需要不断地对自己的案例进行思考和总结,在不断反思总结的过程中,将自身的经验上升为理论知识,从而改善自己的实践,得到专业的发展。

3. 建构主义学习基本理论

建构主义认为学习的过程是学习者主动建构知识的过程。教师作为学习的主体,在教师培训中能够根据自身的教学实践经验和已有的理论知识不断

---

① 刘秀叶《高中化学教师培训案例资源的开发研究》,2017 年。

建构新知识,丰富和提升自身的专业水平。而且教师具有学习的主观能动性,他们对自身的发展有着明确的学习目标和强烈的学习动机,他们的学习过程是在自身的教学经验的基础上主动建构的。因此,在开发教师培训案例时需要将培训目标和教师的这种经验结合起来,使教师在主动建构的过程中获得发展。同时,在开发教师培训案例资源时,也要不断调动教师的积极性,引导教师将自身的经验资源作为案例进行开发,一方面在开发案例的过程中,启发他们形成适合自身实际的教学思维,从而解决自身在教学中的实际问题;另一方面在案例开发的过程中,教师能将理论知识与自身的经验进行主动建构,加强了教师自身对理论的掌握。将案例结合学习者已有的个人经验,建构新的理论知识,从而开发形成案例。

**(三)青岛案例资源例说**

培训案例作为培训课程的一部分,有明显的地域特点。比如青岛市开发了具有青岛特色的青岛地方教育史问题研究、青岛校长教师"读书—成长"专业发展的行动研究、岛城名师公益课堂、岛城名校长支招等课程。在此基础上,通过办学特色案例征集、实地走访考察、区市推荐等形式,进行全市调研摸底,建设和完善三类有青岛特色的培训案例资源库,分别是:办学特色案例资源库、成果案例资源库、培训典型案例资源库。培训中心通过梳理形成学校办学特色案例资源库;梳理学员培训后科研及实践成果,形成学员培训成果案例资源库;征集遴选区市级优秀培训案例,挖掘区市校长教师培训典型,形成校长教师培训典型案例资源库。

1. 学校办学特色案例(表 7-6)

表 7-6

| 区市 | 青岛西海岸新区 | |
|---|---|---|
| 学校名称 | 青岛西海岸新区实验初级中学 | |
| 校长姓名 | 李校长 | |
| 联系电话 | 是否愿意成为青岛市中小学教师培训中心培训实践基地 | 是 |

（续表）

| | |
|---|---|
| 办学特色 | 　　学校始终秉承"培育阳光生命、奠基智慧人生"的办学思想,以"仁爱尽责、追求完美"为校训,以"培养有道德、爱生活、会学习、敢担当的现代中国人"为育人目标,努力建设国内著名、世界知名的现代化中学。 |
| 背景介绍 | 　　建于 2011 年的青岛经济技术开发区实验初级中学,坐落于青岛西海岸,占地面积 4.4 万平方米,红墙绿窗的欧式建筑与翰墨书香的人文气韵完美融合,是一座美丽的花园式现代化中学。现有教学班 40 个,在校学生 2350 人,教职工 171 人,其中研究生 48 人,正高级教师 1 人,高级教师 18 人,一级教师 84 人,拥有全国优秀教师、山东省特级教师、山东省优秀教师、山东省教学能手、青岛市名师等荣誉称号的教师共计 46 人。 |
| 典型做法 | 　　多元治理,实现教育民主化。审议通过《完美教育法》,创新性构建了以校长负责制为主体,"教职工代表大会"和"学校教育董事会"为两翼的"一主两翼"学校法人治理结构,用制度创新激发民主活力。学校被评为"青岛市现代学校制度建设实验学校",荣获青岛市第四届教育体制改革创新成果奖。山东省教育厅张志勇副厅长用"释放学校自主发展的内在活力,青岛开发区实验初中在现代学校制度建设方面堪称典范"给予了充分肯定。<br>　　问题导学,实现教学优质化。紧紧围绕"问题导学"教学模式进行"颠覆性"的课堂革命:教师尊重、相信、启迪学生,学生享有成长权、选择权、表达权、展示权。问题导学下的课堂真正实现了学生自主学习、个性化学习、深度学习。"'问题导学'教学模式研究"为中国教育学会"十二五"教育科研规划课题,并荣获青岛市基础教育成果二等奖。教育部基础教育司王定华司长说:"青岛开发区实验初中构建的'问题导学'教学模式,不仅是一个个典型案例,而且是教学方式的一种变革,是对课堂教学改革的有效探索。"<br>　　创设课程,实现教学个性化。1.0—4.0 版完美课程体系构建,有效融合国家、地方与学校三级课程。比如"读万卷书,行万里路"的课程体系,目前已发展成"线上线下海量阅读""开放式流动图书馆""阅读经典,行走天下"等一系列的精品课程。《促进学生生命成长的学校课程开发与实施研究》荣获山东省教学成果二等奖,《个性化教育视域中的初中课程整合与开发研究》获得青岛市第四届教育科研成果二等奖。 |

（续表）

| | |
|---|---|
| 典型做法 | 　　以文化人，实现德育生活化。以立德树人为核心，致力培育有道德、爱生活、会学习、敢担当的现代中国人。学校坚持"以校为家"理念，学校资源全时间、全空间面向学生开放，形成开放式育人环境。六年来，所有设备未曾人为损坏、丢失。<br><br>　　名师培养，实现教师专业化。形成首席完美名师培养、完美名师培养、首席青年教师培养、教坛新秀培养"四级人才链"。以"三重方略""三大工程""三个平台"助推教师专业化发展。959 余人次教师在各级比赛中斩获大奖。仁爱敬业、博雅精湛是实中教师的名片，耕耘教育事业是实中教师的终生追求。<br><br>　　融合应用，实现教育信息化。建设智慧校园，变革教学思维与学习思维，推动教与学的"双重革命"。全面实现电子书包授课；全面实现学生、教师、家长的网络空间交汇；全员开设 3D 打印等创客课程，实现深度教学与深度学习的有机融合。147 名学生获得国家创新发明专利，两名学子担任卫星"少年星"原型设计师，在第 67、68 届纽伦堡国际发明展摘得两金一银两铜。<br><br>　　开阔视野，实现教育国际化。学校构建以学科渗透、综合实践主题活动、特色校本课程等相互融通的"国际理解教育课程体系"，培养学生弘扬民族精神、拓宽国际胸怀与视野、增强国际沟通的交往与实践能力。"全年级研学旅行"课程已成常态。目前已同美国、以色列、加拿大等国的四所学校建立了友谊校关系。"小海鸥"艺术团赴维也纳金色大厅成功演出、赴美国林肯中心演出受到好评。机器人社团在东盟十三国科技大赛中摘得一金两银。 |
| 成效反响 | 　　学校先后荣获全国十佳创新学校、全国课改名校、山东省规范化学校等120 余项荣誉称号。在"首届国际教育信息化大会""首届中美智慧教育大会"等有影响力的会议上推广教育经验 60 余次，李素香校长先后 5 次受教育部邀请为全国教育厅局长进行信息化培训。共完成国家、省、市级研究课题 10 个，7 项科研成果获奖，教师出版教育教学专著 22 部。来自美国、加拿大、天津、上海等 1500 余个教育考察团共计近 4 万人次来校参观交流。《人民教育》《中国教育报》等报刊报道了学校的办学经验。2015 年 7 月，《新闻联播》报道了学校教育信息化改革举措，在教育界反响热烈。 |

## 2. 学员培训成果案例（表 7-7）

表 7-7

| 学员姓名 | 刘老师 | 联系电话 | |
|---|---|---|---|
| 所在单位 | 青岛嘉峪关学校 | | |
| 培训经历 | 　　为更快地提高我们音体美教师的专业素养和业务能力,2016 年,在市南区教体局大力支持下成立了打造"专业＋全能培训"的市南区音体美优格培训班,我很荣幸,光荣地成为了培训班的学员。<br><br>　　优格班的学习内容既丰富又充实。在市南区区音乐教研员杨希婷老师的带领下,优格班成员们从理论学习到教学实践,再到专业基本功等方面均得到了锻炼与提高,在这个过程中我的教师专业素养也获得进一步提升。<br><br>　　一、借专题培训提升教育教学水平<br><br>　　1. 信息技术培训助推了我们的音乐教学。在青岛第 26 中学,我参与了信息技术与音乐学科整合的培训活动,本次培训结合了我区音乐教科研主题"互联网＋背景下的优质学习资源建设与应用研究",现场采用电子书包教学,使我们开拓了结合新时代教育的音乐新思路。<br><br>　　2. 主题研讨培训更新了我们的教育理念。我们参加了在青岛市五十三中学举行的青岛市音乐学科《德育课程一体化实施指导纲要》培训研讨会。主题为《市南区音乐学科——德育渗透下的打击乐开发与情境策略研讨会》,围绕本次教研主题,区实验小学魏映红老师执教《铁匠波尔卡》《理发师》开展了课堂教学。研讨时,教师从"德育渗透、情感体验、肢体律动、声势体验、演唱体验、知识总结、反思体验、小组合作"八个方面进行交流、讨论,这使我受益多,我们自开班以来安排了二十多次的理论培训研讨会,这些最前沿的音乐教学理念、教学方法给我们的一线教学带来了极好的导向。<br><br>　　3. 外出访学拓宽了我们的教育视野。外出访学给了我们更高的学习平台。我们跟随教研员到福州、南京等地考察、学习,吸取了其他省、市在音乐教学中好的举措,研修现场,我们围绕着不同的访学主题开展了多种形式的研讨交流。返青之后,学以致用,将学习思考在教学中进行实践,我们的课堂发生了巨大的变化。<br><br>　　二、借技能培训提升专业基本功<br><br>　　舞蹈、声乐、键盘是一名音乐老师必须具备的基本功,基本功的扎实与否直接会影响到音乐课堂,所以,面对我区音乐教师队伍的实际情况,区教研员杨希婷老师将提高教师基本功,并分层进行打造,作为提升教师专业素养的重中之重。 |

（续表）

| | |
|---|---|
| 培训经历 | 　　为使教师们在课堂教学中肢体和舞蹈对学生起到专业的示范,杨老师专门邀请了岛城的舞蹈专家——丁俊老师为大家进行舞蹈培训并及时对舞蹈知识答疑解惑。为提升老师们创编舞蹈的能力,邀请了我国著名少儿舞蹈专家,多届"魅力校园"全国校园春节联欢晚会总导演桑鲁兵老师为市南区音乐优格班与跟进班学员进行了舞蹈专项培训。培训围绕儿童舞台创编、现场舞蹈分析指导、舞蹈编创互动交流等三个方面展开,专家旁征博引、深入浅出地对少儿舞蹈的创编做了精彩的诠释和解析。<br><br>　　除此之外,我们还开展了舞蹈、声乐、键盘三项基本功的展示活动。展示中,老师们取长补短,向优秀的教师学习,各方面能力都得到了不同程度的提升。 |
| 培训成效 | 　　1. 教育教学方面——展示区域教学研究成果<br>　　在新课改的大背景下,我不断地学习、研究新《音乐课程标准》,力求在自己的课堂中获得突破,为达到更好的教学效果不断地进行实践。近些年,不断地在省、市、区、全国的公开课、研究课、优质课中展示自己,执教课例达十余节,其中《打切分音的小闹钟》获区级一等奖、市级二等奖;《调皮的小闹钟》获山东省优质课一等奖第一名,并在全国比赛中获三等奖;《踏雪寻梅》获全国录像课二等奖;微课程《认识四种常见的拍号》获全国二等奖。<br>　　2. 专业基本功方面——提升音乐教师专业素养<br>　　为了更快的提高自身的教学水平,我平日不断加强学科教学基本功的练习,获得山东省中小学音乐教师基本功第一名;在全国中小学音乐教师基本功比赛获全能一等奖;声乐组(小学)第一名。<br>　　3. 经验交流方面——沉淀与积累的碰撞<br>　　积累教学经验并与他人分享,市级经验交流 3 次,市级专题培训 2 次,所编写的论文分获省级一、二等奖,论文《学中玩 玩中学》在 2015 中国音乐教育大会上进行宣读,案例《调皮的小闹钟》在 2017 年 9 月发表于全国刊物《音乐天地》中。<br>　　4. 社团建设方面——舞台展示素养提升<br>　　我负责过学校合唱团、管乐团、课本剧团的组织管理工作。带领校合唱团、管乐团、课本剧团多次参加区、市、全国艺术比赛获佳绩,带领校管乐团获全国首届非职业管乐团队展演比赛铜奖;带领校合唱团赴奥地利格拉茨参加 |

（续表）

| 培训成效 | 首届青少年合唱比赛获银奖；获山东省中小学生戏剧大赛二等奖；获市南区小学合唱特等奖。<br><br>　　通过音体美优格班培训，让自己不断充电、不断成长。2017 年 9 月被光荣地评为市南区学科带头人，2017 年 11 月市南区优秀试卷评选中荣获一等奖。2017 年 12 月被确定为市南区拔尖人才和青岛市教学能手候选人。今后我将会更加努力，孜孜不倦，不懈追求，为市南区音乐教育的发展贡献自己的一分力量。 |
|---|---|

## 3. 机构优秀培训案例（表7-8）

表 7-8

| 案例（项目）名称 | 市南区学科带头人培训班"课程与教学论"项目培训 |
|---|---|
| 培训时间 | 2012.10—2015.12 |
| 培训对象 | 初中、小学、幼儿园中选拔出的有学习意愿，学习力、实践研究能力强，参加过骨干教师培训班的，具有区教学能手，或是在省、市优质课比赛中获奖的，工作八年以上的优秀教师。 |
| 培训专家简介 | 朱益明（华东师范大学教授、博导）<br>任勇（厦门市教育局副局长）<br>王建宗（北京十四中学校长）<br>姚计海（北京师范大学博士、硕导）<br>徐云知（北京西城区教育学院）<br>顾志跃（原浦东教发院院长）<br>朱伟强（华东师范大学教授、硕导）<br>王斌华（华东师范大学教授、硕导）<br>张远增（华东师范大学教授）<br>陈兆施（黄浦区教育教院教研室主任）<br>胡东芳（华东师范大学教授、硕导）<br>朱连云（青浦区教育学院教科研室主任）<br>向蓓莉（北京师范大学教授） |

（续表）

| | |
|---|---|
| 培训专家简介 | 王本陆(北京师范大学教授、博导)<br><br>马勇军(青大师院小学教育、学前教育学院院长、硕导)<br><br>曹志祥(教育部国家课程中心常务副主任)<br><br>于会祥(北京育英学校校长)<br><br>陈大伟(成都大学教育学院教授)<br><br>吴国祯(北京师范大学教授)<br><br>梁侠(北师大附中教师)<br><br>潘苏东(华东师范大学教授、博导)<br><br>刘世清(华东师范大学副教授、博士)<br><br>毛放(上海市教委基教处副处长,上海师范大学客座教授)<br><br>刘永洁(青岛市教科所普及指导室主任) |
| 培训课程安排 | **【课程与教学理论与方法专题】**<br><br>1. 课程与教学论研究<br><br>2. 享受教学——谈语文课程教学论<br><br>3. 课程与教学组织<br><br>4. 课程与教学论通论<br><br>5. 教学论研究成果撰写方法<br><br>6. 教学模式创生的理论与实践<br><br>7. 上"好"课的学问<br><br>8. 基于课程标准的教学<br><br>9. 教学改进的四大启示<br><br>10. 当前中小学教学的四大趋势<br><br>11. 课程与教学目标的设计与表现<br><br>12. 教学设计的基本模式<br><br>13. 有效教学理论<br><br>14. 基础教育学段教学中的问题及解决策略<br><br>15. 教学设计与教师专业化发展研究<br><br>16. 课堂教学资源的组织和利用<br><br>17. 课程的意蕴与开发<br><br>18. 学校课程建设 |

（续表）

| 培训课程安排 | 19. 学校课程建设——以十一学校和育英学校为例谈三级课程整合 |
|---|---|
| | 20. 综合课程创新设计 |
| | 21. 学期课程设计作业交流 |
| | 【课堂观察与教育评价分析专题】 |
| | 1. 教师的科学教学评价 |
| | 2. 教师成长与观课议课 |
| | 3. 发展性学生评价 |
| | 4. 课堂观察理论基础 |
| | 5. 课堂观察工具开发 |
| | 6. 观察工具开发作业交流 |
| | 7. 教育评价与教育评价分析 |
| | 8. 上海教育绿色评价探索 |
| | 9. 课堂教学评价与反思 |
| | 【高端教师专业发展专题】 |
| | 1. 高端教师标准 |
| | 2. 优秀教师成长之路 |
| | 3. 心理学视野中的教师专业发展 |
| | 4. 高端教师成长路径 |
| | 5. 教师与学生的心理沟通 |
| | 【教育前沿问题专题】 |
| | 1. 新课程理念专题培训：当代学生观与教育 |
| | 2. 美国基础教育改革与启示 |
| | 3. 美国教育的活力在哪里——以加州 X 小学课程改革为例 |
| | 4. 基础教育改革的问题、争议和展望 |
| | 5. 当下我国课程改革的现状及发展趋势 |
| 培训创新举措 | 1. 指导制定规划，稳固专业情意<br>　　陶西平先生说"教师的专业情意是教师对教育事业的情感态度和价值观的融合，也是教师专业持续发展的根本动力"。本培训班注重引导学员的专业发展，开班之初就指导学员制定个人三年发展规划和年度发展规划，并定期面向全体学员进行发展性评估，从"个人发展规划的制定与落实、教学研究能力、 |

（续表）

| | |
|---|---|
| 培训课程<br>安排 | 科研能力、带动作用、专业学习等"方面评估学员专业发展状况,以评估促专业提升、以评估促自主发展。<br><br>2. 深化专题培训,丰富专业知识<br><br>作为学科带头人不仅要有精深的学科知识,还要有广博的学科相关知识和专业的教育学知识。结合学员的培训需求精选课程组织培训,先后围绕"高端教师专业发展""课堂观察与教育评价分析""课程与教学论理论与方法""教育前沿问题专题"等专题组织了 51 次培训。并先后 5 次组织学员赴北京大学、华东师范大学、北京师范大学、上海浦东教育发展研究院进行封闭研修。学员们与高校教授、教育研究专家、一线名师、知名校长对话,讨论课堂教学与课程改革的热点问题、破解实践的困惑,使"高大上"的教育理论转化成"接地气"的教学实践资源;也使学员们意识到拓展教育视野、强化理论学习、进行教学实践研究对提升自身的专业素养、实现专业持续发展的意义;触动了学员潜心研究、主动发展的意识。<br><br>3. 创新培训方式,提升专业能力<br><br>对学科带头人的培训始终关注差异与需求,创新运用"浸润式培训""任务驱动式培训""菜单培训""必学＋选学组合式培训""小组互助式培训""体验式培训""导师跟踪指导",力争实现按需培训。"组合式培训"既满足了个性化需求,又适度缓解了工学矛盾。"小组互助式培训"将学习过程转化为研究过程,在同伴切磋中展现并提升了专业经验和专业能力。<br><br>要摆脱"教书匠"发展为学者专家型教师,就需要教师主动学习、及时反思并能静下心来对自己的实践研究成果进行梳理总结,实现学术突破和专业发展的突破。局领导鼓励并支持学员进行原创性成果研究,并聘请了青大师院的硕士生导师进行贴近式跟踪指导。初中数学组、小学英语组、学前组的 12 位学员自发形成课程与教学论研究项目组,在导师指导下分别完成了课程与教学论研究系列丛书,已由中国海洋大学出版社正式出版发行,开创了中小学一线教师合作著书的先河。 |
| 培训效果<br>评价 | 通过培训提高了学员的专业情意(政治思想与职业道德)、专业知识(本体知识与教育学知识)、专业能力(教育实践能力与教育科研能力),提升了问题反思意识和研究能力,锻造了鲜明的教学风格,形成了影响和引领团队专业发展的实践成果。 |

（续表）

| 培训效果评价 | 　　经过三年的培训，45 名学员中有 16 人当选"青岛市教学能手"、5 人当选"青岛市学科带头人"，3 人当选"青年教师专业技术人才"、11 人当选青岛市学科中心组成员。5 人参加全国优质课比赛获奖、10 人参加省优质课比赛获奖、15 人参加市优质课比赛获奖。13 位学员合作完成 4 本专著（《幼儿园课程开发的理论与实践》《小学英语课堂教学实践的探究》《初中数学课程与教学的实践研究》《陪你快乐长大》），由中国海洋大学出版社正式出版发行。 |
|---|---|

# 第四节　培训评估体系建设

## 一、培训评估概念

培训评估是培训工作中不可缺少的重要环节，评估是指评估者系统地运用科学研究的方法对各种项目地规划设计执行及其效果进行判断的活动。培训效果的评估是指在组织培训之后，采用一定的形式把培训的效果，用定性或者定量的方式表示出来，良好的培训评估体系是在工作分析培训设置绩效标准和管理以及培训要素之间的流程管理，这种流程管理的核心就是通过培训不断提高业绩，并在提高业绩的基础之上提高绩效标准，从而使培训进入良性循环，真正服务于教育教学。

## 二、培训评估工作现状

目前培训评估工作存在的主要问题是对培训评估的战略意义认识不够，我国很多培训都没有认识到培训评估工作的重要性，认为培训考核工作可有可无，很多培训机构没有建立完善的评估培训体系，培训之后不考核也是常见的情况。培训管理过程结束即为培训的结束，很大程度上在于为了培训行为而进行培训，对培训的可行性、培训过程教师的反应评估不全面，特别是培训结束后的效果较少评估，于是就不能及时地发现培训工作的问题，不能及时改进培训工作，不能及时体现培训评估的"现实价值"，存在着"重数量轻质量"

"重过程轻结果"的培训现状。故此,急需构建一种贯穿于整个培训过程的教师培训评估体系。另一个问题是,培训评估的方法欠缺,培训评估工作在我国仍然处于探索阶段,方式方法不够完善,特别是有一些地方生搬硬套评估方法,没有找到适合自己的方法。三是缺少深层次评估,没有对参训者在培训之后工作岗位上行动的改变和其业绩的变化进行跟踪。同时,由于培训效果具有滞后性、间接性使得培训效果在一定时间后才能体现,且培训具体的收益很难计算,从而加大了培训效果测量的难度。

### 三、柯氏模型

对于培训评估标准的研究,国内外应用的最为广泛的是最早由美国学者柯克帕特里克提出的培训效果四级评价模型,该评价模型将培训的效果分为四个层次。一是反应层,即学员反应,在培训结束后,通过调查了解学员培训后的总体的反应和感受。通过观察他们对培训的反应,了解参训者对培训讲师的满意度,评估培训讲师的能力,也要明确参训者对培训内容是否感兴趣,培训内容是否切合参训者的工作需求等,观察学员的反应,主要就是为了从侧面检验培训讲师的工作能力和培训内容的安排状况。二是学习层,即学习的效果,确定受训人员对于培训的理念原理方法技能态度等培训内容的理解和掌握程度。看一看讲师所讲到的新的知识,理念和技能,参训学员是不是已经全部吸收,能不能在今后的工作中运用这些知识,参训者在参训后是不是认识到自己之前工作中的缺点和不足,是否知道如何去改正,包括这次培训对于参训者的影响等等,都是对于参训者学习效果进行检验的一部分。三是行为层,即行为改变,确定受训人员培训后,在实际工作中行为的变化,以判断所学的知识,技能对实际工作的影响,比如说在培训中有对于理想信念和师德师风的培训,那么就可以在培训之后,看一看员工的工作劲头儿是不是更足了,工作态度是不是更踏实了。四是结果层,即产生的效果,可以通过一些指标来衡量,例如教师培训后出示公开课、优质课情况,个人工作业绩情况,荣誉称号情况等。

### 四、培训评估机制的工作流程

从柯氏理论看,培训的评估不是一个一蹴而就的事情,它贯穿于培训过程始末和培训后一段时间内培训跟踪。培训评估按时间可以采取即时评估、中期评估和长期评估，即时评估是指在培训结束后进行的评估，而中期评估和长期评估则是受训人返回工作岗位一段时间后的评估。对不同层次的评估可以采取不同的方法，对第一层次的评估可以采用问卷、评估调查表的方法；对第二层次的评估可以采用关键人物法、笔试、技能操作等；对第三层次的评估可以采用绩效考核法及测量受训前后行为上的变化，也可以采用比较评价法及测量参加培训与未参加培训人之间的差别；对第四层次的评估可以采用收益评价法计算出受训人培训后教育效益的产出，例如班级学生成绩提升度，高考成绩提升率等。培训中，我们根据自己的工作实际积极探索适合的评估方法，建立三个阶段的评估工作流程。

1. 培训评估准备阶段（前期调研阶段）

这一阶段的评估实际上就是培训前对培训的必要性和可行性进行评估。必要性即是否存在相应的培训需求，包括教师个人需求，岗位需求、社会需求等；可行性即培训目标的制定是否合理、是否有相应的资源支持、对资源的利用是否充分等。

培训需求分析是培训活动的第一步，它由培训管理人员采用各种方法和技术，对组织成员的目标知识技能等方面进行鉴别和分析，从而确定是否需要培训以及培训的内容，它是确定培训目标涉及培训计划的前提，也是培训评估的基础，另一方面，培训评估的效果又是培训需求分析的一个输入，可以为培训需求分析提供非常有价值的反馈信息，以便对培训的相关环节进一步改进。多数情况下，培训评估的实施有助于对培训项目前景做出判定，对培训系统的某些部分进行修订，或是对培训项目进行整体的改进，使其更加符合需求。

2. 评估实施阶段（过程评估阶段）

在培训活动过程中，需要从受训教师的反应和培训部门工作改进两个方面进行评估。受训教师的反应包括教师对培训师资、培训条件和培训效果、培训管理等的反应，一般采取问卷调查和重点访谈的方式进行。培训部门要每隔一定时间或某一个培训环节完成以后，进行阶段性评价，要及时根据受训教师的意见修正培训项目，制定相应对策，以不断完善培训工作。

具体可以从以下几个方面进行，一是课程评估，对所有的课程模块进行评估，例如针对校长培训，分列引领教师成长、信念与方向、营造育人文化、领导课程教学、规划学校发展等课程模块,针对这些课程模块评估学员们的需求和满意度。二是授课专家评估,专家授课结束后对授课专家进行评估,包含专家的知识面能否满足学员需求,授课重点是否突出,理论与实践性结合度是否高,学员参与度是否高,授课内容能否有效指导实践等。三是培训方式评估,例如培训中我们会采用教育考察、研讨沙龙、户外拓展、专家讲座、五段辩课等多种方式,学员对这些培训方式的学习效果进行评估。

对于学员所要掌握的某项知识或者是技能的培训,应该进行第二层次的评估。例如,对于新教师岗前培训,需要新教师了解教师法、未成年人保护法等等这样的一些基本的法律法规。这时候就可以进行闭卷考试。第三和第四层次的评估,主要是指一些高端项目,这些项目耗时长,投入量大,培训效果要求高,组织管理层十分关注,比方说名师名校长培训项目,骨干教师连续培养培训项目、校长岗位任职和提高培训项目等,这些项目评估时更加注重学员知识技能的实践迁移,评估学员培训后实际产生教育效益。

3. 评估总结阶段(效果评测阶段)

实施评估的最后一个环节,就是收集分析评估原始资料,原始资料的收集分析是培训评估的重要环节,一般来说,第一层次的评估收集培训评估调查表,第二层次的评估是收集笔试试卷以及现场操作的考核结果,第三、第四层次的评估是收集学员的满意度以及教育效益提升材料。通过这些最终确定培训评估报告。

评估报告主要由三部分组成,一是培训项目的概况,包括项目的实施时间、参与的人员以及培训的主要内容;二是受训员工的培训结果,包括合格人数、不合格人员以及不合格的原因分析、不合格者的处置建议,对于不合格的培训者要进行再次培训,还要对培训项目的评估结果积极处置,效果好的项目可以保留,没有效果的项目应该取消,有缺陷的项目要进行改进;三是评估报告确定后,要及时在培训管理者之间进行传递和沟通,让受训者了解培训的效果,以便在工作中进一步学习和改进,培训管理者了解培训内容对于培训学员的需求度以及他们的吻合度,以便改进工作。

# 第五节 培训保障体系建设

## 一、制度保障体系

培训活动的实施运作和正常发展,离不开政策制度和法规的保驾护航。法规和政策不仅能保障培训发展所需人、财、物等硬件设施的投入,也能从一定程度上保障利于培训的制度、文化、环境等发展所需软件要素的生成。培训的发展不仅需要政策法规的强制性作用,而且有赖于政策法规的激励性作用。要形成培训有"法"可依、有"法"必依、执"法"必严、违"法"必究的政策法规环境。

2016 年教育部《关于大力推行中小学教师培训学分管理的指导意见》(教师〔2016〕12 号)对中小学教师培训学分提出了建设性指导意见,在此之前,2015 年山东省教育厅、人力资源和社会保障厅教育厅出台《山东省中小学教师继续教育学分管理办法》(鲁教师发〔2015〕3 号),规定每五年一个周期,普通中小学在职教师完成不少于 360 学分且每年不少于 48 学分的继续教育,2017 年青岛市出台《关于加强中小学教师培训学分登记管理应用工作的通知》健全教师培训学分标准体系、规范教师培训学分登记管理、强化教师培训学分应用,将教师培训学分与教师管理、学校考评和教育督导工作相结合,把教师培训学分作为教师职称评聘、绩效考核、评优评先、教师资格定期注册的必备条件,把教师培训学分管理纳入学校办学水平评估、校长考评和县级教育督导的指标体系,以推动地方和学校加强教师培训工作,激发教师参训动力。这些政策的实施与落地对于青岛教师培训起到强有力的保障。2018 年以前,青岛市每年参加全省远程研修教师数为 4 万多人,青岛市《关于加强中小学教师培训学分登记管理应用工作的通知》出台后 2018 年远程研修人数增加至 8 万多人。2019 年青岛市远程研修人数达到 9.8 万人,占全省远程研修总人数的 1/9,这一数据充分证明了制度在培训实施过程中的保障和激励作用。

## 二、基地保障体系

每个地区都应根据辖区的实际情况进行基地建设,形成国家省市县级四级培训基地，积极构建一个中心、多种功能、各司其职、资源共享的培训基地模式。如青岛市中小学教师培训中心是青岛市教育局局属单位，是青岛市教师教育基地，承担全市中小学干部教师培训任务。业务上对接山东省师训干训中心，行政上受青岛市教育局人事处和组织处领导。

作为一个独立的教师培训基地，需要有场地、校舍、设施、设备等基本硬件，这是培训开展的现实土壤，也必须要有完备详实的文化理念和各种培训管理制度，这是保障基地培训工作正常有序运行的必备软件条件。为了保障培训有效进行，培训还需要建立实践基地，纵向上看上挂高校，下联中小学校，横向上看要与各级教师培训基地加强合作，通过这些措施，不断拓展高校培训资源、本土培训资源和外省市培训资源。

**三、经费保障体系**

培训的良性运作与健康发展离不开资金的投入，这是培训健康发展的基础。培训涉及的培训主体和培训对象都具有多元化的特点。这些特点决定了培训的经费保障体系构建必须坚持多元化的筹措机制。教育行政部门指派的培训必须依赖政府投入的主导地位，教师个人个性化岗位能力培训则要通过校本资金、个人支付等方式筹措，经费保障就如同是人体的心脏，没有经费的保障，培训就失去了造血与输血功能。青岛市教师培训经费保障体系是市级培训由市教育局专项经费投入，区市级培训由区市教体局专项经费投入，局属校本培训经费由市财政按照每人每年 3000 元的经费标准拨付学校。这些经费的支出专款专用，有严格的使用制度。在此培训经费保障体系之下，教师可以免费参加市级教师培训，区市级教师培训，同时，可以根据自己的岗位和职责需求经学校同意后参加非行政部门组织的其他培训项目，例如个性化平台的培训、各级教育学会组织的培训及学校委托第三方实施的多种形式的校本培训。

**四、师资保障体系**

培训运作离不开一定数量和质量上的人才队伍。包括管理人才队伍和专家资源队伍。管理人才队伍不仅需要有从事一般教育管理的才能，正所谓"专业的人做专业的事"，培训管理人才队伍还必须掌握了解培训对象的特征和需求,了解培训的规律,具有创新教育的理念,能创造性地开展培训工作。同时要根据实际情况,通过多元整合的方式,建立优秀培训专家资源库。培训专家既可以是一线教师,也可以是行政领导,还可以是高校教授,当然还有专业技术人才,例如心理咨询师、家庭教育指导师、律师等。专家资源库的建设不是一蹴而就的,需要深入调研、遴选和培养,形成多层次、多元化、多样性的专家队伍。

### 五、质量保障体系

培训质量直接影响到培训的吸引力和可持续发展。培训质量保障体系包含两个方面的内容,一个是培训基地实施培训项目必要的各种培训管理制度,例如脱产培训管理制度、干部培训管理制度、档案员职责与档案管理制度、学员学籍管理制度等一系列与培训相关的培训制度,这些培训制度从微观上夯实国家和省市培训政策的落地实施,保障了培训的顺利进行。

另一方面,需要对培训的质量进行全程的监督与跟踪,尤其需要在师资队伍建设、课程建设、教材建设、教学实施、教学评价和质量考核等方面更加注重全程跟踪督导、评测。

# 第八章 着力做好"三类培训"

"三类培训"是有鲜明类别、鲜明特色的培训项目,分别是:个性化培训、家庭教育指导师培训、乡村教师专门培训。着力做好"三类培训",实现以个性特色培训为突破,驱动培训发展新动能。

## 第一节 个性化培训提升教师专业能力

教师专业成长与其他专业相比,具有很强的个性色彩。创造"适合每位学生发展的教育"的理念在教育界已经达成共识,每个教师面对的情境和问题可能是不一样的,每个教师的教育理念、教育方式、教育内容、教育方法等都体现出教师自身的特点和个性,每个教师的专业能力都能显现其特有的个性特征及文化背景、学习经历、工作经历。教师专业化发展阶段理论也表明,教师职业生涯发展呈现出阶段性发展规律,如伯顿提出教师专业发展三阶段论,斯帖菲提出教师专业发展五阶段论,我国学者申继亮提出教师专业发展的四种水平即专业认同者、专业适应者、专业成熟者、专家。每个教师可能处于不同的发展层次和水平,每个发展阶段的内涵是多层面、多领域的,需求也有所不同。如何在教师培训过程中构建起适合每位教师不同需求的课程体系,需要充分关注教师职业生涯各个阶段所具有的特性和兴趣,坚持需求性原则,关注教师成长个体化的需求及阶段特点,把握每一个阶段的内涵、内容、要求与特点,逐步提升教师的专业能力。

### 一、教师个性化培训的青岛模式

针对教师个性化培训,各省市开展的程度不一,对个性化教师培训认识程度不同,总体上对这一培训模式给予充分肯定。开展教师个性化培训需要满足教师的个性化需求,汇总分析教师的个性化培训需求和需求人数就显得尤为重要。

以山东省青岛市为例,青岛市教育局从教师培训供给侧改革入手,推动和整合全市中小学幼儿园教师的个性化培训,发挥教师需求和教师选择在教师培训供给方面的主导作用,读者可参照青岛市教育局教师工作处连同青岛市中小学教师培训中心对全市不同区市的不同学校关于个性化培训进行的调研步骤。

(1)设计教师需求调查量表。依据《教师专业发展标准》《学科教师培训课程指导标准》等国家标准,按照分学科、分层次、分类别,按照年龄段、专业发展水平等多维度设计调查量表,组织学校管理人员、培训管理者和教师对调查量表进行论证,开展调查量表的研制、试用及信度检测等。

(2)组织教师需求调研。要求试点学校做好工作,组织试点单位教师开展需求调研,确保参加调研人数符合调研统计要求,确保调研的数据的真实性。

(3)调研结果汇总分析。教师对于教学技能、教研能力、学生管理能力等需求中,要体现分层、分科的要求,为引导培训机构研发个性化培训课程提供依据。比如音乐教师的个性化需求,学校很难满足,但在全部试点学校(或者更大范围内)可以找到共同需要者,就可以组班开展个性化培训;有些校长根据学校特色发展需要提出了学校发展的个性化需求,多数教师更需要分层、分科的"理论+实地考察+实践"相结合的有效培训。

(4)调研结果信度测评。组织各试点单位对教师需求的信度进行测评,确保调查教师个性化需求的信度,以调查教师对培训内容、形式、时间等方面的真实需求,并进一步优化教师需求调研量表。

2017年3月底,青岛市教育局专门组织区市级培训机构和部分个性化培训项目试点单位负责人赴上海、广州进行专门的考察学习。在具备一定认识的基础上,6月初,开展教师个性化培训的试点工作,采取单位申报和推荐相结合的办法,将市南区和全市25所中小学(幼儿园)作为试点单位,开展教师个性化培训试点工作,涵盖各级各类学校。从指导思想、试点内容、实施方案、保障措施等方面进行部署,并要求基于教师专业发展需要,整合校内外资源,分层、分类、分科递进式设计教师个性化培训课程,开发基于教师需求的个性化培训课程,依据教师专业标准、教师培训课程标准和各层次各类教师专业发展需求,分层、分类、分学科(专业)开发系列化培训课程,通过教师个性化培训平台采集全市教师个性化培训需求,并将培训机构(学校)根据教师需求开发的培训课程以及培训形式、培训专家、培训学时学分等放到平台上,教师通过台式机、移动终端等进行选择,逐步做到教师选培训课程、选培训机构、选培训专家和选培训形式等。教师参训结束,对此次培训评价后,自动计入培训学分。培训学分要作为职称评审、教师年度考核、评先推优和教师资格注册的条件,以激发教师参训积极性。第三方评价机构对每个培训班次进行评价,评价结果将作为培训课程是否继续保留的依据,进而促进培训课程优化。各区市要加大对校本培训的投入,在确保公用经费的 5% 用于教师培训基础上,向市局争取校本培训师均专项资金,用于校本培训和教师自主选学的个性化培训。

平台是由教育局通过委托第三方进行运营,确立培训第三方服务机构,并依靠市场的力量组织进行的平台模式。该模式不需要财政投入,第三方服务机构把教师需求和教师选择(市场的力量)作为最关键因素,引导各要素发挥最大效益,以满足教师个性化需求。教师个性化培训通过近一年的针对性试点,很好地发挥了市场在教师培训资源配置中的决定性作用,吸引国内 74 家(现在 100 家,之前还淘汰了 56 家,实行动态评估淘汰管理)优质教师培训机构参与,丰富和优化了个性化培训课程 246 门(现在 1256 门)。数据显示,教师个性化培训机制的运行和良好的平台运营效能,赢得了培训机构、学校、教师等多方的充分肯定,广受欢迎,个性化培训已经成为市级培训的有益补充。青岛实施教师培训模式创新,统筹了市域内教师个性化培训,并决定自 2018 年 4 月份开始,在全市中小学幼儿园教师中全面开展教师个性化培训。《中国教育报》头版头条以《变"一刀切"为"淘宝式"自选——青岛为 12 万教师提供个性化培训》为题进行了专题报道。

启用青岛市中小学幼儿园教师个性化培训平台,教师培训内容不再搞"一刀切",而是由教师自己提交需求自主选择,也就说平台成为教师培训的"淘宝",教师在平台上注册后,可挑选自己所需的课程,也可提出个性化培训需求,进行"量身定制"。这样一来,培训的组织不再自上而下统一划定,而是由教师网上自助式下单,充分照顾到教师的个性化需求,能有效解决培训针对性不强、教师参训动力不足等问题。在汇总分析教师的个性化培训需求和提出需求人数的基础上,平台将提供符合教师个性化发展的培训课程,把"要我学"

变为"我要学",激发教师参训动力。

青岛教师个性化培训按照管办评分离的要求,明确了教师培训中各职能部门的职责,确定了教育行政部门不再参与具体教师个性化培训组织工作。平台的运行分为三个层面:在管理上,由教育行政部门负责制定教师需求调查量表、制定培训机构参与培训基本要求和培训内容基本要求、做好培训评价量表制定和学分登记管理等关键环节的有关管理工作;在培训上,由教师培训机构负责开发针对教师个性化需求的培训课程,按照教师选择课程情况,组织实施培训,教师按需选择培训机构、培训时间和培训课程,按时参加培训,并对培训课程进行客观评价;在组织上,学校根据自身实际,统筹管理教师报名参训,解决工学矛盾,并按照学校规定报销教师参训费用,第三方服务机构负责对培训的效果进行独立评价,以加强对培训机构的监管。

在确保中小学教师个性化培训正常运转的基础上,教育行政部门特别注重引导社会培训机构参与研发基于全市中小学幼儿园教师个性化发展需求的教师培训精品课程,供教师培训管理部门、学校和教师自由选择,并不断调整优化,建成分层、分类、分科的青岛市中小学幼儿园教师个性化培训课程体系,以满足教师个性化培训需求。

## 二、基于教师个性化培训的学校组织方案

20世纪末期,我国全面启动中小学教师继续教育工程,教师培训的研究和实践成为社会关注的热点之一。走进新世纪,伴随着基础教育课程改革实验的推进以及教师教育的深入发展,教师专业化发展的目标将引领教师在职教育走向一个新的发展阶段。可以预言,"以教师发展为本"将成为新世纪教师培训中的主旋律,尊重教师需要、重视独特内涵、发展个性化特征的"个性化教师培训模式"是其必然的发展趋势。

### (一)个性化教师培训的模式探索

个性化教师培训模式是一种在校本培训的机制下适合中小学教师个性发展的培训模式。它本质上是一种参与式培训与行动研究相结合的复合型模式。在这个模式下,教师可以根据自己的知识背景、兴趣意愿、专业需求选择学习内容、研究课题和培训方式,是自己成为培训学习的主体,注重教师对自

己的学习过程进行自我反馈和探索反思。指导者则对教师的学习实践活动进行指导、培训和拓展。它淡化了把教师集中到本校之外，脱离自己的工作岗位，重新成为学生进行学习的理念，有针对性地对教师的需求进行专业化培训，突出了培训的针对性、实效性和独特性，体现了教师专业发展的合理性、成长性和差异性。

1. 培训思路

为了实施"个性化教师培训模式"，实现教师"不拘一格"的培训目标，在近年的实践研究中，青岛市探索了一条"个体突破—整体推进—观念更新—能力提高—素质拓展—专业发展"的培训思路。这条培训思路的具体做法是，由高校专家、有经验的高水平教师和教师培训机构的专职教师组成导师组，首先对实验学校的骨干教师进行系统的理论培训。然后导师依据"分层分类、求同存异、分析需求、准确定位"的原则，与学校骨干教师结成对子，共同制定灵活多样的个性化培训方案，拟定阶段性目标和长期训练计划。其后导师定期到学校对骨干教师进行有针对性的现场诊断与分析，帮助其发现问题、解决问题，尤其注重对其解决问题的过程分析，从而提高骨干教师的反思实践能力，使他们在反思实践中，真实地获得解决教育教学问题的行动智慧。这种培养过程不是一次性的，而是一个长期的反复沉淀的过程。在这一过程中，对骨干教师教育教学实践的个性化诊断离不开理论的学习和理论的指导。导师通过指导骨干教师自主选择课题开展研究，促进骨干教师的实践创新能力和教学科研能力提升；通过辅导骨干教师自修读书，促进教师自主学习能力的养成和理论知识的积累。因此，这是一个以真实问题为载体的理论和实践自然交融的过程，这一培训思路使理论学习与教学实践之间有了桥梁和纽带，为骨干教师的专业成长提供助推力，为骨干教师的观念更新、能力提高、素质拓展、专业发展提供了科学化、理论化的指导。

当骨干教师成长、成熟，能独当一面时，"整体推进"的时机便已成熟。导师通过集中培训的方式对全体教师进行理论指导。以各学科骨干教师为学科带头人，通过结对子，成立学习型教师组织的方式，带动全体教师的学习、发展，最终实现全体教师的成长与进步。

2. 培训方式

(1)教育教学能力的个性化提高——实用·实效·实益。教师教育教学能力的个性化提高是个性化教师培训模式关注的重点,教师个性化培训注重培养教师能力的实用性、实效性和实益性。教育教学能力的提高以具体的课堂为平台,以普遍的教学问题和典型案例为核心,以教师的实践性知识为基础,提倡教师联系自身的教学,联系担任的学科,联系学校的状况,用科学的理论和改革的理念来省察、反思和评议,采取"情境设计""教案评估""参与说课""上研究课和公开课"等形式将理论导入实践。导师则通过案例教学、观摩听课、问题研究、事件分析等方式对骨干教师进行个性化诊断、分析和指导,强调以案例采编为中介,把理论知识同现实情境相联系;以学科研究为中介,把课程理念与具体实施相联系;以教学设计为中介,把能力要求与实际操作相联系。在培训中针对性的利用问题探究、情境再现等方式,让教师直面教学改革的实践,在运用理论知识去解决问题的过程中,整合教师的陈述性知识、程序性知识和策略性知识,从而使教师的教学能力得到实实在在的提高,并形成独特的教学风格、学科特征和个人魅力。

(2)教育科研能力的个性化发展——创新·创见·创作。个性化教师需要是具备一定学历,受过良好学术训练的人,有自己独立思考、总结感悟的能力。教师科研能力的个性发展以学校具体情况和教师自身实践为基础,以高校专家教师为依托,以教学实践问题为核心,以课题研究为媒介,提倡教师扎根于教学实践,将先进的教育科学理论与个体经验有机结合,对自己的教育教学行为和学生的发展变化进行反思、研究、改进和重建。导师则注重以"问题分析和解决为中心",组织课题研究,对骨干教师进行科研能力挖掘和方法指导。其具体做法是:①理论讲解与课题案例融为一体;②方法传授同经验介绍贯穿始终;③导师信息传递和教师自学反思有机结合;④导师示范研究与教师设计课题交替进行;⑤导师追踪指导和教师自主研究相互配合。教师在导师的指导下要敢于创新、善于实践、提出见解、总结经验、撰写论文,培养教师的科研创作能力。

(3)自主学习能力的个性化养成——拓宽·拓深·拓展。自主学习的需要来源于教师自我发展的内部动机以及动机获得满足后所产生的主体价值。个性化教师培训模式关注教师自主学习能力的个性养成,突出强调教师在学习前的思考。教师必须研究自己的工作,认识和形成自己具有情境敏感性的实践理论,以此作为学习的突破口和拓展的生长点。因此,教师自主学习能力的养成以教师探索性思考和自省性思考为前提,以自修读书为手段,以反思调整为核心,以实践创新为落脚点,围绕教师最为关注、最迫切需要解决、最感兴趣的问题,通过独立思考、自设目标、自订计划、自修学习、专家辅导、互相交流等形式,在自学交流、分享互动中解决问题,在解决问题的过程中拓宽知识、加深理解、提高素质。导师在培养教师自主学习能力的过程中,主要通过以下途径对其进行指导:①督促教师撰写"教学后记"和"自省日记",养成反思的习惯;②引导教师进行各种形式的对照分析和学习小结;③鼓励教师记录自己心得体会和思想感悟,形成个人经验;④指导教师进行实践中的"个案"评析与思考,推动教师个人经验的理论提升;⑤帮助教师对个人成长进行回顾,对职业活动进行叙事分析;⑥促进教师理论和实践的相互磨合,进行实践创新。当教师在自学和反思中不断更新,在实践中获得发展时,教师可以找到一个新的增长点,从而进入"学—思—变,再学—再思—再变"的良性循环过程中,使教师具备了自主学习和终身发展的专业能力。

3. 培训原则

(1)个性化原则。个性化教师培养始终坚持以教师为主体,出发点为尊重教师、满足教师的个性化的发展需求,基本原则是发展教师的自主精神、科研能力和在教学实践中创造性的发现问题、思考问题和解决问题的能力,强调教师在追求自己专业成就的过程中进行个性化的自主学习研究。

(2)专业化原则。当前我国中小学教师队伍客观现实地存在教师专业化水平低的情况,提高现有教师队伍的专业化水平是一个亟待解决的意义重大的问题。对个性教师的培养,不能仅仅浮在表面上,空喊口号,而是要在教师的专业知识、科研创造和实践创新方面打下一定基础,才能出现我们所期望的终极结果——教师教育教学能力的个性化提高、教育科研能力的个性化发展和自主学习能力的个性化养成。

(3)实践性原则。教育在本质上是实践的,中小学教师素质的提高必须在具体的教育教学实践中才能实现。因此,要提升教师专业自主的能力与水平,参与实践是很重要的途径之一,在学中做,在做中学,两者相辅相成,即教师通过一个又一个具体的教学情境的分析与研究,并做出相应的教学决策,从中不断感悟和积累,进而提升自我。

(4)校本原则。教师的发展需要与学校和课堂教学紧密结合,因此教师的个性化培训也要与学校的实际发展与需要相结合,因而需要学校校长领头规划组织学校整体个性化教师培训模式,培训内容密切结合学校和课堂教学实际,体现以学校为本,既考虑教师需求又与学校发展特点相结合的校本原则。

### (二)个性化教师培训的建议

(1)校长是个性化培训的第一责任人。个性化培训明确校长对中小学教师继续教育的责任,校长组织中小学教师参与继续教育应该成为一种自觉行动。需要校长对学校教师发展方向、发展目标、实现途径进行认真规划,并创造条件,在时间、经费、资料、设备、机会等方面为中小学教师继续教育提供保障。同时,作为个性化培训的第一责任人,校长必须带头参与继续教育,带头进行自学、反思、学以致用,在发挥示范作用的同时,做好顶层设计,指导全体教师进行培训。

(2)个性化培训既要和学校及教师实际紧密结合,又可与其他培训方式相配套。个性化培训要和学校及教师实际紧密结合,以学校和教师当前及发展中的问题为出发点,以解决问题并最终形成教师的个性化发展为目标,以教学带动科研,科研促进教学为主要方式,培训更加突出针对性、实用性、实效性,更加突出教师的个性化。由于个性化培训所关注的重心和焦点集中在教师教育教学能力的提高和当前教育教学中的问题解决上,因此,它在提高中小学教师解决当前和现实问题能力上具有明显优势。但个性化培训不是教师继续教育的全部,在实施和组织个性化培训时,应有其他培训方式的配套和培训活动的完善补充。

(3)构建发展性教师评价体系,是教师个性化培训得以实施的保障。评价不仅仅是对教师工作状况的鉴定,更重要的是为促进教师成长和提高教学水平服务,以达到促进学生全面发展目的。因此,要进行个性化教师培训必须革新教师评价体系,应该把保证教育、教学的质量与提高教师的专业发展和素质整合起来,作为新的教师发展性评价理念。通过评价,鼓励教师思考教学过程以及自身的特点,扬长避短,不断提高自身素质、促进专业发展和教学质量提高以及确保所有学生都能有所发展,从而提高学校办学水平,使个性化教师培训的成果得到不断的巩固和发展。

总之,师资培训是教师成长的重要形式,而自我提高既是教师的一项权利,也是一种义务,它不仅是政府行为,更是个人要求。以学校为基地开展的个性化培训不仅适应了教师教育多元化的基本要求,而且又是教师教育发展的必然趋势。随着教师专业自主程度的提高,教师教育体系必然走向开放、走向多元。由于个性化培训能够有机整合各种学习资源,特别是教师个人的动机、情感、意志、零星时间、工作需求等等资源,能够把系统培训和非系统培训统一起来,因而具有强大的生命力。

### 三、教师个性化培训的评价抽样

在新的教育环境及背景下,建立科学、完善、系统的教师职后培训的评价体系,通过定量和定性相结合的综合评价方式,使教师培训机构开设的各类培训课程不仅具有发展性、前瞻性,而且更加贴近教学实际,更加有利于解决广大教师在教育教学过程中所遇到的各种新问题,也更加有助于培训工作的不断改进与完善,这是教师培训的必选项。

教师个性化培训是众多培训方式中的一种相对独立、且又独具个性的培训方式,其因内容的个性、方式的独特、选择的自由而著称。但无论其如何个性,如何独特,作为一种培训模式,仍然需要对培训的讲师、课程、环境、效果等方面进行系列评价。下面,笔者就青岛市域范围内开设的部分个性化培训评价抽样呈现,仅供参考。

### 融合教育与教育心理学探究

培训名称:融合教育与教育心理学探究(2019年第一期)

培训对象:幼儿园、小学、初中、中职、高中老师,特教教师。

培训简介:融合教育推行至今,不论国外或国内,虽然融合趋势招致许多反对的声浪,但赞成者勇往直前。从融合的教育哲学观来看,所有学生有权利在最少限制的环境中接受教育,特殊孩子也是班上的一员,学生良好的学习应以单一教育系统替代普通、特殊二分的教育系统,以及家长、教师、学生交互影响的力量可以促使融合模式比分离模式更易成功。这种理念耕耘的方向是什么,就成了目前主要需讨论的问题。

学员评价见表8-1。

表 8-1

| 学校名称 | 青岛仁爱学校 | 教师姓名 | 韩老师 | 评价时间 | 2019-01-25 |
|---|---|---|---|---|---|
| 讲师评价 | 教师非常敬业,非常专业,尤其是北师大邓教授,大家风范,将特殊教育讲的生动,有趣,又有启发。 | | | | |
| 课程评价 | 融合教育,心理健康,绘画分析分内容,贴近特殊教育实际,非常好。 | | | | |
| 环境评价 | 场地干净、整洁、温馨,非常好。有一天人特别多,桌椅安排非常拥挤,出入很不方便。 | | | | |
| 讲师星级 | 5★ | 课程星级 | 5★ | 环境星级 | 5★ |
| 学校名称 | 青岛市崂山区特殊教育学校 | 教师姓名 | 胡老师 | 评价时间 | 2019-01-25 |
| 讲师评价 | 讲师准备内容丰富,采集了大量的图片,视频,使授课内容浅显易懂,生动有趣。同时师生互动,气氛热烈,专家教授风趣幽默,专业性很强。 | | | | |
| 课程评价 | 培训内容来自实践,受益匪浅。老师们精选案例,使我们更易于理解授课内容。 | | | | |
| 环境评价 | 青岛聋校会场大,但人太多。盲校比较偏远。 | | | | |
| 讲师星级 | 5★ | 课程星级 | 5★ | 环境星级 | 4★ |
| 学校名称 | 青岛财经职业学校 | 教师姓名 | 杨老师 | 评价时间 | 2019-01-25 |
| 讲师评价 | 培训的老师们很敬业,授课过程中,自始至终注重与培训教师的互动,课件中的举例都能贴近老师们的实际需要,很满意。 | | | | |
| 课程评价 | 三天的培训结束了,但融合教育还在路上。作为职校的老师,培训给了我新的教育理念,也更全面地看到我们未来可能面对的教育形式的改变,我要向身边更多的人分享本次融合教育的培训心得,不断学习,扩充自身有关特需儿童身心特点及规律及教育教学、心理学方面的基本理论,寻求多方面的支持,带着对教育的新理解新认识,做好自己的本职工作,寻求新突破。 | | | | |
| 环境评价 | 培训场地很好,各种服务很到位,午餐品种多样。以后这种培训,可以面对面建立微信群,让参与培训的老师在培训后,还能够进行资源的分享与互动。 | | | | |
| 讲师星级 | 5★ | 课程星级 | 5★ | 环境星级 | 5★ |

（续表）

| 学校名称 | 青岛四流中路第二学校 | 教师姓名 | 关老师 | 评价时间 | 2019-01-25 |
|---|---|---|---|---|---|
| 讲师评价 | 教学内容丰富,逻辑条理性强,授课知识面广、信息量大,能将理论和实际联系起来,提供有实际意义的案例分析,能利用新知识充实教学内容,非常满意。 | | | | |
| 课程评价 | 培训的课程及内容有助于我的工作,开阔了教育视野、获得了新知识和新理念,比较先进、科学。 | | | | |
| 环境评价 | 环境很好,适合培训。热情周到,午餐很好,还备有水果矿泉水,想得很细致。 | | | | |
| 讲师星级 | 5★ | 课程星级 | 5★ | 环境星级 | 5★ |
| 学校名称 | 青岛格兰德中学 | 教师姓名 | 臧老师 | 评价时间 | 2019-01-26 |
| 讲师评价 | 讲师语言幽默风趣,理论结合实际,视频实例讲解,从心理学方面和融合教育方面都给了很多的启发。 | | | | |
| 课程评价 | 培训内容很丰富,形式很新颖,老师们培训的知识内容比较实用,收获很多。 | | | | |
| 环境评价 | 环境良好,干净卫生,服务老师们态度很好,出现的问题能够及时解决,非常有效率。 | | | | |
| 讲师星级 | 5★ | 课程星级 | 5★ | 环境星级 | 5★ |
| 学校名称 | 山东省青岛第六中学 | 教师姓名 | 王老师 | 评价时间 | 2019-01-25 |
| 讲师评价 | 在三天的时间里,我系统地学习了融合教育的发展、策略与教育心理学的相关知识,受益匪浅。北京师范大学特殊教育研究所邓猛教授详细地讲述了融合教育的现状发展与基本策略,从学习中我明确了融合教育与随班就读的区别,也明确了随着社会的发展,心理残疾的人会越来越多,作为一名教师,必须面对这种现实,及时调整自己的思想与理念,同时要提高自己的专业知识,当你遇到类似的学生时要采取合理的方式方法去培养提高他们。 | | | | |
| 课程评价 | ①融合教育的发展与现状;②融合教育基本策略探究;③学生心理探究及缓压方法;④教师心理探究及缓压方法;⑤绘画心理学;⑥职业体验。 | | | | |

（续表）

| 环境评价 | 这次培训虽然时间很短,对于我来说却是一次难忘的学习机会,虽然忙碌,但很充实,不仅学到了丰富的知识,还能够把学到的理论知识运用到自己的教育教学中,我相信以后我们的工作会越做越优秀。 | | | | |
|---|---|---|---|---|---|
| 讲师星级 | 5★ | 课程星级 | 5★ | 环境星级 | 5★ |

......

# 教师 STEAM① 课程设计

培训名称:教师 STEAM 课程设计

培训对象:高中教师。

培训简介:STEAM 教育是当前新一轮课改的热点话题,然而,从全国STEAM 教育实践来看,我们对于 STEAM 的认识仍不够系统,比较片面,而且还存在诸多的误区,尤其缺乏本土化的理解与诠释,对 STEAM 课程与教学也缺乏直观的感受与体验。为此,本次培训将聚焦于 STEAM 的本土化研究与实践,通过理论与实操相结合的培训方式为教师提供一次 STEAM 教育的深度探索与体验之旅。

学员评价见表 8-2。

表 8-2

| 学校名称 | 山东省青岛第二中学分校 | 教师姓名 | 冯老师 | 评价时间 | 2019-01-10 |
|---|---|---|---|---|---|
| 讲师评价 | 讲师的观点独特新颖,深入浅出,方法得当,教学内容丰富,让我加深了对该课题的理解。 | | | | |
| 课程评价 | 培训内容丰富,形式多样,设置合理,从知识构建到方式方法都很受益,是目前 steam 课程里,让我收获很大、帮助很大的一次培训。 | | | | |
| 环境评价 | 教学环境与设施合理,适合教师培训,有安静平和舒适的感觉。 | | | | |
| 讲师星级 | 5★ | 课程星级 | 5★ | 环境星级 | 5★ |

---

① STEAM 教育是一种教育理念,一种新的教育模式,即集科学(science)、技术(technology)、工程(engineering)、艺术(art)、数学(mathematics)多学科融合的综合教育。

（续表）

| 学校名称 | 山东省青岛<br>第二中学分校 | 教师姓名 | 王老师 | 评价时间 | 2018-12-22 |
|---|---|---|---|---|---|
| 讲师评价 | 老师讲课质量高，能够有针对性地提出合理建议，理论性和实践操作性都很强，实用性强。培训设计主题对于从事此项工作的教师有着及时雨的作用。 | | | | |
| 课程评价 | 能很好地组织实施课程，课题设计符合目前学校学生发展需要，内容丰富，特别是围绕互联网和steam教学的创新实践指导方面，详实具体，整体设计好，效果不错，收获很大。 | | | | |
| 环境评价 | 环境设施一流，特别是电子多媒体设施和音响设备，以及室内供暖设施等等，让人非常愉悦。 | | | | |
| 讲师星级 | 5★ | 课程星级 | 5★ | 环境星级 | 5★ |
| 学校名称 | 青岛市城阳区<br>第二实验中学 | 教师姓名 | 郝老师 | 评价时间 | 2018-12-19 |
| 讲师评价 | 讲授内容能紧密结合课题目标，将理论和实际联系起来，提供有实际意义的案例分析，逻辑条理性强，详略得当，重点突出，讲授富有创新意识，思想受到了启迪，开阔了视野。 | | | | |
| 课程评价 | 课程满足了我的学习需求，提高对steam课程的认识和steam研究具有引领作用，引导我解决了工作中的问题，开阔了教育视野、获得了新知识和新理念。 | | | | |
| 环境评价 | 考勤、考核和纪律要求与管理到位，培训环境和教学设施设备很好。 | | | | |
| 讲师星级 | 5★ | 课程星级 | 5★ | 环境星级 | 5★ |

······

## 青岛高中教师智慧课堂教学实践研修班

培训名称：2019年青岛高中教师智慧课堂教学实践研修班

培训对象：青岛高中学校骨干教师。

培训简介：为贯彻国家教育信息化"十三五"规划的总体部署，提升高中教师的信息化职业素养，特组织开展本次智慧课堂学科教学研讨交流活动。此次培训旨在推动学校推进信息化技术在教育教学中的应用,推动智慧课堂教学研究和实践创新,最终形成一批信息技术支持下的成熟的、可借鉴、可推广的信息化教学方法、智慧课堂教学模式和典型案例,形成一支高水平的智慧课堂教学骨干队伍。

学员评价见表8-3。

表8-3

| 学校名称 | 山东省青岛第九中学 | 教师姓名 | 李老师 | 评价时间 | 2019-04-22 |
|---|---|---|---|---|---|
| 讲师评价 | 讲师展示了个人较强的教学功底和丰富的教学智慧,师生双边沟通积极,授课有技巧有分寸有步骤,层层展开,教学过程流畅紧凑,环环相扣,尤其是课堂活动的设计能很好地调动积极性,具有很好的借鉴意义。 | | | | |
| 课程评价 | 此次培训展示的课例很有实践借鉴经验,是一次非常有实用价值的培训。 | | | | |
| 环境评价 | 培训地点设施先进,电子屏幕、投影等设施全面,能很好地满足师生课堂对信息技术支持的需求;环境优美,培训地点也十分卫生,桌椅井然有序。 | | | | |
| 讲师星级 | 5★ | 课程星级 | 5★ | 环境星级 | 5★ |

| 学校名称 | 山东省青岛第九中学 | 教师姓名 | 杨老师 | 评价时间 | 2019-04-24 |
|---|---|---|---|---|---|
| 讲师评价 | 几个上课老师各有风格,获益良多。尤其是将信息技术手段与学科教学有机融合,彰显了智慧课堂的高效益。不过山师教授还是拘泥于理论,而且主要在于点出老师们的不足,而不是给出我们后期具体怎么操作这个层面,这个才是我们一线教师最需要的。 | | | | |
| 课程评价 | 培训组织有序,紧扣时代要求,符合新课改要求,推进信息化教学辅助,走在时代前沿。 | | | | |
| 环境评价 | 场地很好,设施齐全,环境优美,安排有序。为授课教师提供了很好的授课条件,为听课教师提供了全方位的培训服务。 | | | | |
| 讲师星级 | 4★ | 课程星级 | 5★ | 环境星级 | 5★ |

（续表）

| 学校名称 | 山东省青岛第九中学 | 教师姓名 | 吴老师 | 评价时间 | 2019-04-26 |
|---|---|---|---|---|---|
| 讲师评价 | 讲授内容能紧密结合课题目标，不偏离主题。有课堂实例展示，有讲评，形式多样，信息量大，内容丰富。各地教师同课异构，体现多种特色。 | | | | |
| 课程评价 | 培训主题切合教育热点，内容充实，pad 教学水平高。如果能对 pad 在教学中的价值多做客观评价会更好。 | | | | |
| 环境评价 | 环境优越，有专业的授课、录课设施，设施先进。场地宽敞，明亮，非常高大上。 | | | | |
| 讲师星级 | 5★ | 课程星级 | 5★ | 环境星级 | 5★ |

······

# 特级教师余映潮教你如何上好语文课

培训名称：特级教师余映潮教你如何上好语文课

培训对象：中小学语文教师。

培训简介：打造灵动、优质、幸福的课堂生活，是每一位教师孜孜以求的梦想，是每一位教师终身求教的必修功课，是每一位教师爱岗敬业的责任使然，因为这里有学生思想拔节的声音，这里有学生生命绽放的色彩，这里有师生共享共建共赢的鲜活画面。本次培训特邀请著名语文特级教师、中青年教师课堂教学艺术研究的领军人物余映潮老师与大家探讨教师语文课堂教学的话题，期待大家的共同成长。

学员评价见表 8-4。

表 8-4

| 学校名称 | 青岛格兰德中学 | 教师姓名 | 彭老师 | 评价时间 | 2019-04-24 |
|---|---|---|---|---|---|
| 讲师评价 | 余老师德才兼备，有着老一辈教育家的教育情怀及对待学术的严谨，自身功底十分深厚，经验更是丰富，从头到尾一丝不苟，没有一丝糊弄。听他讲课，是一种享受，更受到切实的启发，比如课堂的朴实无华与润物无声；课堂评价的及时与切恰；学生学习习惯的培养，学科素养的培养等等，深受启发，收获满满。 | | | | |

（续表）

| 课程评价 | 培训课程设计合理,组织严密,特别是在家门口培训,既不影响工作、劳民伤财,又能听到大家理论联系实际的讲授,形式效果都非常好,点赞! | | | | |
|---|---|---|---|---|---|
| 环境评价 | 设施先进,环境优美。培训安排十分用心体贴,有咖啡、茶歇,方便大气,感觉十分愉悦。 | | | | |
| 讲师星级 | 5★ | 课程星级 | 5★ | 环境星级 | 5★ |
| 学校名称 | 青岛市李沧区大枣园小学 | 教师姓名 | 宋老师 | 评价时间 | 2019-04-25 |
| 讲师评价 | 于老师不愧为名家,讲课实实在在,让我们看到了大家的风范,理念讲的透彻实用。一位七旬老人对教育事业的热爱,向余映潮老师学习,致敬! | | | | |
| 课程评价 | 课堂中体现了余老师的语文教学理念,结合后期的报告,更加理解了他为什么要这样上课的原因了,能针对教师教学中存在的问题进行培训,解决了教师在教学中的一些实际问题。 | | | | |
| 环境评价 | 教学设施与学习条件很满意,组织者的准备工作很充分,细致到位,午餐质量相当好。 | | | | |
| 讲师星级 | 5★ | 课程星级 | 5★ | 环境星级 | 5★ |
| 学校名称 | 青岛市李沧区振华路小学 | 教师姓名 | 孙老师 | 评价时间 | 2019-04-25 |
| 讲师评价 | 余老师提出:"教材研读是教师教学能力的试金石,利用教材是阅读教学理念的指南针,实践活动是课堂训练的聚宝盆,知识渗透是课文阅读教学的智慧泉,集体训练是高效课堂的顶梁柱。"我深有感触,作为一名语文教师,必须提高文学修养和课堂教学语言质量,需要有精、深、美的指导能力。在教育教学过程中,一定要重视"积累学用"这四个字,增加课堂训练和课外拓展,将听说读写背融入课堂内外。 | | | | |

（续表）

| | |
|---|---|
| 课程评价 | 余老师的三节课给我的印象就是扎实、细腻、丰富、明晰。其中印象最深刻的就是《假如给我三天光明》这首诗歌,余老师并没有进行琐碎的提问,而是在一开始让学生进行了背景了解后,让学生齐读并给予指导朗读。通过抓住关键词、分析作者情感等方法使学生在六遍朗读中不断进步,不仅提高了朗读水平,也对作者情感有了更深一步的体会。在解析了文章内容和思想感情后,余老师进行了课外拓展。共准备了4篇类型相似的诗歌并指导学生朗读背诵,起到了"举一反三"的效果。一堂课积累了五首诗歌,可以说是非常充实丰富。在课程结尾,余老师还让学生们进行了仿写。在原文中两个句子不变的情况下写微文,让学生提高了写作能力并活学活用,落实在笔尖上。 |
| 环境评价 | 环境干净,培训设施齐全,适合开展培训活动,比较满意。 |

| 讲师星级 | 5★ | 课程星级 | 5★ | 环境星级 | 4★ |
|---|---|---|---|---|---|

| 学校名称 | 即墨市温泉小学 | 教师姓名 | 丁老师 | 评价时间 | 2019-04-25 |
|---|---|---|---|---|---|
| 讲师评价 | 理念:利用课文内容对学生进行训练,要整合教学资源,要重视语言的积累运用。用课文来教学,用课文内容来训练。对语言的学用积累放在首位。读写能力的训练要落到实处。教师要净化语言,教学要坚持落实,和大师学,受益匪浅。 | | | | |
| 课程评价 | 这次培训学习丰富了我的教育思想,开阔了我的眼界和教学思路,更激发了我的工作热情和信心,我会不断反思,不断前行。要多读书,丰富自己的知识加强业务学习,提高自己的境界,拓宽自己的思路。认真钻研教材,更好地利用教材。 | | | | |
| 环境评价 | 多媒体、电子白板等基础设施先进,环境优美,秩序井然。 | | | | |

| 讲师星级 | 5★ | 课程星级 | 5★ | 环境星级 | 5★ |
|---|---|---|---|---|---|

| 学校名称 | 山东省青岛第四十九中学 | 教师姓名 | 洪老师 | 评价时间 | 2019-04-26 |
|---|---|---|---|---|---|
| 讲师星级 | 5★ | 课程星级 | 5★ | 环境星级 | 5★ |

（续表）

| | |
|---|---|
| 讲师评价 | 余老师板块教学清晰自然,面向全体学生,评价鼓励及时到位;读写到位,语言教学诗意化,特别注重学生课堂习惯的养成,读写结合更注重方法的指导与要求,问题引领精妙。 |
| 课程评价 | 针对性强,培训效果好,组织周密,管理到位。 |
| 环境评价 | 安排培训环境好,设施设备完备,仅有热水取用不方便,瑕不掩瑜。 |

| 讲师星级 | 5★ | 课程星级 | 5★ | 环境星级 | 5★ |
|---|---|---|---|---|---|

......

以上抽样的个性化培训是由学校牵头组织,学员自行选择报名参加。随机选取部分评价案例,主要是向读者展示个性化培训广受欢迎的魅力,因为这样的培训模式更贴近实际,更符合教师个性化发展之需求。

总之,教师培训的内容和形式需要随着社会的不断进步与发展发生变化,培训组织部门应该充分发挥培训评价的激励导向功能、反思总结功能和反馈调节功能,以此来促进培训课程的不断更新与完善,以及培训者教育教学科研能力的不断提高。在未来的教师培训工作中,随着教师职后培训评价工作越来越开放、客观、透明,这不仅会加快教师培训工作向市场化方向转化的速度,而且教师培训机构同样面临着优胜劣汰的局面。所以,教师培训机构和培训者都必须从计划模式的阴影中走出来,不断探寻适应时代发展需要的有效的教师培训,共同努力,未雨绸缪,时刻准备着迎接市场的挑战,接受市场的选择。

# 第二节 家庭教育指导师培训

当前家庭教育指导是紧随社会发展而生的一个热点话题。随着时代的飞速发展,随着人民生活水平的提高,随着家长对教育的空前重视,如何进行家庭教育已经成为亟待解决的一个社会热点、焦点问题。望子成龙、望女成凤普遍存在,父母的生活压力、职业压力以及对孩子未来的焦虑已经影响到孩子教育的方方面面。一项调查显示,中国60%左右的家庭存在着不同程度的青少年心智障碍、逃课厌学、考试压力、亲子冲突、网络成瘾、自闭自虐、啃老、厌世等教育问题,80%左右的家庭不懂或不完全懂如何正确教育孩子,甚至感到力不从心,亲子情感与行为的困惑日夜严重。家庭教育已成为广大家庭备受关注的研究性课题,对家庭教育的指导也已提升为一项尤为重要的、且极具紧迫的战略性任务。

教育部于 2015 年 10 月 12 日颁布了《关于加强家庭教育工作的指导意见》,明确提出各地要积极发挥家庭教育在少年儿童成长过程中的重要作用,将家庭教育纳入各级教育行政部门的总体工作安排,发挥学校主导作用,提升对家庭教育工作的指导,提高家庭教育工作的水平,为每一个孩子打造适合健康成长和全面发展的家庭环境,构建学校教育、家庭教育和社会教育有机融合的现代教育体系。2016 年 11 月 14 日,全国妇联、教育部、中央文明办等九部门共同印发《关于指导推进家庭教育的五年规划(2016—2020 年)》,部署了准确把握家庭教育核心内容、建立健全家庭教育公共服务网络、提升家庭教育指导服务专业化水平、大力拓展家庭教育新媒体服务平台、促进家庭教育均衡协调发展、深化家庭教育科学研究、加快家庭教育法制化建设七个方面十八项重点任务,明确了未来五年家庭教育发展方向、工作目标和落实举措,并提出到 2020 年,基本建成适应城乡发展、满足家长和儿童需求的家庭教育指导服务体系,再次明确指出各级教育行政部门要将家庭教育指导服务作为学校和幼儿园工作的重要任务,纳入师资培训和教师考核工作。

据了解,欧美发达国家,每 300～500 人就拥有一名家庭教育指导师,对父母自身教育的重视已经超过了对儿童的学前教育和学校教育。

以青岛市为例,青岛市教育局高度重视家庭教育工作,近些年来,围绕家庭教育这一主题,开展了一系列卓有成效的工作。

2016 年 4 月,青岛市教育局为进一步落实国家、省、市中长期教育改革与发展规划纲要和教育部《关于加强家庭教育工作的指导意见》以及《关于做好全国家庭教育试验区工作的通知》(教基一司〔2016〕35 号),结合青岛实际制定出台《关于进一步加强中小学幼儿园家庭教育工作的意见》(青教通字〔2016〕26 号),按照"统筹规划、重点突破,创新引领、示范带动,因地制宜、形成特色"的工作思路,构建了家庭教育项目推进工作平台、家庭教育工作标准化建设平台、家庭教育工作经验推广平台、家庭教育工作教研督导平台。对每个平台职能的推进实施,安排上相应的责任处室(教育局)分阶段加以督导落实,并以

"四个平台"为依托,进一步拓展家庭教育指导服务阵地,与妇联、关工委等共同办好中小学、幼儿园、中等职业学校的家长学校,建立完善的家庭教育工作协调推进机制和保障机制;深化家庭教育科学研究,提高家庭教育指导专业化水平,形成一支专兼结合的家庭教育工作队伍,推动家庭、学校(幼儿园)、社会密切配合,为百万家庭提供科学、系统、周到的家庭教育指导服务,帮助家长掌握科学育儿知识和技能,推动家长自觉履行家庭教育责任和义务,建立具有青岛特色的家庭教育理论体系和指导服务体系,提升全市家庭教育的质量和整体工作水平。

实施"一把手"工程,提高家庭教育领导力,全面推进家庭教育工作。2017年5月17日,青岛市教育局组织召开了青岛市家庭教育服务站、家庭教育示范中小学幼儿园工作经验交流会。与此同时,为进一步加强和提高全市中小学幼儿园家庭教育师资队伍建设和家庭教育指导服务水平,成立了由45位市域教育专家组成的青岛市中小学幼儿园家庭教育讲师团,并要求讲师团成员要认真研究家庭教育发展形势,探讨家庭教育指导工作的规律,不断提升自身宣讲工作水平。

2019年初,青岛市教育局专门成立了家庭教育工作处,负责统筹全市家庭教育的行政管理和业务指导工作。紧接其后,为推进家校合作,青岛市教育局开发了"青岛家校合作网"(http://jxhz.qdedu.net),并于2019年3月16日举行网址开通仪式。"青岛家校合作网"是市教育局开发建设的家庭教育专业化互联网服务平台,是促进家校共育、沟通合作、提高家长科学育子能力、展示全市家庭教育工作的窗口和平台。充分利用互联网、大数据的优势,为家长提供更加系统、精准、个性化的家庭教育指导服务,全面提升广大家长的家庭教育能力。

2019年3月初,青岛市教育局开设"家长大课堂"开展"家长面对面"活动。发动组织教育系统机关干部、名师名校长进学校、进乡村、进社区,深入群众,与广大学生家长面对面,说清说透教育方针政策,指导家长科学家教,听取家长意见建议,积极主动回应家长关切。分学段、分专题开展家庭教育研讨交流活动,实现市、区市、学校三级同步组织实施的常态化。

通过系列"家长大课堂"活动,进一步普及家庭教育知识,推广家庭教育方面的成功经验和科研成果,帮助和引导家长树立正确的家庭教育观念、人才观,尊重孩子的成长规律,掌握科学的家庭教育方法,提高家长科学教育子女的能力,自觉履行家庭教育职责,构建新型和谐的亲子关系、和谐健康的家校关系,搭建家庭、学校、社会和谐交流的平台,提高教育质量。

青岛市教育局针对家庭教育工作的系列举措,是认真贯彻习近平总书记"注重家庭、注重家教、注重家风"要求的真实领会,是对习近平总书记关于"家庭是人生的第一所学校,家长是孩子的第一任老师,要给孩子讲好'人生第一课',帮助孩子'扣好人生第一粒扣子'"重要论述的充分理解,是解决人民日益增长的美好生活需要与教育发展不平衡不充分矛盾的实效举措,是健全家庭教育指导工作机制,加强家庭教育研究,统筹推进家庭教育指导工作,努力办人民满意教育的具体行动。

青岛市中小学教师培训中心,因时而动,顺势而为,积极推动青岛市家庭教育指导师培训工作的创新发展。以 2018 年 5 月培训中心首次举办家庭教育指导师培训为例,因为是教师培训的新增项目,缺乏前期经验,因此培训中心在课程设置、授课专家、组织实施三个环节都做了周密的思考,一方面于前期进行了必要的调研论证,调研对象主要是中小学教师和家长,另一方面结合调研情况,精心研究课程的设置,可以说家庭教育指导师的培训首办取得了"开门红"。课程设置上,既有家庭教育指导、心理健康教育指导、法律普及宣讲,又有优秀家长交流、家校共育案例,也有同伴互助、团队建设;授课讲师既有高校的专家教授、家庭教育专家、心理健康教育专家、律师,还有优秀家长代表的现身说法;组织形式上,既有理论讲座又有实践指导,还有学员与学员之间的交流与碰撞。授课专家以贴近家庭教育实际的大量案例,从不同的视角诠释家庭教育的原则、方法和技巧,开拓学员家教视野,引领学员研究家教规律,接受科学的家教理念和实用的家教方法。培训特意安排了破冰活动、课前交流、研修成果汇报等多种互动形式,重体验、感悟,重分享、交流,促进了培训成果的有效转化。通过这些丰富多彩的课程与活动,带动学员推广普及科学的家庭教育,增强了做好家庭教育指导工作的信心,使之成为指导家庭教育的星星之火,让星星之火燎原,让更多人接受专业而系统的家庭教育,实现家校合力,让更多的家庭和孩子受益!

## 第一期青岛市家庭教育指导师研修班专家评价和培训满意度调研

第1题 管老师:把家庭教育做得更科学些 [单选题]

| 选项 | 小计 | 比例 |
|------|------|------|
| 满意 | 78 | 95.12% |
| 较满意 | 4 | 4.88% |
| 一般 | 0 | 0% |
| 不满意 | 0 | 0% |
| 本题有效填写人次 | 82 | |

第2题 青岛58中学生家长:告诉孩子,你用力向梦想奔跑的样子真好看! [单选题]

| 选项 | 小计 | 比例 |
|------|------|------|
| 满意 | 74 | 90.24% |
| 较满意 | 6 | 7.32% |
| 一般 | 2 | 2.44% |
| 不满意 | 0 | 0% |
| 本题有效填写人次 | 82 | |

第3题 平度师范学校小教3+4本科学生家长:引领+目标+鼓励=自主成长 [单选题]

| 选项 | 小计 | 比例 |
|------|------|------|
| 满意 | 56 | 68.29% |
| 较满意 | 21 | 25.61% |
| 一般 | 5 | 6.1% |
| 不满意 | 0 | 0% |
| 本题有效填写人次 | 82 | |

第4题　邵老师:校园欺凌的根源和对策　　　　　　　　　　[单选题]

| 选项 | 小计 | 比例 |
|------|------|------|
| 满意 | 66 | 80.49% |
| 较满意 | 13 | 15.85% |
| 一般 | 3 | 3.66% |
| 不满意 | 0 | 0% |
| 本题有效填写人次 | 82 | |

第5题　王老师:好家风陪伴孩子成长　　　　　　　　　　[单选题]

| 选项 | 小计 | 比例 |
|------|------|------|
| 满意 | 75 | 91.46% |
| 较满意 | 7 | 8.54% |
| 一般 | 0 | 0% |
| 不满意 | 0 | 0% |
| 本题有效填写人次 | 82 | |

第6题　王老师:青少年身心发展规律及指导策略　　　　　[单选题]

| 选项 | 小计 | 比例 |
|------|------|------|
| 满意 | 69 | 84.15% |
| 较满意 | 9 | 10.98% |
| 一般 | 4 | 4.88% |
| 不满意 | 0 | 0% |
| 本题有效填写人次 | 82 | |

**第7题 李老师:教育改革从家庭教育开始** [单选题]

| 选项 | 小计 | 比例 |
|---|---|---|
| 满意 | 78 | 95.12% |
| 较满意 | 4 | 4.88% |
| 一般 | 0 | 0% |
| 不满意 | 0 | 0% |
| 本题有效填写人次 | 82 | |

**第8题 王老师:基于家校社共同体,构建家长教养知能提升育人模式** [单选题]

| 选项 | 小计 | 比例 |
|---|---|---|
| 满意 | 46 | 56.1% |
| 较满意 | 24 | 29.27% |
| 一般 | 10 | 12.2% |
| 不满意 | 2 | 2.44% |
| 本题有效填写人次 | 82 | |

**第9题 刘老师:解读孩子,做优秀教师** [单选题]

| 选项 | 小计 | 比例 |
|---|---|---|
| 满意 | 68 | 82.93% |
| 较满意 | 7 | 8.54% |
| 一般 | 4 | 4.88% |
| 不满意 | 3 | 3.66% |
| 本题有效填写人次 | 82 | |

第 10 题　您对本次培训的课程内容及授课专家的总体评价　　［单选题］

| 选项 | 小计 | 比例 |
|------|------|------|
| 满意 | 73 | 89.02％ |
| 较满意 | 8 | 9.76％ |
| 一般 | 1 | 1.22％ |
| 不满意 | 0 | 0％ |
| 本题有效填写人次 | 82 | |

第 11 题　您对本次培训的组织及管理是否满意　　　　［单选题］

| 选项 | 小计 | 比例 |
|------|------|------|
| 满意 | 78 | 95.12％ |
| 较满意 | 4 | 4.88％ |
| 一般 | 0 | 0％ |
| 不满意 | 0 | 0％ |
| 本题有效填写人次 | 82 | |

第 12 题　您对本次培训食宿安排是否满意　　　　　　［单选题］

| 选项 | 小计 | 比例 |
|------|------|------|
| 满意 | 71 | 86.59％ |
| 较满意 | 8 | 9.76％ |
| 一般 | 3 | 3.66％ |
| 不满意 | 0 | 0％ |
| 本题有效填写人次 | 82 | |

第13题　您对培训中心的学习条件等安排总体评价　　　[单选题]

| 选项 | 小计 | 比例 |
|---|---|---|
| 满意 | 77 | 93.9% |
| 较满意 | 3 | 3.66% |
| 一般 | 2 | 2.44% |
| 不满意 | 0 | 0% |
| 本题有效填写人次 | 82 | |

第14题　本次培训您的总体收获如何　　　[单选题]

| 选项 | 小计 | 比例 |
|---|---|---|
| 很大 | 75 | 91.46% |
| 较大 | 7 | 8.54% |
| 一般 | 0 | 0% |
| 没收获 | 0 | 0% |
| 本题有效填写人次 | 82 | |

## 第一期青岛市家庭教育指导师研修班培训学员感言

**吕老师:**参加了今天的培训,让我对家庭教育有了全新的认识,感到作为一名家庭教育指导师重任在肩,任重道远,在接下来的学习中,静心学习,融会贯通,把学习到先进的科学的家庭教育理念和方法应用到今后的工作中。

**官老师:**"学而不思则罔,思而不学则殆。"学习引发思考,学习触发灵感,学习生发理念。专家的讲座分别从家庭教育之惑和为何要重视家庭教育等方面提出建设性意见,指明了方向,既高屋建瓴,又易懂实用。未来的学校管理和教学都要建立在家庭教育的基础上,家庭教育是底色教育,培根教育,终生教育。

**赵老师:**家庭是人生的第一课堂,家庭教育指导师要建立终身学习理念,走在教育前面,做好引领。让我们用智慧和行动去帮助孩子扣好人生第一颗扣子,迈好人生每一步。感谢专家的精彩讲座。

付老师:一下午的培训,干货满满,非常充实。都说给孩子最好的礼物是陪伴,而现在很多家长不是"陪伴",而是"陪着",只是在行为上伴他左右,而没有在心灵情感思想陪伴孩子,这是目前很多家长需要转变的一个大问题。

王老师:这些天,读书、聆听、思考,怀揣教育的梦想;这些天,学习、收获、成长,追寻教育的方向。专家报告,妙语连珠,智慧引领,让我们沉浸而感慨,对家教工作重新定位和思考;同伴互助,各抒己见,精彩纷呈,见证各区市同行的内涵与专长。感谢培训中心用精心准备的课程带给我们的更多更新的理念和更全更深的指引!优秀教师+合格家长,我们永远在路上!

王老师:通过学习让我深刻体会到了家庭教育的重要性。所有教育的根源就是家庭教育,孩子在成长过程中,我们要尊重孩子的选择,把选择权还给孩子,就像"孩子需要一个苹果,我们却给他一车香蕉。"不能把我们的想法强加给孩子。作为一线班主任,很多问题是必须面对的,通过学习培训给我指明了方向,让我不迷茫,感谢青岛市中小学教师培训中心组织承办的本次培训。

……

为进一步提升家教指导师培训的实效性,在家庭教育指导师培训已有经验的基础上,2019年5月上旬,培训中心开始尝试与专业机构——"青岛市培德润智成长发展指导中心"合作,开训家庭教育指导师。发挥机构专长,精设培训课程,精邀培训专家,精选培训形式。合作培训筹备期间,双方就课程设置进行了多次协商调整,课程有四大特点,一是国内顶尖的家庭教育专家团队作支撑,首都师范大学家庭教育研究中心主任康丽颖教授等十余位专家参与课程体系的研发,并亲自担任授课任务。二是高品质的课程内容,集"科学性、系统性、实用性、针对性、实效性"为一体,从家庭生活与家庭教育、青春期孩子特点与家庭教育、家校沟通、亲子沟通、家庭环境建设、教师家庭教育指导服务胜任力的培养等多个层面设计。三是培训方式灵活新颖,理论知识与实操方法相结合,系统讲授与体验互动相结合,理念解读与个案分析相结合,课上引领与课下反思相结合。注重实效"即学即用",收到奇好的培训效果。四是优化培训设计,将市级培训与社区公益相结合,打造高端、实用的精品培训项目。

　　青岛市培德润智成长发展指导中心,属于民办非营利性企业单位,其宗旨是站在人的身心全面发展的立场上,关注和促进青年及少年儿童身心均衡全面健康发展,推进中小学幼儿园教师专业化成长,普及科学的家庭教育理念与方法,提高各个层面家庭教育的能力与水平。该机构因专家团队过硬、课程品质高端、过程管理规范,受到了参训教师和睿师汇平台(第三方评价评估机构)的极高评价,已在青岛教师个性化平台上为中小学幼儿园教师提供了十几次培训课程,培训老师近千人次。同时,该机构联合首都师范大学家庭教育指导研究中心,四月份正式在青岛地区推出面向中小学幼儿园教师的"家庭教育指导师"培训课程。

### 第三期青岛市家庭教育指导师研修班培训课程

表 8-5

| 模块 | 培训内容 | 讲师 | 课时 |
|------|---------|------|------|
| 模块一 | 主题:家庭教育的概念与内涵<br>具体内容:<br>1. 青少年观与教育观<br>2. 家庭生活与家庭建设<br>3. 家庭养育与教育 | 康老师 | 4 |
| 模块二 | 主题:家长教育素质与儿童发展<br>具体内容:<br>1. 青少年生理、心理和社会性发展特点解析<br>2. 家庭教育误区与亲子共同成长<br>3. 优秀父母的典型品质与提升路径 | 夏老师 | 4 |
| 模块三 | 主题:家庭教育评估与环境建设<br>具体内容:<br>1. 家庭物质环境建设<br>2. 家庭心理环境建设<br>3. 家庭人文环境建设 | 王老师 | 8 |

（续表）

| 模块 | 培训内容 | 讲师 | 课时 |
|---|---|---|---|
| 模块四 | 主题:促进儿童成长的家庭教育内容<br><br>具体内容:<br>1. 生活德育:亲子沟通方式与技巧<br>2. 健康教育:生理卫生与心理健康教育<br>3. 智慧教育:自主学习能力培养<br>4. 家庭美育:审美能力培养<br>5. 劳动体验教育:劳动技能培养 | 李老师 | 8 |
| 模块五 | 主题:家校社共育与家庭教育指导师胜任力<br><br>具体内容:<br>1. 家庭、学校和社会的责任与边界<br>2. 家校沟通的常见问题与解决方法<br>3. 依法化解家校冲突<br>4. 合理利用社会资源<br>5. 家校社共育的模式与案例<br>6. 教师如何开展家庭教育指导服务工作<br>7. 教师家庭教育指导服务胜任力的内涵<br>8. 教师家庭教育指导服务胜任力的培养 | 张老师 | 8 |
| 模块六 | 主题:家庭结构变化与特殊学生家庭<br><br>具体内容:<br>1. 面对初中生家庭结构的变化(单亲、留守、隔代抚养、重组家庭等),有效的家庭教育<br>2. 特殊学生的教育:心理异常、青春期困扰、行为问题<br>3. 二孩家庭教育的指导:兄弟姐妹和谐相处与相互促进成长 | 李老师 | 4 |

# 第三期家庭教育指导师培训满意度调研

第 1 题 康:家庭教育与儿童发展 ［单选题］

| 选项 | 小计 | 比例 |
|---|---|---|
| 满意 | 60 | 93.75% |
| 较满意 | 4 | 6.25% |
| 一般 | 0 | 0% |
| 不满意 | 0 | 0% |
| 本题有效填写人次 | 64 | |

第 2 题 李:青春期家庭教育内容与策略 ［单选题］

| 选项 | 小计 | 比例 |
|---|---|---|
| 满意 | 61 | 95.31% |
| 较满意 | 2 | 3.13% |
| 一般 | 0 | 0% |
| 不满意 | 1 | 1.56% |
| 本题有效填写人次 | 64 | |

第 3 题 刘:家庭教育环境建设与评估 ［单选题］

| 选项 | 小计 | 比例 |
|---|---|---|
| 满意 | 64 | 100% |
| 较满意 | 0 | 0% |
| 一般 | 0 | 0% |
| 不满意 | 0 | 0% |
| 本题有效填写人次 | 64 | |

第 4 题　夏:家庭教育素质与学生发展　　　　　　　　　　[单选题]

| 选项 | 小计 | 比例 | |
|------|------|------|------|
| 满意 | 55 | | 85.94% |
| 较满意 | 7 | | 10.94% |
| 一般 | 2 | | 3.13% |
| 不满意 | 0 | | 0% |
| 本题有效填写人次 | 64 | | |

第 5 题　张:家庭共育与家庭教育指导服务胜任力　　　　　[单选题]

| 选项 | 小计 | 比例 | |
|------|------|------|------|
| 满意 | 58 | | 90.63% |
| 较满意 | 4 | | 6.25% |
| 一般 | 2 | | 3.13% |
| 不满意 | 0 | | 0% |
| 本题有效填写人次 | 64 | | |

第 6 题　李:家庭结构变化与心理异常学生的家庭教育　　　[单选题]

| 选项 | 小计 | 比例 | |
|------|------|------|------|
| 满意 | 63 | | 98.44% |
| 较满意 | 1 | | 1.56% |
| 一般 | 0 | | 0% |
| 不满意 | 0 | | 0% |
| 本题有效填写人次 | 64 | | |

第7题 您对本次培训的组织形式是否满意 ［单选题］

| 选项 | 小计 | 比例 |
|------|------|------|
| 满意 | 62 | 96.88% |
| 较满意 | 2 | 3.13% |
| 一般 | 0 | 0% |
| 不满意 | 0 | 0% |
| 本题有效填写人次 | 64 | |

第8题 您对本次培训授课专家的总体评价 ［单选题］

| 选项 | 小计 | 比例 |
|------|------|------|
| 满意 | 59 | 92.19% |
| 较满意 | 5 | 7.81% |
| 一般 | 0 | 0% |
| 不满意 | 0 | 0% |
| 本题有效填写人次 | 64 | |

第9题 您对培训中心的学习条件等安排总体评价 ［单选题］

| 选项 | 小计 | 比例 |
|------|------|------|
| 满意 | 62 | 96.88% |
| 较满意 | 2 | 3.13% |
| 一般 | 0 | 0% |
| 不满意 | 0 | 0% |
| 本题有效填写人次 | 64 | |

第 10 题   本次培训您的收获如何                    ［单选题］

| 选项 | 小计 | 比例 |
|------|------|------|
| 很大 | 59 | 92.19％ |
| 较大 | 5 | 7.81％ |
| 一般 | 0 | 0％ |
| 没收获 | 0 | 0％ |
| 本题有效填写人次 | 64 | |

## 第三期青岛市家庭教育指导师研修班培训学员感言

**平度郑州路小学   唐老师：**通过培训，作为分管家庭教育的副校长，我觉得自己需要做的就是结合我们学校实际，找准我校家庭教育的切入点，协助校长，带领中层，脚踏实地从一点一滴做起，重视并珍惜每一次和家长沟通交流的机会，做实家长育儿真经，帮助家长转变家庭教育理念，改变家庭教育方法，家校携手，共育幸福少年！

**平度李园小学   刘老师：**阳春三月，温馨周末。一天半的培训学习，认真聆听了三位家教专家的精彩报告讲座，我深深地体会到：家庭教育是整个教育体系中不可分割的重要组成部分，家庭是孩子人生的第一课堂，家庭教育在孩子的成长过程中有着举足轻重、不可替代的作用。良好的家庭教育需要父母具备与时俱进的家教理念，创设充满正能量的家庭环境，保持潜移默化的榜样示范，给予孩子成长前行的指导引领。

**平度胜利路小学   綦老师：**好家长胜过好老师。家长应该是孩子的启蒙老师，孩子最容易模仿家长的言行，只有家庭教育和学校教育有机结合起来，才能收到最好的教育效果。只有家长意识到家庭教育的重要性，主动做好家庭教育，孩子才能健康茁壮地成长，才能成长为可以遮风挡雨的参天大树，才能成为对社会有益的栋梁之材。我们要做的就是每一位家长认识到这一点并给予科学的家庭教育指导。

**平度张舍中学   马老师：**孩子的成长教育离不开家庭教育，学校教育，社会教育三个方面。而家庭教育是一切教育的基础,家长是家庭教育的主体、孩子的第一任老师,"老师"的言谈举止对孩子起着潜移默化的作用。孩子是有思想、有感情的复杂的人,如果你从小就不能了解他,不能与之交流,只是依靠父母所谓的"权力"来压服他,那当他上初中、高中时,学习成绩会一落千丈,因为在学习中找不到乐趣,他就会学会说谎,把精力放在交朋结友,沉迷于游戏。经常听到有的家长说"我儿子不怕我们,就怕老师",其实这种家长的观念有两个错误:一是自己不愿意承担管教孩子的责任,想把责任推给老师,寄希望于老师把自己的孩子管好,自己等着摘果实;二是说明自己根本不会管孩子,也不知道怎样管孩子。因此,指导家长做好家庭教育,我们义不容辞。

**平度同和中学 张老师:**千万不要打击孩子的自信心,要多加鼓励。孩子越小,你的话越有可信度,他们会不自觉地记住你说的话。如果总是打击自己的孩子,甚至随意伤害孩子的人格和尊严,孩子将失去自信和活力,失去面对挫折的勇气和成功的机会,甚至产生心理障碍。容许接纳孩子们"可爱的缺点",发掘孩子身上的优点和闪光点,并有意放大其闪光点,也许就是他将来成功的钥匙。

**平度实验中学 皮老师:**通过培训学习,我充分认识到家校共建共育的重要性,提高教师和家长的合作共建教育意识,才能使教育的途径得以畅通,教育才能更有成效。学校与家庭若在学生教育问题上产生分歧,就会给学校的教育和管理带来种种阻力,降低学校教育的效率。家庭教育既是学校教育的基础,又是学校教育的补充。"十年树木,百年树人",因此要努力促进家庭教育与学校教育的相互配合和协调,让我们永远记住良好的沟通是搭建家校联系的彩虹。希望每个孩子都能在阳光下健康快乐地成长!

通过合作培训的课程设计、学员满意度调研以及培训学员感言可以看出,家庭教育指导师培训本着"高端、管用"的原则,精心策划,合理安排,数位知名家庭教育和心理学专家就家庭教育的概念与内涵、家长教育素质与儿童发展、家庭教育评估与环境建设、促进儿童成长的家庭教育内容、家校社共育与家庭教育指导师胜任力、家庭结构变化与特殊学生家庭等方面,与学员进行了深入细致的交流互动,既有先进的理念,也有丰富的案例,内容充实,主题鲜明,品质高端,学员参与度极高,多层次多元化的课程满足了不同层次学员需求,真正提升了学员老师们的家庭教育指导能力,达到了预期培训目标,取得了良好实效。借助培训机构的优势力量,发挥专业机构专长,会使培训更有成效。

当然,家庭教育指导途径,可以是多种形式,可以是集体讲座,可以是小范围座谈指导,可以是个别面对面,可以是教师家访,也可以是通过网络、微信等信息手段交流指导。不管何种指导形式,都要以不同家庭状况、不同孩子性格特点为着力点,实施有效的家庭教育指导。

无论是教育行政部门还是培训机构,抑或是专业机构组织的教师培训,一个核心问题就是要加强培训成效管理,家庭教育指导师的培训不仅不能例外,反而要更加注重。因为,如以上所述,家庭教育是当今社会普遍关注的焦点问题,已成为众多家庭存在的难点、堵点、痛点问题,而家庭教育指导师是最直接、最有效帮助家长做好家庭教育的最佳人选,因此发挥教育名家、教育专家、专业机构专长,切实做好家庭教育指导师培训显得尤为重要。

# 第三节　助力乡村教师专业成长

## 一、解读振兴乡村教育政策

实施乡村振兴战略,是党的十九大做出的重大决策部署,是决胜全面建成小康社会、全面建设社会主义现代化国家的重大历史任务。乡村教育是乡村振兴战略的先手棋。而乡村教师是乡村教育的支柱力量,乡村教师的质量则体现在教师的高专业性要求。虽然发达地区能够通过多种途径、提供多种资源强化乡村教师培训,但是在实施过程中仍然存在"区域发展不均衡""工学矛盾突出""供需不对称""培训方式单一"等主要问题。为此,中共中央国务院自党的十九大后至 2019 年年初相继出台了《中共中央国务院关于实施乡村振兴战略的意见》《中共中央国务院关于全面深化新时代教师队伍建设改革的意见》,中共中央、国务院印发《中国教育现代化 2035》等相关文件及教育部等五部门关于印发《教师教育振兴行动计划(2018—2022 年)》的通知。通过这一系列纲领性文件,无不看出党中央国务院对我国发展农村教育事业的高度重视,强调指出要大力推进义务教育优质均衡发展,推动建立以城带乡、整体推进、城乡一体、均衡发展的义务教育发展机制,全面改善薄弱学校基本办学条件;以市县为单位,推动优质学校辐射农村薄弱学校常态化,统筹配置城乡师资,补强薄弱地区教师短板,深入实施乡村教师支持计划,推进教育精准脱贫,在实现县域内义务教育基本均衡基础上,进一步推进优质均衡。中央深改组2015 年 4 月 1 日审议通过《乡村教师支持计划(2015—2020 年)》时指出的"发展乡村教育,让每个乡村孩子都能接受公平、有质量的教育,阻止贫困现象代际传递,是功在当代、利在千秋的大事,要把乡村师资建设摆在优先发展的战略位置",同时指出,加强实践培养,结合推进城乡教师交流支教,遴选一批乡村教师到城镇学校跟岗实习培养。注重培养一批职业精神牢固、学科知识全面、专业基础扎实的"一专多能"乡村教师。

为此,各省市精心布局,精致筹划,相继制定了"乡村教师支持计划""乡村教师继续教育实施办法",把大力促进乡村教师专业发展作为一个重要方面,通过送教下乡、集中研修等方式,加大对乡村学校校长、教师特别是小规模学校教师的培训力度,并要求加强县区乡村教师专业发展支持服务体系建设,强化县级教师发展机构在培训乡村教师方面的作用,培训内容针对教育教学实际需要,注重新课标新教材和教育观念、教学方法培训,赋予乡村教师更多选择权,提升乡村教师培训实效。

## 二、乡村教育振兴行动

在国家政策支持和"国培计划"示范带动下,各省市纷纷采取行动,以山东省青岛市为例,青岛市教育局深入分析查找问题,通过问卷调查、实地调研、座谈访谈、日常培训观察与交流及先进地区考察比较等方式,发现乡村教师培训还存在以下几个方面的突出问题。

### (一)区域内乡村教师培训发展不均衡

调查显示,各区市为教师提供的面对面培训学时数,市区遥遥领先,作为郊区县级市的胶州市紧随其后,该市每年的教师培训经费投入就达超过 650 万元,而郊区某市该项投入仅 300 万元。其他区市要完成《青岛市中小学教师继续教育学分管理办法》中"区(市)教育行政部门提供的面对面培训不少于 30 学分"的规定,面临较大的压力。经费投入是各级政府的职责,作为牵头单位的市级教育行政机构,需要在教师培训的均衡发展中找出一条新路。

### (二)乡村教师培训顶层设计有待完善

第一,乡村教师和校长培训领导体制需要进一步完善。主要表现在:尚未建立市区两级一体化的乡村教师培训领导机构,以教育专家为主的培训指导委员会和第三方评价为主的质量监控体系在各区市还不够完善。

第二,教育行政机关与培训业务机构各自定位不够准确。教育行政部门在规划、协调、考核等方面应发挥主导作用,而培训业务机构在培训项目建设与课程开发、组织实施与培训管理、培训师队伍建设等方面应独立开展工作,并对教育行政部门和学员负责。

第三,市级和区级层面的培训管理制度还需要进一步规范。青岛市已出台"继续教育学分管理办法""项目管理办法""名师名校长管理办法",但是更具体更实用的配套制度,如"学员管理办法""培训师管理办法""培训课程管理办法""教师教育实践基地管理办法"等制度也只是零散的存在于各培训机构中,还没有从市级以上层面统筹完善,培训管理缺少有力抓手。

### (三)乡村教师培训规划与路线图不清晰

上海、北京等一线城市于"十一五"都已启动教师培训规划,大连、温州、宁波、深圳等兄弟城市也有类似的规划或者计划,在山东省各市鲜有见到教师培训规划的诞生。

从培训项目上来说,现在的师训是按照入职教师—骨干教师—岛城名师—齐鲁名师来推动的,入职教师培训虽然已经有了较好的开端,实行连续三年各有侧重的新教师培训,但是相对于上海市系统、专业、细化的新教师培训机制来说,还有不小的差距;对"骨干教师"的定位还不准确,"种子教师"的作用发挥还不够充分,在骨干教师和名师之间缺乏过渡机制。

### (四)课程资源建设未提到全局来认识与推动

从全国来看,目前教师培训存在一定的"离心化",即投入大量资金,走马观花地听报告、看学校,因为缺少大量的基于本地课堂的深入研究活动,分散游击,培训资源难以得到有效的积累和沉淀,培训效果难以保证。乡村教师培训课程资源建设应提高到全局战略考虑,也可以说,现在的乡村教师培训有项目推动,但是通盘考虑的课程资源建设相对薄弱。目前,大多地市培训主要依靠项目实施经费推动,并无课程资源开发经费与日常办公经费的预算,一定程度上造成被动实施项目的结果,而很难主动开发资源。

刘令军等提出,"PAE"①课程是顺应乡村教师的培训需求开发出来的,出发点是对"学院课程"进行补充和完善。所谓"PAE"课程,就是针对学员实际需求,从本土一线名师的实践智慧中整理和提炼出来用于解决一线教学疑难问题的教师培训课程。"PAE"课程的开发者都是本土一线名师。用"本土名师"培养"本土教师",本土名师的问题解决方案来自乡村教师遇到的类似问题。打造本土名师的系列培训课程需要从长计议,及早谋划。

### (五)尚未形成乡村教师常态化培训机制

目前,乡村教师的骨干教师培训、全员远程研修培训、校本研修还未形成深度融合的一体化发展机制,综合效应没有得到有效释放。高等院校、市区两级教师培训机构、片区研修中心、中小学幼儿园四位一体的教师专业发展支持服务体系还处于起步阶段,乡村教师的常态化培训缺乏载体支撑。

### (六)乡村教师培训的专业性较之全国先进地区还有待提高

乡村教师培训的专业化程度还不够强,表现在:教育培训没有强有力的理念支撑,培训者培训没有形成完整的体系,缺乏有针对性的乡村教师培训者培训等专业发展平台,培训管理人员面临未来职称评审的压力,既要认真完成大量的培训任务,又要承担培训之外的一线教学工作等等。这些障碍都制约了师训干训工作的大规模和高标准发展。

针对这些问题,青岛市教育局、市扶贫办、市人社局、市财政局联合出台《关于以深化教育扶贫为突破口加快推动乡村教育发展的实施方案》,《方案》包括6大举措20条具体措施:①"六大举措":加大乡村教育投入力度、加强乡村校长教师队伍建设、提升乡村教育发展质量和办学水平、推动乡村学校内涵式发展、加大乡村学生帮扶保障力度、推进教育服务乡村振兴计划,精准发力、精准施策,加快推动乡村教育发展;②"四个优先":明确做到政策安排优先考虑、资金投入优先保障、教师配备优先安排、硬件配置优先满足,确保5年内实现全市城乡义务教育高位优质均衡发展;③"两转变一重视":从关注教育获得

---

① PAE:P 指的是实践智慧 Practical wisdom,A 指的是行动学习 Action learning,E 指的是评价体系 Evaluation system。

的数量向关注教育获得的质量转变,从关注学校硬环境向关注学校软环境转变,重视城乡学生家庭背景分化和教育观念方式差异带来的深远影响。

在教师队伍建设上,青岛市将实施乡村校长全员培训、骨干校长赴名校挂职、名校长工作室结对帮扶三项行动,建立市、区(市)两级骨干教师培养体系,加大乡村教师培训力度,分学科按照每人不少于 5 天 40 学时的培训标准,到 2020 年对全市乡村教师轮训一遍。建好建强乡村教师队伍,加大乡村学校师资补充力度,免费培养初中起点小学全科教师,逐步提高乡村义务教育学校专任教师本科以上学历比例,到 2022 年达到 72%。自 2018 年起,义务教育阶段城区交流轮岗教师重点安排到经济薄弱镇、贫困村学校。

支持乡村学校网络升级,深入推动信息技术与学科教学深度融合,建立城区优质学校与乡村学校"同步课堂"一对一结对合作机制,依托互联网技术开展在线培训、集体备课、同课异构、同步教学等活动,2020 年实现所有乡村学校"同步课堂"全覆盖。

评优评先时实行乡村教师名额单列,全面落实乡村教师待遇,享受交通补助、免费午餐、免费体检、特困资助等政策,创造条件解决乡村教师周转宿舍问题,提高乡村教师工作生活保障水平,增强乡村教师岗位吸引力,引导优秀教师到乡村学校任教,让更多更好的师资"流向"乡村学校,并让他们扎根乡村,留得住、教得好、有发展。

安排市区城区优秀教师到乡村学校支教和进行送课送培送教研活动,乡村学校干部教师到市区城区优质学校挂职锻炼、跟岗实践,定期开展有针对性的教育讲坛,利用"支教岛"这一青岛教育品牌,大力开展对乡村学校的支教活动,大力度派遣乡村教师参加国培省培和市培等等,这些举措,对提振乡村教育发挥了积极作用,有效推动了市域内乡村教育的长足发展,培养和造就了一大批有水平、有能力的本土师资人才,向实现义务教育的优质均衡发展迈出了更加坚实的步伐,为乡村教育的振兴扎实了厚实的根基,为乡村振兴源源不断地注入了新鲜的血液。

### 三、加强乡村教师培训,助力乡村教师专业成长

为进一步贯彻落实国务院办公厅关于《乡村教师支持计划(2015—2020年)》的通知精神,加强青岛市乡村教师队伍建设,促进义务教育优质均衡发

展,全面提升乡村教师能力素质,助力乡村薄弱学科教师专业成长,青岛市委市政府、青岛市教育局在人事制度、资金供给、师资调配、推优评先、教师培训等各方面对农村义务教育都给予了较大的政策倾斜。笔者在此着重谈一谈近些年对乡村教师(义务教育段)开展的市级教师培训的力度情况。

1. 年度计划新增培训

为加强对乡村教师的培训力度,缩小城市与农村之间的师资水平差距,2017年,青岛市教育局首次启动乡村义务教育薄弱学科(英语、音乐、美术、科学)教师培训项目,随后,持续增加以平度莱西两市为主体的乡村教师培训规模和培训力度。一是专门增加针对平度市莱西市乡村英语教师的专题培训,每年两期(小学初中各一期),每期100名英语教师,授课讲师全程由外教担任,使参训英语教师接受面对面纯正的英语讲课,其间不乏宽松的交流互动和广泛的案例分享,受训学员的英语认知水平、理解能力和英语表达能力得到了大幅度提升,广受欢迎。二是以青岛市优秀专家、教师为主力军,引进省内各地优秀专家教师组成一支优秀的师资团队,对平度莱西两市进行送课送培活动。送课是指从优秀师资团队中选择不同学段、不同学科的优秀课案进校送课或实施网络同步课堂,使乡村学生亲身感受城市教师的授课,乡村教师现场感悟城市优秀教师的教材处理、教学方法和课堂组织,起到示范引领和启发启迪的作用;送培,是针对一个学校或几个学校联合或全市学段学校的薄弱学科教师,有计划有目的安排的上门培训活动,这一活动往往是学校或区域提出培训需求,上级教育行政部门或培训机构根据乡村学校教师需求做出相应的安排,组织专家团队,设置课程安排,联合需求方共同组织上门实施。考虑到考试、放假、施训、受训的教师工作及学校整体工作安排,每年送培时间安排在五、六、九、十四个月份的周末,每月2~3期,每期两天,主要培训乡村小学、初中的英语、音乐、美术、科学四个学科的教师。三是青岛市教育局根据平度莱西两市乡村教师实际情况做出决定:自2018年至2020年,每年额外出资700万元专款,用于平度市莱西市乡村义务教育段教师专项培训,利用三年时间,把两市的乡村义务教育段的学科教师全部轮训一遍,称其为"三年工程"项目。以青岛市中小学教师培训中心为承办单位,认真贯彻落实市局下达的培训任务要求,对培训标准、培训课程、培训组织、培训管理、培训效果评估等各个环节进行了专题研究和认真分析,制定了贴合实际、具体翔实的培训计划方案。

2018年圆满完成两市乡村义务教育段教师培训2873人,2019年培训2700人,目前正在按照培训计划按部就班有序推进。除此以外,为着眼于加快推动乡村教育发展,青岛市教育财政投入将向乡村教育发展倾斜,重点支持平度、莱西等财力困难市、欠发达镇和薄弱学校,每年投入资金不低于3000万元,严格落实"两个只增不减"要求,逐步提高乡村学校经费保障水平。

2. 实施新农村优质教育资源建设引领工程

为贯彻落实党的十九大提出的"实施乡村振兴战略"和"高度重视农村义务教育"的精神,进一步加大对农村教育的精准扶持,全面提升、率先实现我市农村义务教育优质均衡发展,2017年12月青岛市教育学会对胶州市、平度市、莱西市、即墨区、西海岸新区组织开展"新农村优质教育资源建设引领工程"。开展新农村优质教育资源建设引领工程,切实加强农村教育的创新实践,具有先行先试、典型引路的作用,为全市新农村学校建设贡献思想、输出经验、引领发展,当好新农村优质教育资源建设引领工程的领头雁。专家根据工程评审标准,对申报学校的理念与发展思路、设施与师资条件、管理与制度创新、质量与办学特色4大类30小项进行了实地验查,评选出平度市大泽山小学等15所学校为首批"青岛市新农村优质学校",并授牌表彰。2017年全面启动新农村优质教育资源建设引领工程,是全市教育改革发展总体规划中的重要内容,目标任务是每年评选一批学校,连续5年,到2021年形成一批具有示范性、影响力的新农村优质学校。实行定期推选与常态管理相结合,形成长效的动态管理机制,保障新农村优质教育资源建设的实效性和长效性。

## 平度市家庭教育项目县专项培训

平度市是一个拥有近140万人口的农业大市,农村与城镇的人口比约3∶2,面对这样一个以农村家庭为主流的县级市,在大力推动均衡教育的今天,自然是政府、教育行政部门要重点关注的对象。因此前面所述,青岛市委市政府、青岛市教育局在振兴乡村教育的一系列举措上,着力加大了对平度市义务教育教师的培训力度,与此同时,山东省教育厅为贯彻落实《山东省乡村教师支持计划(2015—2020年)实施办法》,下达了《关于申报农村义务教育薄弱学科教师教学技能培训项目县》的通知,青岛市教育局人事处和青岛市中小学教师培训中心积极组织各区市申报,着重推送了平度市,最终经过省厅遴选,平度市被省教育厅确定为全省第一批农村义务教育薄弱学科教师教学技能培训项目——家庭教育指导项目县。

平度市教体局根据省厅关于家庭教育指导项目县的精神要求,结合平度市义务教育的实际情况,2017年1月5日,制定《平度市2017年家庭教育指导项目县培训实施方案》,2017年3月4日举行了平度市2017年山东省家庭教育项目县培训开班仪式。《方案》从四个方面进行工作部署:一是要高度重视义务教育家庭教育指导教师教学技能培训工作;二是要切实加强义务教育家庭教育指导教师教学技能培训工作的组织领导;三是要确保义务教育家庭教育指导教师教学技能培训工作的后勤保障;四是要建立健全义务教育家庭教育指导教师教学技能培训工作的各项规章制度。此次全省农村义务教育家庭教育指导项目教学技能培训,为共同培养德智体美劳全面发展的社会主义建设者和接班人起到积极的推动作用。为使培训取得实实在在的成效,平度市教体局成立全市义务教育家庭教育指导教师教学技能培训领导小组,并设立多个工作小组,明确任务,落实责任,以科学化、规范化的管理制度为保障,建立健全各项管理规章制度。以"立足教师需要、统筹优质资源、创新培训方式、提升专业素质"为原则,紧密围绕农村义务教育家庭教育指导教师的实际需求,采取志愿服务、送教上门、连续培养的方式,以学科教学技能和实践应用为重点进行针对性培训,持续提升农村薄弱学科教师专业素养。

山东省教育厅针对平度市2017年家庭教育指导项目县的送培活动,在长达一年的专项培训中,共培训小学初中校长、中层干部、班主任987人,全年送培22期,培训简报20期,聘请授课专家66人。据了解,学员采取集中培训和自主学习相结合的方式,集中培训利用双休日或暑假进行,自主学习由参训教师按照集中培训期间布置的作业和提供的材料进行个人练习或小组合作研习。集中培训结束后,汇集家庭教育及社会学、心理学等领域的平度市家庭教育指导项目千人讲师团,将会进学校、进社区、进家庭开展家庭教育指导,内容涉及亲子沟通技巧、亲子阅读指导、行为习惯养成,以及当下最受家长关注的幼小衔接、小初衔接、青春期辅导等家庭教育方方面面的话题,将为家庭教育工作者和家长带来更前沿、更鲜活的家庭教育理念和方法。届时,将有约40万户平度家庭直接受益。

**专家授课主题摘录：**

青岛大学硕士研究生导师赵兵教授《中国传统文化与家庭教育》；

聊城市心理咨询师协会刘克劲副会长《谈如何实现家校合力共育学生发展核心素养》；

潍坊峡山双语小学董春玲副校长《双系统支持生命成长》；

山东省实验中学高慧燕老师《亲子共读志愿模式介绍》解决教育问题的最佳途径是倡导全民阅读；

潍坊市高新区清平小学武际金校长《校长是推进家校共育领队军—谈"清平教育"模式》，家庭教育的实质是家长的自我教育；

淄博临淄教师进修学校李爽副校长《脑科学给家庭教育的启示》；

烟台市海阳市实验小学修悦宝副校长《把握孩子成长脉搏——了解孩子身心发展规律》；

青岛市黄岛区实验小学薛超老师《好习惯成就好人生》；

威海市荣成市第三中学邹晓玲老师《亲子沟通的策略与方法》《成长路上你我他——同伴交往的策略与方法》；

德州市夏津县胜利希望小学王宗柱主任《让孩子爱上学习——小学生学习策略及指导》

滨州市阳信县劳店镇中学许丽华老师《和孩子一起成长——家庭教育的理念和方法》；

乳山市实验中学郑江副校长《亲子沟通的策略与方法》；

鲁东大学的于艺偎老师《给孩子最好的爱——营造和谐的夫妻关系》；

……

# 参考文献

［1］中华人民共和国教育部. 中小学教师培训课程指导标准［M］. 北京：高等教育出版社，2019.

［2］费斯勒. 教师职业生涯周期［M］. 北京：中国轻工业出版社，2005.

［3］郑金洲. 教师如何做研究［M］. 上海：华东师范大学出版社，2012.

［4］郑金洲. 学校教育研究方法［M］. 北京：教育科学出版社，2013.

［5］王天蓉. 问题化学习：教师行动手册［M］. 上海：华东师范大学出版社，2015.

［6］瓦莱丽·汉农，萨拉·吉林森，莉奥妮·香克斯. 学以致用：世界教育趋势及令人振奋的实践［M］. 刘海粟，译. 北京：中国人民大学出版社，2016.

［7］张铁道. 教育研修：国际视野下的本土实践［M］. 北京：教育科学出版社，2015.

［8］汤丰林. 教师培训：理性与实践的核心关注［M］. 北京：北京师范大学出版社，2018.

［9］申秀英. 教师培训模式创新研究与实践［M］. 北京：光明日报出版社，2019.

［10］陈霞. 教师培训项目质量管理［M］. 上海：上海教育出版社，2018.

［11］王北生. 教师培训模式创新研究：给予"国培计划"的实践探究［M］. 北京：人民教育出版社，2019.

［12］路海东. 现代学习理论与学习心理分析［M］. 天津：天津教育出版社，2013.

［13］何欣. 重新定义培训：让培训体系与人才战略共舞［M］. 北京：中国法制出版社，2018.

［14］刘远龙，洪梅. 关于干部教育实践培训基地建设的思考［J］. 知行铜仁，2015：38-43.

［15］张雳. 论有效的教师培训原则［J］. 四川师范大学学报（社会科学版），2008(2)：53-58.

# 后　记

　　百年大计,教育为本;教育大计,教师为本。教师教育是教育事业的工作母机,是提升教育质量的重要保证,是影响教育未来发展的国之重事。党的十八大以来,教师教育改革不断深化,教师教育制度逐步健全,教师专业化水平和整体素质持续提升。但是,面对新形势、新目标、新使命、新征程,教师教育还不能完全适应新时代之新要求。首先,教师教育体系受到极大程度的削弱,中师几乎遭到"灭门之灾",高师也都已由原来的纯师范演变为综合性高校,其中的师范专业无论从招生规模、专业设置,还是从师资力量、资金投入上来讲,都明显被边缘化,随之而来的在教师考录、教师招聘问题上,任何大学毕业生,不管是学什么的,只要考取了教师资格证,就有资格参加教师的考录,对原来纯师范生所应具有的未来从教的基本素养基本技能不加任何要求。当然,不可否认在这样的高校毕业生队伍中,特别是双一流的高校毕业生,不乏优秀者适合者,但从整体上讲,这无疑会使那些只善于应考而不具备教师综合素质的高校毕业生进到教师队伍,这从根本上失去了作为教师应有的素质能力的保障,教学水平的下滑和教学质量的下降就可想而知。其次,教师职后培训的机制建设和制度建设还不够完善,还存在着诸多不足和措施的不配套,例如培训工作区域发展不均衡、工学矛盾突出、供需不对称、培训规划与路线图不清晰、培训方式单一、课程内容设置缺乏针对性和实效性,以及教师对职后培训的不重视、培训管理者和培训师的能力水平不到位等问题,这些问题的现实存在,既有培训行政组织部门的顶层设计不完善和管理上的不到位,也有教师个体对职后培训提高教师专业素养的重要意义认识上的缺失,把教师职后培训功利化地视为职称评定的需要或者应付学校考核的需要,将培训流于形式。同时,专家的居高临下,理论的高深空谈,课程的指导性和实际需求性不强等等。所有这些,都在很大程度上制约着培训的有效开展和品质提升,这必将导致教师培训培养质量不能完全满足建设高素质专业化创新型教师队伍的需要,导致教师主体意识的缺失。

　　基于此,笔者认为,要使教师教育适应新时代人才培养需要,要从根本上改变现有的人才培养链条机制,恢复纯师范的教师人才培养基地,扩大师范类招生规模,倡导中等师范校与高等师范校的合作办学培养模式,让那些充满教师情怀向往教师职业的优质毕业生走上教师职业岗位。在这样的机制体制之下,接下来的就是政府和教育行政主管部门要从政策制定、资金投入、管理措施、效能评价等多方面加强对教师职后培训的实施与监管,加大教师培训体系的建设力度,包括项目体系建设、课程体系建设、管理体系建设、资源体系建设、评估体系建设和保障体系建设等,与此同时,要加强对教师培训的顶层设计,加强对培训模式、培训课程、培训资源和培训实施途径的研究,使不同项目班次的培训拥有符合其实际需求的灵活的培训方式和形式多样的课程设计,让培训更有针对性、实效性,使目前的职后培训普遍存在的培训内容高高在上、不接地气,参与培训的教师学习热情不高等情况得到有效改善,形成独特的教师教育交流和强大的向心力,防止被专家们"离心化",变成"六神无主"的盲目跟风,而背离职后培训的初衷。这样一来,教师就会自觉地把职后培训看成是提升自身专业素养的途径,就会主动地将职后培训的相关理念运用到提高教学质量、提升科研能力上去,从而指导自己的教育教学行为。

　　2018 年 1 月,中共中央、国务院印发《关于全面深化新时代教师队伍建设改革的意见》中,明确提出实施教师教育振兴行动计划;3 月,教育部等五部门印发了《教师教育振兴行动计划(2018—2022 年)》。计划以提升教师教育质量为核心,以加强教师教育体系建设为支撑,以教师教育供给侧结构性改革为动力,力求从源头上加强教师队伍建设,提出了当前和今后一段时期教师教育振兴发展的目标任务和十大行动,并指出,经过 5 年左右努力,办好一批高水平、有特色的教师教育院校和师范类专业,教师培养培训体系基本健全,为我国教师教育的长期可持续发展奠定坚实基础。师德教育显著加强,教师培养培训的内容方式不断优化,教师综合素质、专业化水平和创新能力显著提升,为发展更高质量更加公平的教育提供强有力的师资保障和人才支撑。

　　教师教育,是一个系统的、复杂的项目工程,它所涉及的问题极其的广泛,尽管目前还存在着诸多矛盾和不足,但只要我们坚持职前教育、岗前培训与职后培训一体化的培养培训机制和树立教师质量是提升教育水平的关键环节的教育理念,并付之于解决问题的实际行动,就一定会使教师教育有效步入良性轨道。培育未来的教师,培训现有的教师,教师教育亟须振兴。

培养职业精神牢固、学科知识全面、专业基础扎实的"一专多能"、适应新世纪教育教学需要的高素质教师队伍,职后培训不可或缺。特别是对那种没有获得过教师专业素养培育、综合素质培养和基本技能训练的、以应考擅长而加入教师队伍的高校毕业生而言,职后培训就显得尤为重要。

编撰此书,意在对教师职后培训工作的实践感悟进行总结梳理,期望能跟大家进行观点交流。以"做有效的教师培训"为总目标,紧紧围绕着教师职后培训的有效性,从培训的理论基础、组织原则、模式研究、课程设计、组织实施、个性化施训、体系建设等板块,结合案例进行个人观点的针对性陈述,其中既有传统意义上的教师培训模式的继承,也有独具个性化的教师培训模式的创新;既有培训组织框架的构建和环节的陈列,也有培训实施过程中细节的分述和应急调整。其价值在于与做教师职后培训的同行、基层学校业务校长、教育行政部门教师教育主管进行交流与分享,以期得到大家的有益指导。

作为后记,也作为前面内容的有益补充,有必要指出教师职后培训工作的组织管理团队(俗称培训者),其人员组成的素质状况、专业知识、能力水平对培训工作的有效组织是不可忽视的影响因素,甚至从一定意义上讲会起到至关重要的作用。因此,教师培训需要建设拥有一批能够承担责任与使命、具备较强的专业境界、专业知识、专业能力以及情怀、品位、修养等一切精神和文化紧密相连的广阔的课程视野。培训者只有拥有这样的职业境界和课程视野,才会专注于教师培训工作的实践研究,才会使培训组织的人才资源得到有效保障,真正实现"专业的人干专业的事"。从这一标准要求上讲,培训者必须接受专业的专项培训,如教育理念的培训、管理模式的培训、信息化大数据处理能力的培训等等,要像考驾照那样经过严格的过关考试,合格后方可持证上岗;不仅如此,随着全球化教育环境、教育形式、教育理念以及教育手段的不断变化与挑战,培训管理者也必须与时俱进,要不断地接受新的业务培训,自觉更新教育培训的新观点、新思想、新理念。只有这样,才能为做好教师职后的有效培训提供组织管理保证,才能助力培训的"有效性"。然而,目前的现实情况是,承担着教师职后培训这一重要任务的"培训者",据调查在很多情况下,要么是不堪胜任一线教学的"下放者",要么是教师序列或职员序列的"多余者",即便是一线骨干也多有兼职行为,如此种种,人员组成的不规范不匹配,将会严重影响教师培训作为提升教师专业素养和业务能力这一重要使命的达成。试想,由这样的教师培训管理团队组织起来的培训,其有效性何从谈起,培训质量又何从保证,培训只会成为完任务的培训,流于形式的培训。因此,笔者强烈呼吁各级教育行政部门,要着眼于教育大计,从提升教师业务水平和业务能力,更好地服务于教育发展培养国家栋梁人才出发,充分认识教师职后培训对教师发展和教师队伍建设的重要性,尽快建立健全教师职后培训相应的法规和制度,通过对教师培训的体制机制建设,来规范教师培训机构的从业标准,同时对培训者在选人用人及管理上实行动态管理考核,从根本上改变这种人员选用的随意性,确保培训质量,让教师培训在投放了大量的人力物力财力的情况下,获得最大效益和应有的价值。

未来的教师培训还应该加大大数据在实现管理的规范化和培训效能分析上的作用,通过数据采集、数据分析、数据处理以及结论分析等,使教师培训与教师成长的足迹有机关联,实现教师专业成长的可视化,从而增强培训管理者的洞察发现力、科学决策力和流程优化能力。

教师培训是一个美好而神圣的事业,教师教育管理则是万千教师的"助梦人"。美好的未来,需要吾辈心怀教育大业,甘为人梯,以训育强国为己任,秉承初心,坚定前行。愿《做有效的教师培训》一书能给同行些许指引的力量。

本书是我从教及实施教师教育培训多年来的理解与感悟。在新书问世之际,我要感谢山东省平度师范学校和青岛市中小学教师培训中心给我提供了思考、反思及发挥自身价值的平台;我要感谢我的同事、同行,是你们的帮助、支持,让我对自身的专业理解有了更深的思考与领悟;我要特别感谢我的每一位学生和培训学员,是你们丰富了我的工作经历,激发了我创作的灵感,唤起我对教师教育培训更深层次的思考;我还要感谢中国海洋大学出版社的领导与编辑老师为本书出版所提供的悉心指导和真诚帮助。

赵宏亮

**2021 年 1 月**